Dietmar Friedmann
Laß dir nichts vormachen!

Dietmar Friedmann

Laß dir nichts vormachen!

*Rasch erkennen – kompetent auftreten
durch praktische Menschenkenntnis
in Beruf, Alltag und Partnerschaft*

Ehrenwirth

Die Deutsche Bibliothek – CIP-Einheitsaufnahme
Friedmann, Dietmar:
Laß dir nichts vormachen! : Rasch erkennen – kompetent
auftreten durch praktische Menschenkenntnis in Beruf, Alltag
und Partnerschaft / Dietmar Friedmann. – München :
Ehrenwirth, 1993
ISBN 3-431-03200-1

ISBN 3-431-03200-1
© 1993 by Ehrenwirth Verlag GmbH, Schwanthalerstraße 91,
8000 München 2
Schutzumschlag: Christel und Bernd Kaselow, München
Satz: Fotosatz-Service Weihrauch, Würzburg
Druck: Wiener Verlag, Himberg
Printed in Austria 1993

Inhalt

Vorwort   9

Einleitung

a) Die Enträtselung alltäglicher Erfahrungen 11   *b) Die unterschiedlichen Ausgangssituationen und die eher verborgenen Qualitäten der Persönlichkeiten* 12   *c) Was leistet die Psychographie?* 13   *d) Zur psychoanalytischen Charakterkunde* 16   *e) Strukturen der Wirklichkeit* 18   *f) Erfolge und Grenzen der nur pragmatischen Psychologie* 20   *g) Wissenschaft für Beruf und Alltag* 21

Teil I
Das diagnostische Modell

1. Wie das Leben funktioniert

a) Grundlegende Strukturen 25   *b) Gleich- oder andersartig?* 27   *c) Orientierungshilfen* 28

2. Die drei Persönlichkeitstypen

a) Gefühlsmäßige, intellektuelle und ethische Vorbehalte 31   *b) Worin sie sich unterscheiden* 33   *c) Woran sie zu erkennen sind* 36

3. Der strukturtypische Code

a) Die Persönlichkeit von innen 41   *b) Die Gesundheit, Entwicklung und Autonomie einer Persönlichkeit* 43   *c) Selbst- oder fremdbestimmt im Zielbereich* 46   *d) Weniger im Persönlichkeits-, realistischer im Entwicklungs- und ökologischer im Zielbereich* 49

4. Ich-Modell und Zeitdimensionen

a) Das therapeutische Modell der Ich-Zustände 53   *b) Das ontologische Modell der drei Ichs* 54   *c) Die Verschränkung der beiden Modelle* 55   *d) Zeitdimensionen und die Organisation unserer Ichs* 57   *e) Der Handlungskreis* 58   *f) Strukturtypisches Verhalten* 61   *g) Zeitdimensionen und Beziehungen* 66

Teil II
Persönlichkeit und Lebensplan

5. Auch Skripts oder Lebenspläne sind persönlichkeitstypisch
    a) Verbessern oder sich befreien? 69   *b) Wie Skripts entstanden sind* 70   *c) Wie sich Skripts unterscheiden* 72   *d) Skripts persönlichkeitstypisch* 75   *e) Destruktive Skripts zweiten und dritten Grades als schwere Neurosen und Psychosen* 76

6. Persönlichkeit als Skript
    a) Die drei Skripts nach C. STEINER 80   *b) Eine rückblickende Interpretation* 81

7. Die Lebensdramen
    a) BERNEs Skripttypen 84   *b) Das Immer- und Danach-Skript des* **Beziehungstyps** 86   *c) Das Niemals- und Beinahe-Skript des* **Sachtyps** 88   *d) Das Erstwenn- und Offenes-Ende-Skript des* **Handlungstyps** 89

8. Skript im Sprachverhalten
    a) Antreiber als Skriptfallen 91   *b) Sprache des Immer-Skripts* 94   *c) Sprache des Danach-Skripts* 95   *d) Sprache des Niemals- und Beinahe-Skripts* 96   *e) Sprache des Erst-wenn- und Offenen-Ende-Skripts* 99

9. Alternativen zum Skript
    a) Ausstieg mit den Schlüsselfähigkeiten 101   *b) Die Abwertung des Lebensglücks* 104   *c) Die Skriptzeiten des* **Beziehungstyps** 107   *d) Häßlichkeit und Bedrückung* 112   *e) Die Skriptzeiten des* **Sachtyps** 117   *f) Der Verlust der Schaffensfreude* 119   *g) Die Skriptzeiten des* **Handlungstyps** 121

10. Wie sich die Persönlichkeitstypen in Märchen spiegeln
    a) Jeder Strukturtyp hat seine eigenen Märchen 123   *b) Die Konkurrenz-Märchen des* **Beziehungstyps** 124   *c) Die Abenteuer-Märchen des* **Sachtyps** 128   *d) Die Verwandlungs-Märchen des* **Handlungstyps** 131

11. Persönlichkeitstypische Skripts in Dramen
    a) Die tragische Verwirklichung des Wertesystems 135   *b) Das erkenntnisgeleitete Wertesystem in* GOETHEs »Iphigenie« *und* »Faust« 136   *c) Die Skriptzeiten in* »Iphigenie« *und* »Faust« 139   *d) Das erfolgsgeleitete Wertesystem in* SHAKESPEAREs »Richard III.« *und* »Hamlet« 141   *e) Die Skriptzeiten bei* »Richard III.« *und* »Hamlet« 144   *f) Das sympathiegeleitete Wertesystem in* SOPHOKLES' »Antigone« *und* KLEISTs »Der zerbrochene Krug« 146

Teil III
Konsequenzen für psychologische Beratung und Psychotherapie

12. Persönlichkeitsdiagnostische Therapie
    a) Zur Entwicklung der Kurzzeittherapie 149   b) Der persönlichkeitsdiagnostische Ansatz 153   c) Der therapeutische Nutzen dieses Modells 156   d) Ein praktisches Beispiel einer persönlichkeitsdiagnostischen Kurztherapie-Intervention zum Thema Widerstand 159   f) Genauigkeit, Effektivität und neue Erkenntnisse 162

13. Drei Generationen in der Psychotherapie
    a) Grenzüberschreitungen als Regelverstöße 164   b) Wie? statt Warum? 167   c) Wie anders arbeiten Kurztherapien? 169   d) Konsequenzen für die Psychotherapie 173

14. Was macht gute Therapie aus?
    a) Enttäuschungen als Herausforderungen 176   b) Hilfe zur Selbsthilfe 177   c) Die Gefahr des Rettens 178   d) Nicht-Wissen und Loslassen 180   e) Sich nicht von Worten gefangennehmen lassen 183

15. Psychodiagnostik und Therapieplanung in der Psychotherapie
    a) Pragmatisches Vorgehen 188   b) Landkarten und Reiseplanung 190   c) Persönlichkeitsdiagnostik 192   d) Therapieplanung 194

16. Literaturempfehlungen
    a) zum Thema »Charakterkunde und Persönlichkeitstypen« 200   b) zum Thema »Dritte Generation in der Psychotherapie« 200   c) nicht nur für Führungskräfte 201

Vorwort

Dieses Buch ist eine Art Reise- und Sprachführer in die eigene Welt und in die des anderen. Mit den nun zugänglich werdenden Erfahrungen gewinnt die Charakterkunde eine bisher nicht erreichte Brauchbarkeit und Genauigkeit. Sie wird zu einer verläßlichen Landkarte für die praxisorientierte Psychologie, den Umgang mit sich und anderen. Obwohl dieses Buch auf bekanntem Wissen aufbaut, bringt es entscheidend Neues: die Persönlichkeit wird nicht isoliert, sondern in dem von ihr gestalteten Lebenszusammenhang gesehen. Und die Charakterstrukturen werden nicht mehr nur von außen, sondern von innen her beschrieben. Damit beginnt eine neue Dimension des Erforschens und Entdeckens.
Sie verspricht ebenso spannend zu werden wie in früheren Jahrhunderten die Reisen in fremde Kulturen, und sie ist vermutlich viel lohnender. Wir wissen heute unendlich viel über die entlegensten Themen, wir sind bestens informiert über Dinge, die mit unserem Leben fast nichts zu tun haben. Doch was wissen wir wirklich über die Menschen, die uns am nächsten sind? Wie finden wir Zugang zu ihrer Welt? Und wie bekannt sind wir uns selbst?
Menschen leben nicht nur in ihrer eigenen Welt, sie folgen eigenen Wertesystemen, sprechen eigene Sprachen und verwirklichen sich in unterschiedlichen Zeitdimensionen. Das macht deutlich, warum das Einander-Mißverstehen fast die Regel und ein Sich-Verstehen eher glückliche Ausnahme ist. Das muß nicht so bleiben. Dieses Buch baut Brücken, öffnet Zugänge, übersetzt die typspezifischen Sprachen und Lebenskonzepte.
Neue Erkenntnisse lassen sich nur unzureichend durch Worte vermitteln, denn Worte beziehen ihre Bedeutung immer aus bisherigen Erfahrungen. Deshalb freue ich mich, wenn mir jemand sagt: »Ich habe es ausprobiert, und es funktioniert!« Dieses Buch soll auch ein Beitrag sein zu einer Welt, in der Menschen liebevoll und wertschätzend miteinander umgehen und ein interessantes und kreatives Leben führen. Und ich lerne immer mehr Menschen kennen, die auf dem Weg dahin sind. Darin möchte ich sie unterstützen.
Ein Titelvorschlag für dieses Buch lautete: »Das Geheimnis des Offensichtlichen oder die Geographie der Psyche« – denn es macht vieles

von dem bewußt, was man bisher eher intuitiv erlebt und wahrgenommen hat, unterschiedliche Wesensarten oder, wie der etwas altmodisch klingende Fachbegriff lautet, Charakterstrukturen. Der praxisbezogene Titel hat den Vorzug bekommen, denn es geht darum, diese Erkenntnisse anzuwenden und sich zu eigen zu machen.

Dieses Buch beschreibt unterschiedliche Landschaften des Menschlichen. Man braucht es nicht unbedingt von vorne nach hinten zu lesen. Nach der Lektüre der Einleitung können Sie sich heraussuchen, was Sie zuerst interessiert, und so fortfahren –, vielleicht wie sich Persönlichkeit und Lebensgestaltung entsprechen, oder wie sich die Persönlichkeitstypen in Märchen und Dramen spiegeln oder die dramatisch neuen Entwicklungen in der Psychotherapie? Weitere Hintergrundinformationen finden Sie in Band 2, »Die Entdeckung der eigenen Persönlichkeit«, und die Spiele der Persönlichkeitstypen werden ausführlich in Band 1, »Der andere« beschrieben.

Einleitung

a) Die Enträtselung alltäglicher Erfahrungen

Andere besser beeinflussen zu können und sich selbst nicht täuschen zu lassen, das waren wohl die frühesten Motive für Menschenkenntnis. Politiker, Militärs und Kaufleute wollten schlauer sein als andere. Das ist eine Art Menschenkenntnis, die meist zu kurz greift, die im Kleinen gewinnt und im Großen verliert. Das war früher so und ist heute nicht anders.

Hier geht es darum, Rätsel unserer eigenen, alltäglichen Existenz zu erhellen, etwa die von Wesensübereinstimmungen und Wesensunterschieden. Dabei sind überraschende Entdeckungen zu machen, wobei vielleicht das erstaunlichste ist, daß man diese selbstverständlichen Dinge nicht schon früher gesehen hat. Vielleicht war dafür die Zeit noch nicht reif. Vermutlich hat man das Alltägliche und damit sich selbst und sein wirkliches Leben nicht wichtig genug genommen, um es gründlich zu erforschen, durfte es nicht.

Ich möchte Sie im Gegenteil darin bestärken, anspruchsvoll zu sein, sich selbst und dem eigenen Leben gegenüber, und aufzuhören, sich etwas vormachen zu lassen. Das scheint mir eine der interessantesten und hoffnungsvollsten Veränderungen unserer Zeit zu sein – eine rasch wachsende Zahl von Menschen wollen ihre Lebenszusammenhänge erkennen, verstehen und positiv gestalten. Dazu kann das hier dargestellte Wissen nützlich sein.

Die meisten Leute verhalten sich so, als ob die anderen ihnen ganz ähnlich wären. Sind sie selbst gefühlvoll, begegnen sie auch den anderen auf der Gefühlsebene, sind sie vernünftig, reden sie vernünftig auf andere ein, sind sie praktisch veranlagt, machen sie ihnen praktische Vorschläge. Natürlich funktioniert das meistens nicht. Doch das hält sie nicht davon ab, es das nächste Mal wieder so zu machen.

Aus der Sicht der Charakterkunde, der wissenschaftlichen Menschenkenntnis, sind die Menschen nicht wesensgleich, sondern dramatisch verschieden. Ich bevorzuge statt *Charakterkunde* die Bezeichnung *Psychographie*, eine Wortschöpfung aus Psychologie und Geographie – also eine Landkarte für praxisorientierte Psychologie.

Charakterkunde erinnert mich an das umgangssprachliche »sie oder er hat einen guten oder schlechten Charakter«. Man kann es nicht deutlich und oft genug sagen: Charakter- oder Persönlichkeitsstrukturen sind nicht wertend zu verstehen! Es sind unterschiedliche Ausgangsbedingungen, die zwar nicht gleichartig, doch absolut gleichwertig sind.

Die Charakterkunde oder Psychographie beschreibt nur tatsächliche Strukturen unserer inneren und äußeren Wirklichkeit, psychische und ontische Gegebenheiten. Diese Strukturen werden auch in anderen Modellen erkennbar, doch ich meine, nicht so klar und deutlich wie hier. Psychographie ist ein überprüfbares und anwendbares Modell. Doch sie ist nicht die Wirklichkeit selbst – so, wie eine Wanderkarte nicht die Landschaft oder ein Stadtplan nicht die Stadt ist.

b) Die unterschiedlichen Ausgangssituationen und die eher verborgenen Qualitäten der Persönlichkeiten

Jeder Mensch hat sich in seiner Kindheit auf eines der drei Themen festgelegt: entweder Fühlen oder Denken oder Handeln. In einem der Themen, das er zu seinem gemacht hat, kennt er sich besonders gut aus, fühlt sich damit vertraut und sicher. Deshalb versucht er auch später immer wieder, auf diese eine Art allen Situationen zu begegnen, als *Gefühlsmensch* fühlend, als *Verstandesmensch* denkend und als *Tatmensch* handelnd.

Das bewährt sich gut, wenn die Situation dazu paßt. In zwischenmenschlichen Situationen kann dann der »Gefühlsmensch« sein Kommunikationstalent nützen, bei der Analyse von Problemen der »Verstandesmensch« seine denkerischen Fähigkeiten und bei praktischen Aufgabenlösungen der »Tatmensch« sein Können. Aber leider auch dort, wo die Situation nicht zu den Grundfähigkeiten paßt, halten die meisten Menschen erstaunlich eigensinnig an ihrem Patentrezept fest. Auf der anderen Seite hat jeder Mensch in sich den unbewußten Drang, sich in die anderen Bereiche zu entwickeln, sich damit neue Fähigkeitspotentiale zu erschließen, und hat das auch schon mehr oder weniger weit realisiert. Gesellschaftlich gesehen sind heute die Chancen für diese Entwicklung viel besser als in früheren Generationen. Doch noch schneller ist der Bedarf an Persönlichkeiten gewachsen, die bereits dazu fähig sind, unterschiedliche Situationen souverän zu meistern.

Die entscheidende Entdeckung der Psychographie besteht nun darin, daß dieser Zugang zu neuen Fähigkeitsdimensionen an einer eher verborgenen Stelle liegt, die zudem wenig einladend erscheint. Sie sind für den »Gefühlsmenschen« das Denken, für den »Verstandesmenschen« das Handeln und für den »Tatmenschen« das Fühlen. Das sind Fähigkeiten, die sie zunächst eher meiden und umgehen möchten. Aus tiefenpsychologisch erklärbaren Ursachen erscheint ihnen die Realisierung dieser Schlüsselfähigkeiten riskant.

Deshalb erfordert ein kompetentes Umgehen mit dem anderen (und auch mit sich selbst) ein spezielles Wissen und Können, das diese wertvollen Fähigkeiten erkennt und gezielt ermutigt, fördert und bestärkt. Damit stimmt es überein mit dem inneren Wertesystem, das auf die Realisierung der Schlüsselfähigkeiten drängt, die dann als besonders hochwertig entdeckt werden. Die Folgen sind sehr positiv, man fühlt sich wirklich verstanden, wertgeschätzt und ist hoch motiviert. Je mehr man, zusätzlich zu seinen Ausgangsfähigkeiten, seine Schlüsselfähigkeiten einsetzt, desto qualitativ hochwertiger wird die Lebensgestaltung. Parallel dazu steigt die Zufriedenheit – denn nun kann man sein Leben und seine Arbeit kreativ gestalten.

Dieses Wissen zu besitzen und anwenden zu können ermöglicht, positive Resultate anzusteuern, die immer wieder mit erstaunlicher Präzision ein- und zutreffen. Das gilt ebenso im Beruf wie im Alltag. Deshalb braucht man nicht andere zu manipulieren. Es macht einfach den Unterschied aus, ob man blind herumtappt im Zwischenmenschlichen oder sehend handeln kann. Es ist besonders geeignet für Menschen, die sich für das Wohl und Wehe anderer und das Klima und die Qualität des Zusammenlebens oder der Zusammenarbeit verantwortlich fühlen, in Partnerschaften, Familien, in der psychosozialen Betreuung oder im Beruf.

c) Was leistet die Psychographie?

Man hat einmal über die Psychoanalyse gesagt, sie sei die Krankheit, die zu heilen sie vorgebe. Mein Modell erfuhr als erste Kritik, es sei psychologisches Kastenwesen. Ich habe allerdings noch nie gehört, daß Naturschützer Landkarten vorwerfen, sie seien umweltschädlich. Und mehr als eine Landkarte will die Psychographie zunächst nicht sein.

Sie beschreibt die Landschaft unserer psychischen und ontischen Wirklichkeit, ihre Strukturen und Gesetzmäßigkeiten.

Damit steht sie in einer respektablen Tradition, auch wenn sich das Interesse in den letzten Jahrzehnten vorübergehend auf andere Zugangsweisen verlagert hat. Bisher habe ich anstelle von Psychographie die Begriffe Menschenkenntnis und Persönlichkeitsdiagnostik benützt. Doch scheinen sie eher geeignet zu sein, diese neuen Erkenntnisse zu verstecken, als auf sie aufmerksam zu machen.

Vielleicht war das nicht ganz unbeabsichtigt. Denn mancher empfindet die Kernaussagen dieses Modells als kränkend: daß die individuelle Persönlichkeit sich weitgehend durch eins von drei Mustern beschreiben läßt und dabei mehr typspezifische Züge zeigt, als man vermuten möchte. Damit kommt, wenn man will, zu den klassischen Kränkungen des modernen Menschen – daß die Erde nicht mehr Mittelpunkt des Weltalls sei, daß der Mensch vom Affen oder einem Primaten abstamme und das Ich-Bewußtsein abhängig sei vom Unbewußten – eine neue: Mit der Individualität, besonders der neurotisch fixierten, ist es nicht so weit her.

Was ist auf der anderen Seite der Gewinn? Die Psychographie zeigt neue und effektive Zugangsmöglichkeiten zur gesunden, zur entwickelten und selbstbestimmten Persönlichkeit. Sie trägt entscheidend bei zum Verständnis anderer, kann eine neue Qualität des Zusammenlebens und -arbeitens ermöglichen und vielleicht beitragen zu jenen Bewußtseinsveränderungen, die unsere Lebenswelt zum Überleben braucht. Damit verlagert sich das Interesse weg von der selbstquälerischen Individualität, hin zu einem interessierten, schöpferischen und liebevollen Umgang mit dem Leben, also von innen nach außen.

Glücklicherweise muß das die Psychographie nicht allein leisten. Sie ist hochkompatibel zu den Ansätzen der neuen praxisorientierten Psychologie. Dabei ist für mich besonders erfreulich und bestätigend, daß die wirksamsten Methoden, die wir heute kennen – ich denke dabei etwa an die Konzepte von DE SHAZER, BANDLER, GRINDER, ANTHONY ROBBINS, ART WILLIAMS, SELVINI PALAZZOLI u.a. –, ihr sehr verwandt sind. Jene sind nach meiner Einschätzung deshalb so erfolgreich, weil sie auf ihre pragmatische Art konsequent das tun, was ich aus systematischer Sicht befürworte und hier beschreibe: Wie wird die Persönlichkeit gesund, wie entwickelt sie sich, und wie gestaltet sie ihr Leben selbst- statt fremdbestimmt?

Wie leistet das die Psychographie – die Landkarte für den »inner- und zwischenmenschlichen« Umgang? Einmal hilft sie, die Wesensart des anderen wahrzunehmen und ihr gerecht zu werden, also nicht immer nur von sich auf andere zu schließen – denn das ist die erste Art, einander konsequent mißzuverstehen. Die Mehrzahl der anderen ist tatsächlich anders, denkt, empfindet und handelt anders. Sie folgt einem anderen Wertesystem, spricht eine andere Sprache und erfährt sich in einer anderen Welt des Erlebens und der Sinnbezüge.

Und die wirklich wertvollen Fähigkeiten, die eigenen und die des anderen, liegen nicht an der Oberfläche des Verhaltens und werden deshalb leicht übersehen. Sich nur an das Vordergründige, den äußeren Eindruck zu halten, das ist die zweite Art, einander gründlich mißzuverstehen. Nur dann, wenn man über diese eher verborgenen Fähigkeiten Bescheid weiß, erkennt man sie deutlich. Wenn man sich gut mit jemandem versteht, so hat man dessen »Wellenlänge« gefunden, den Zugang zu seiner Welt. Das sollte kein Zufall oder Glücksfall bleiben. Dann sieht man, welche entscheidende Rolle diese, wie ich sie nenne, *Schlüsselfähigkeiten* im Leben und im Selbstverständnis des anderen spielen. Man kann sie ansprechen, aktivieren und bestätigen. Und man wird sich und andere richtiger ein- und mehr wertschätzen. Das sind gute Voraussetzungen für ein befriedigendes Zusammenleben und für gute Zusammenarbeit. Ich nenne diese Fähigkeiten deshalb Schlüsselfähigkeiten, weil sie der Schlüssel sind für die Qualitäten des eigenen Erlebens, des Umgangs mit anderen und unseres Handelns. Sie sind der wichtigste Ansatzpunkt in diesem Modell.

Manches, was in unserer Gesellschaft als Tugend gilt, etwa allem Unbekannten zu mißtrauen, vertrauten Personen gegenüber immer liebenswürdig zu sein, meinen, alles durchdenken zu müssen, oder unbedingte Pflichterfüllung, sind tatsächlich krankmachende Formen der Fremdbestimmung. Sie vom anderen zu erwarten und sie zu belohnen ist eine dritte Art des hartnäckigen Einander-Mißverstehens.

Darüber hinaus beantwortet die Psychographie die Fragen »Wie kann ich dafür sorgen, immer wieder gut drauf zu sein?« und »Wie funktioniert die Entwicklung der Persönlichkeit?«. Dies ist ein lebenspraktisches und ein wissenschaftliches Buch. Denn es kann die Psychologie einen entscheidenden Schritt weiterbringen, sie wesentlich genauer und damit effektiver machen.

Ob sich diese Hoffnung erfüllen wird, weiß ich nicht. Denn noch befindet sich die Psychotherapie nach der Einschätzung führender Kommunikationswissenschaftler[1] in einer psychotheologischen Verfassung, in der neue wissenschaftliche Erkenntnisse für bloße Meinungen gehalten werden und Meinungen, wenn sie verbreitet sind, schon für wissenschaftliche Erkenntnisse.

d) Zur psychoanalytischen Charakterkunde

In der Psychoanalyse erschienen bisher regelmäßig im Abstand von etwa zwei Jahrzehnten neue Beiträge zur Charakterkunde: nach FREUDs »Über libidinöse Typen« 1931 im Jahre 1951 SCHULTZ-HENCKEs »Lehrbuch der analytischen Psychotherapie«, 1974 RIEMANNs »Grundformen der helfenden Partnerschaft« und 1992 KÖNIGs »Kleine psychoanalytische Charakterkunde«. FREUD unterschied drei Typen: depressive, zwanghafte und hysterische. Später kam der schizoide Strukturtyp dazu, und KÖNIG beschreibt nun auch noch den narzißtischen und den phobischen.

Aus meiner Sicht sind das Differenzierungen der drei Grundtypen. Ich habe auf diese sechs Typen 1990 in »Der andere« hingewiesen. Sie werden dort u.a. sichtbar im Drama-Dreieck (S. 36), explizit in der Beschreibung der Persönlichkeitstypen (Teil II), und in diesem Buch bei den sechs Skriptmustern von BERNE. Bei dieser differenzierenden Beschreibung handelt es sich nach meiner Auffassung immer um Mischtypen, also beim schizoiden (**Beziehungstyp 1**) und hysterischen Menschen (**Beziehungstyp 2**), beim narzißtischen (**Sachtyp 1**) und depressiven Menschen (**Sachtyp 2**) und beim phobischen (**Handlungstyp 1**) und zwanghaften Menschen (**Handlungstyp 2**).

Was ist das Gemeinsame der beiden zugehörigen Typen, und was unterscheidet sie? Gemeinsam sind ihnen die Ausgangsthemen, die Beziehungs-, Selbstwerdungs- oder Verhaltensproblematik, die jedoch unterschiedlich »gelöst« werden. Mangelnder emotional-liebevoller Zuwendung begegnet der **Beziehungstyp 1** mit der Entscheidung, daß er andere durch überlegenes Auftreten und durch besonders gute Leistungen überzeugen muß, der **Beziehungstyp 2** damit, andere durch überaus liebenswürdiges und verwöhnendes Verhalten zu gewinnen.

---

[1] BANDLER/GRINDER

Beides ist Beziehungsverhalten, beides zielt darauf ab, wirklich geliebt zu werden, und erschwert es zugleich.

Der **Sachtyp 1** reagiert auf einen Mangel an sinnenhaft-geistiger Zuwendung damit, sich wichtig zu machen, sein Ich narzißtisch aufzublähen. Der **Sachtyp 2** macht sich bedürfnislos, wird überbescheiden und unauffällig. Beides sind Lösungsversuche, mit dem Zuwenig an »Ich-Nahrung« zurechtzukommen und doch noch beachtet zu werden. Doch genau damit stellen die **Sachtypen** die alte Mangelsituation wieder her, sie fallen unangenehm auf oder werden übersehen.

Die **Handlungstypen 1** und **2** erhielten zuwenig energetisch-erlaubende Zuwendung. Sie stehen unter dem Zwang, keine Fehler zu machen. Der **Handlungstyp 1** richtet sich deshalb nach Autoritäten und neigt selbst zu autoritärem Verhalten, der **Handlungstyp 2** hält sich an Regeln und versucht auch andere zu maßregeln. Doch da sich weder die Autoritäten einig sind, noch es allgemeingültige Regeln gibt, finden **Handlungstypen** weder die ersehnte Harmonie noch ihren inneren Frieden.

Es gibt keinen reinen **TYP 1** oder **2**. Es ist wie bei den beiden Seiten einer Medaille. Wird die eine sichtbar gelebt, wird die andere verborgen erlebt oder ersehnt. Diese Verwandtschaft zu erkennen ist deshalb so wichtig, weil häufig die Lösung der Probleme in der verborgenen Seite gesucht wird. Der Überlegene erwartet sie im Liebenswürdigsein, der Wichtigtuer im Bescheidensein, der Autoritäre im Gerechtsein und umgekehrt. Doch das sind keine Lösungen, sondern das Umschlagen von einem Extrem ins andere. Und es führt fast immer zu Rückschlägen, die dann scheinbar die Ausgangspositionen bestärken.

Aus diesen frühkindlichen Dramen, die oft ein Leben lang immer wieder inszeniert werden, gibt es nur einen Ausweg: die Entwicklung der Persönlichkeit, und das heißt konkret die Realisierung der jeweiligen Schlüsselfähigkeiten. Beim **Beziehungstyp 1** sind das besonders die sinnenhaften Aspekte des Erkenntnis-Ichs, der konkrete Realitätsbezug, sehen und spüren, beim **Beziehungstyp 2** die geistigen Aspekte, das Erkennen der größeren Zusammenhänge, gedankliche Klarheit und Konsequenz.

Der **Sachtyp 1** erfährt dann, daß und wie er seine Welt gestaltet und seine Umwelt beeinflußt, also seine wirkliche Mächtigkeit. Der **Sachtyp 2** kann herausfinden, was er wirklich will, und dann tatkräftig handeln. Dem **Handlungstyp 1** tut es gut, sein Verhalten freundschaftlich und kollegial zu gestalten, dem **Handlungstyp 2**, seinen Gefühlen zu vertrauen. Damit werden die neurotischen Muster der Kindheitsdramen aufgebrochen und abgebaut.

Zwischen den Grundtypen **Beziehungstyp, Sachtyp** und **Handlungstyp,** wie ich sie nenne, um wegzukommen von den psychiatrischen Bezeichnungen, gibt es nach meinen Beobachtungen und Erfahrungen keine Mischungen. Das hängt wohl damit zusammen, daß ich die Persönlichkeiten von ihrem psychischen Code her betrachte. Seine Bausteine sind bei allen Grundtypen gleich. Lediglich die Reihenfolge der Bausteine ist verschieden. Das erklärt, weshalb jeder alle menschlichen Möglichkeiten in sich wiederfinden oder verwirklichen kann und dies doch unter persönlichkeitstypisch unterschiedlichen Bedingungen.

Da ich mehr am Einfachen als am Komplizierten, mehr an psychischer Gesundheit, an Persönlichkeitsentwicklung und Selbstbestimmung interessiert bin und weniger an psychischen Krankheiten, Entwicklungsdefiziten und Fehlhaltungen, also zunehmend eine lösungs- statt problemorientierte Haltung einnehme, erscheint mir diese Differenzierung in sechs Typen zwar zutreffend, doch aus meiner Sicht nicht unbedingt erforderlich.

Immerhin sehe ich in KÖNIGs Veröffentlichung in einzelnen Aspekten des narzißtischen und phobischen Typs interessante Ergänzungen und im ganzen viel Übereinstimmung und, da seine Forschungen unbeeinflußt von meinen gemacht wurden, eine Bestätigung des eigenen Modells. So hat es auch einmal etwas Gutes, daß Psychoanalytiker anscheinend nur psychoanalytische Literatur lesen.

e) Strukturen der Wirklichkeit

Menschen sind, wie jeder weiß, in ihrer Wesensart ähnlich oder unterschiedlich, und das, was weniger bekannt ist, auf eine persönlichkeitstypische Weise. Diese Charakterstrukturen wurden schon früher beschrieben und in der Praxis bestätigt. Doch es bleiben in der psychoanalytischen Literatur noch eher literarische Beschreibungen von typischen Eigenschaften und Verhaltensweisen. Diese phänomenologische Sichtweise ist relativ ungenau und bringt deshalb auch noch nicht allzuviel für die Praxis.

Mein Beitrag zu diesem Thema begann vor etwa zwei Jahrzehnten.

Damals entdeckte ich, daß unsere Lebenswirklichkeit aus drei eigengesetzlichen Bereichen besteht, also deutlich strukturiert ist. Diese ontologische Theorie besagt, daß man sich erfahrungsgemäß anders verhält und unterschiedliche Fähigkeiten benützt, je nachdem, ob es um Beziehungs-Verhalten, ob es um Erkennen oder um Handeln geht. Wenn man sich nicht an die unterschiedlichen Spielregeln hält – um Bilder zu verwenden: z.B. versucht, auf dem Wasser zu gehen, in der Luft zu schwimmen oder auf der Erde zu fliegen –, so kann man sicher sein, daß man den Schaden hat und dazu den Spott der anderen, da die meisten Leute ein sicheres Gespür für diese Gesetzmäßigkeiten haben. Komiker und Kabarettisten machen sich dieses unbewußte Wissen zunutze. Sie verhalten sich absichtlich und gezielt daneben und reizen damit ihre Zuschauer oder Zuhörer zum Lachen.
Das spontane Gespür für angemessenes Verhalten hat etwas mit der Organisationsstruktur unserer Psyche zu tun. Denn sie ist auf diese unterschiedlichen Bedingungen hin zweckmäßig spezialisiert. BERNE beschrieb diese inneren Strukturen als die drei Ich-Zustände »Kind-Ich«, »Erwachsenen-Ich« und »Eltern-Ich«. Seine psychologisierenden Bezeichnungen haben zwar sein Modell rasch populär gemacht, doch zugleich die viel weiter gehende wissenschaftliche Bedeutung verstellt. Ich bevorzuge deshalb die ontologischen Bezeichnungen »Beziehungs-Ich«, »Erkenntnis-Ich« und »Handlungs-Ich«. Ontologisch deshalb, weil sie deutlich machen, daß und wie diese Strukturen um uns und in uns sich direkt entsprechen: das Handlungs-Ich hat sich auf die Bedingungen des Bereiches Handeln spezialisiert, das Erkenntnis-Ich auf die des Erkennens und das Beziehungs-Ich auf das Beziehungs-Verhalten. War bisher die Existenz der drei Ichs fragwürdig und auch umstritten, so erscheint sie jetzt völlig zweckmäßig und sinnvoll. Man müßte sich eher wundern, wenn es sie nicht gäbe. Die Voraussetzung dafür ist, sich klarzumachen, daß und wie unsere äußere Wirklichkeit eigengesetzlich strukturiert ist.
Die drei Ichs sind die Bausteine unserer Persönlichkeit und die Stationen der Prozesse, die unterschiedliche Persönlichkeitstypen ausmachen. Sie lassen sich beschreiben als die strukturtypischen Codes. Das Wissen um sie ermöglicht, daß die Persönlichkeitstypen nun nicht mehr nur von außen, von den sich vielfach überlagernden Erscheinungsformen her verstanden werden, sondern von innen her, den ursächlichen Prozessen. So lassen sich Persönlichkeitstypen genauer und

trennschärfer beschreiben. Das bringt entscheidend verbesserte Anwendungsmöglichkeiten für die Praxis, und es könnte die Charakterkunde oder Psychographie aus ihrem Dornröschenschlaf wecken.

f) Erfolge und Grenzen der nur pragmatischen Psychologie

Es hat sich in der anwendungsbezogenen Psychologie, besonders in der Psychotherapie, in den letzten Jahrzehnten viel getan. WEAKLAND meint, daß das Wissen auf diesem Gebiet geradezu explodiert sei. Die Psychotherapie wurde nochmals wesentlich einfacher und wirksamer. Die Behandlungszeiten haben sich erneut verkürzt und die Heilungschancen für den einzelnen wieder verbessert. Das ist möglich geworden durch neue Erkenntnisse und Vorgehensweisen.
Man arbeitet weniger vergangenheits- als gegenwarts- und zukunftsbezogen, weniger problem- als lösungsorientiert, zugeschnitten auf den einzelnen und mit mehr Vertrauen in seine kreativen Möglichkeiten. Freilich, man darf diese neuen Methoden nicht am herkömmlichen Denken, was Psychotherapie sei, messen; denn dieses scheinbar gesicherte Wissen, etwa wie Heilung funktioniere, verändert sich im Lichte dieser neuen Erfahrungen.
Der Weg dahin war ausgesprochen pragmatisch. Man spricht zwar auch da gerne von Landkarten, doch eigentlich hat man ganz bewußt auf systematische Theoriebildung verzichtet. Man hat sich dafür ganz auf die Praxis konzentriert, auf Beobachtungen, Erfahrungen und Methoden gesetzt. Dabei bleibt natürlich die Frage offen: Wann setzt man welche Methode wie ein? Hat man keine Landkarten, keine theoretischen Orientierungshilfen, so bleibt nur die eigene Intuition.
Intuition ist wertvoll und unverzichtbar in der psychologischen Arbeit. Doch sie wird in den neueren Schulen kaum thematisiert, geschweige denn gezielt ausgebildet. Man tut so, als ob es die Methoden und ihre handwerkliche Beherrschung wären, die allein schon den Erfolg garantierten. Das hört jeder gerne, und das läßt sich gut verkaufen. Doch dabei wird unterschlagen, daß ihre Schöpfer, angefangen mit MILTON ERICKSON, Persönlichkeiten mit ganz besonders ausgeprägten Fähigkeiten zu intuitivem Erkennen waren.
Hier zeigen sich die Grenzen einer nur pragmatisch arbeitenden, methodengläubigen Psychologie. Es ist eher zweifelhaft, daß die Schüler

der Schüler noch gleich gute Ergebnisse wie ihre »Meister« erzielen, auch wenn sie scheinbar das gleiche wie sie machen. Von den drei Faktoren, die erfolgreiches Handeln ermöglichen – wirksame Methoden, intuitives Erkennen und systematisches Wissen –, werden zwei vernachlässigt: Intuition und Wissen. Intuition hat viel zu tun mit einer gesunden, entwickelten und autonomen Persönlichkeit und der Fähigkeit, auf die leise Stimme des eigenen Unbewußten zu hören; und ein Wissen, das mir genau sagt, in welcher Situation ich mich befinde und was ich da tun kann, viel mit diagnostischer Menschenkenntnis.

Die pragmatische Haltung hat für mich zwei Seiten: Die eine, der ich zustimme, hat etwas zu tun mit diszipliniertem Denken, dem »Was weiß ich wirklich?« und der Tugend des wissenden Nichtwissens. Sie hat viel mehr Genauigkeit in die Psychotherapie gebracht – zum Ärger von Leuten, die gerne im trüben fischen. Die andere Seite ist eine Art Denkverbot, ein Sich-dümmer-Machen, als man sein könnte – das halte ich nicht für besonders empfehlenswert.

Ich habe mich nie gescheut, nach Zusammenhängen zu fragen und klar zu unterscheiden. Dabei besteht für mich die Kunst des Denkens darin, ihm gegenüber frei zu bleiben, sich nicht von seinen Erkenntnissen gefangennehmen zu lassen, bereit zu sein, sie immer wieder in Frage zu stellen, sie in der Praxis zu erproben und ihren Gültigkeitsbereich zu überprüfen.

g) Wissenschaft für Beruf und Alltag

Was ist der Sinn des menschlichen Lebens, worauf kommt es an? Das herauszufinden interessiert mich, solange ich zurückdenken kann. Dieses Buch enthält dazu einige Antworten, Ergebnisse einer praxisorientierten Forschung. Es vermittelt anwendungsbezogene Menschenkenntnis für Beruf und Alltag und wissenschaftliche Erkenntnisse zu den Themen Charakterkunde und Psychotherapie.

Obwohl es für einen breiten Leserkreis geschrieben ist, ist es nicht populärwissenschaftlich im herkömmlichen Sinne. Die praktische Psychologie ist selbst einfacher geworden und dem Leben um vieles näher gekommen. Da sie viel mehr kann und weiß, kann sie auf wissenschaftliche Rituale verzichten – ohne den Anspruch auf wissenschaftliche Genauigkeit und Qualität preiszugeben.

Dieses Buch will, wie die beiden vorausgegangenen, zweierlei. Es soll anspruchsvolle Lebenshilfe bieten und die Psychologie zum Thema Persönlichkeitsdiagnostik weiterbringen. Dazu ist es erforderlich, erkenntnis- und anwendungsorientiert vorzugehen, genau zu unterscheiden und sich zu erlauben, wieder in Zusammenhängen zu denken.

So erstaunlich das klingt: Das ist neu gegenüber der eher theoriefeindlichen und dafür methoden- und erfahrungsorientierten Psychotherapie der letzten Jahrzehnte. Damit meine ich die anspruchsvolle Literatur, nicht jene Vielzahl phantasievoller Bücher, die es immer gab und immer geben wird, Bücher, die kühn spekulieren, die verallgemeinern und willkürliche oder einseitige Schlüsse aus persönlichen Einsichten und Erfahrungen ziehen.

Diese Veröffentlichung enthält grundlegende Erkenntnisse, die richtungweisend und bahnbrechend sein können, vorausgesetzt, man läßt sich darauf ein. Es ist wie seinerzeit bei der Erfindung des Fernrohres: man muß bereit sein durchzuschauen. Dann weiß man, was es leisten kann. Das hier beschriebene Modell zum Thema Menschenkenntnis ist so etwas wie eine brauchbare Landkarte, die zuverlässig informiert, ein Reise- und Sprachführer in menschlichen Wirklichkeiten. Es beschreibt tatsächlich vorhandene Strukturen.

In der Psychologie wird häufig ziemlich ungenau geredet; die meisten und selbst zentrale Begriffe sind vieldeutig. Ich lege großen Wert darauf, jeden Begriff eindeutig und genau definiert zu benützen, sei es explizit, sei es durch den Kontext, in dem er eingeführt und verwendet wird. Das macht den Text sicher manchmal etwas lehrbuchhaft. Doch dafür ist Aussage für Aussage überprüfbar.

Allerdings erwarte ich auch von einem kritischen Leser, daß er sich auf dieses Modell einläßt und es in der Praxis überprüft und nicht an mitgebrachten und vorschnellen Vorurteilen mißt. Ich habe immer wieder erfahren: Je anspruchsvoller und je konsequenter jemand mit der diagnostischen Menschenkenntnis arbeitet, desto mehr bringt ihm dieses Modell und desto positiver sind seine Ergebnisse. Das schließt nicht aus, daß mancher zunächst Zweifel hatte, wissenschaftlicher oder moralischer Art.

Wenn man dieses Modell vereinfacht darstellt – und das ist manchmal aus didaktischen Gründen notwendig –, entsteht bei manchem der Eindruck eines Schubladendenkens und die Angst, daß die Individualität des einzelnen verlorengeht. Ein genaueres Kennenlernen zeigt jedoch, daß gerade das bisherige Schubladendenken in der Persönlichkeitsdiagnostik überwunden wird, daß jeder an allen menschlichen Fähigkeiten Anteil hat. Eine Landkarte vereinfacht, gibt nur die wichtigsten Strukturen wieder, doch davon bleibt der Reichtum der Landschaft oder hier der menschlichen Wirklichkeiten unberührt.

Gelegentlich entsteht bei Zuhörern oder Lesern der Eindruck, die anderen Strukturtypen kämen in der Beschreibung besser weg als der jeweils eigene. Das höre ich von Beziehungs-, Sach- oder Handlungstypen. Also müssen sie es hineinlesen oder -hören. Ich möchte deshalb nochmals ausdrücklich betonen, daß jede Charakterstruktur absolut gleichwertig ist. Denn jede hat Zugang zu allen menschlichen Möglichkeiten, wenn auch auf ihre typspezifische Weise.

In Teil I wird das diagnostische Modell beschrieben. Wie ist die Persönlichkeit aufgebaut, wie entstehen die persönlichkeitstypischen Erlebnisweisen? Teil II behandelt den Zusammenhang zwischen Persönlichkeit und Lebensgestaltung. Dort wird gezeigt, daß auch Märchen und Dramen die verschiedenen Strukturtypen und ihre Wertesysteme widerspiegeln. Teil III beschreibt die Konsequenzen für psychologische Beratung und Psychotherapie.

Die Psychotherapie der dritten Generation ist viel zu interessant und aufschlußreich, um sie nur den Fachleuten zu überlassen. Ihre oft verblüffenden Methoden setzen eigentlich ein Wissen darüber voraus, wie die menschliche Wirklichkeit funktioniert. Sie lassen die Umrisse eines höchst interessanten Gegenstandes erahnen, das Geheimnis der Lebenskunst. Einiges von diesem Wissen wird hier nachgeliefert.

Das vorliegende Buch ist aus sich verständlich. Die beiden vorausgegangenen Bücher zeigen andere Aspekte des gleichen Themas auf. So beschreibt *Der andere*[1] ausführlich die Persönlichkeitstypen, ihre Rollen im Drama-Dreieck und ihre Spiele. *Die Entdeckung der eigenen Persönlichkeit*[1] behandelt die Entwicklung der Persönlichkeit und die weiterführende Ich-Entwicklung, die Beziehungen zwischen gleichen und verschiedenen Strukturtypen sowie wissenschaftstheoretische Grundlagen und Bezüge.

---

[1] beide erschienen im Ehrenwirth Verlag

Teil I

Das diagnostische Modell

1. Wie das Leben funktioniert

a) Grundlegende Strukturen

Ich wollte immer schon herausfinden, wie das Leben funktioniert. Ich vermutete, daß die Philosophen oder Psychotherapeuten darüber am meisten wüßten, deshalb wollte ich schon in jungen Jahren Philosophiedozent oder Psychotherapeut oder am besten beides werden. Damals unterschied ich zwischen Wissen und Nichtwissen und war fasziniert von dem geheimnisvollen und magischen Wissen, über das, wie ich glaubte, jene von mir bewunderten Berufsgruppen verfügen würden. Als ich dann später selbst Zugang zu diesem Wissen hatte, war ich eher enttäuscht, beschloß aber, nicht aufzugeben, sondern auf eigene Faust weiter zu forschen und zu experimentieren.
Heute nehme ich an, daß es bewußtes und unbewußtes Wissen gibt, daß unsere Psyche, unser Körper und unsere Umwelt erfüllt sind von unbewußtem Wissen, und ich bin mir nicht mehr sicher, welches Wissen das bessere oder wertvollere ist. Ich meine, und damit stimme ich mit vielen Kollegen der dritten Generation in der Psychotherapie überein, daß wir in Wirklichkeit sehr viel mehr wissen, als wir zu wissen glauben, und wir wissen auch, daß wir ein Großteil dieses unbewußten Wissens gebrauchen, ohne daß es uns bewußt wird oder bewußt werden müßte.
Ein Beispiel dafür ist, worüber die Leute lachen – FREUD hat nicht zufällig ein ganzes Buch über den Witz geschrieben. Sie lachen dann, wenn sich jemand »daneben« benimmt. Also wissen sie, wie man sich »angemessen« verhält. Sie wissen also unbewußt Bescheid über die Eigengesetzlichkeiten der drei Lebensbereiche, und sie wissen das spontan, ohne lange darüber nachdenken zu müssen. Dieses Wissen steht ihnen

blitzschnell zu Verfügung, weil ihre Psyche auf diese Eigengesetzlichkeit hin organisiert ist.

Sie lachen, weil sie es komisch finden, daß jemand in einer Erkenntnis-Situation nur sein Beziehungs-Ich, in einer Handlungs-Situation nur sein Erkenntnis-Ich oder in einer Beziehungs-Situation nur sein Handlungs-Ich benützt. Gute Komiker machen sich das zunutze, indem sie genau auf die oben beschriebene Art danebengreifen, gezielt und systematisch. Dabei vermeiden sie konsequent, ihre Schlüsselfähigkeiten einzusetzen[1], dramatisieren ihren Persönlichkeitsbereich[2] und bestimmen sich absolut fremd im Zielbereich[3]. In einem einzigen Lachen ist also das ganze persönlichkeitsdiagnostische Wissen enthalten, das ich hier vorstellen möchte.

Andererseits ist es natürlich hochinteressant, auch bewußt zu wissen, wie unser Leben funktioniert. Oder ist Ihnen schon aufgefallen, daß die Wirklichkeit, in der wir leben und die unser Leben ausmacht, aus drei ganz unterschiedlichen Bereichen besteht, Bereiche, von denen jeder seinen eigenen Gesetzen gehorcht? Wußten Sie, daß unsere Psyche sich spezialisiert hat hin auf diese unterschiedlichen Lebensbereiche und Lebensaufgaben und daß unser Ich deshalb dreigeteilt ist, aus drei unterschiedlich organisierten Abteilungen besteht? Ist Ihnen bekannt, daß es so etwas gibt wie strukturtypische Codes, die sich als unterschiedliche Reihen- oder Abfolge dieser drei Ichs beschreiben lassen? Das sind drei grundlegende Entdeckungen, eine stammt von BERNE, zwei von mir. Sie beziehen sich auf das, was uns am nächsten und zugleich am fremdesten ist, auf unsere eigene Persönlichkeit und das eigene Leben. Das erstaunlichste dabei ist, daß wir uns darin auskennen, ohne daß es uns bewußt wird, wie es funktioniert. Und, ich muß das fast mit Bedauern sagen, daß dieses bewußte Wissen, jetzt, wo es uns zugänglich ist, nicht mehr den Stellenwert hat, den es einmal zu haben

---

[1] Sonst würden sie Probleme lösen, statt sie zu erzeugen, und zwar der **Beziehungstyp** Erkenntnis-Probleme, der **Sachtyp** Handlungs-Probleme und der **Handlungstyp** Beziehungs-Probleme.

[2] Der **Beziehungstyp:** »Keiner liebt mich!«, der **Sachtyp:** »Blöder wie ich geht's nicht!« und der **Handlungstyp:** »Ich bin eine autoritäre Sau!«

[3] »Ihr seid selbst schuld, daß...« **Beziehungstyp:** »... ich genau das tue/nicht tue...« **Sachtyp:** »... ich genau das fühle/nicht fühle...« **Handlungstyp:** »... ich genau das denke/nicht denke, was ihr von mir erwartet!«

eigengesetzliche Lebensbereiche	eigenständige Ichs (Ich-Zustände)	persönlichkeitstypische Codes (Prozesse, Reihenfolgen)
Bereich **Handeln** (z.B. Arbeit)	Handlungs-Ich (H) (Eltern-Ich nach BERNE)	**Handlungstyp:** H – B – E (**Wollen** – Fühlen – Denken)
Bereich **Erkennen** (z.B. Wissenschaft)	Erkenntnis-Ich (E) (Erwachsenen-Ich nach BERNE)	**Sachtyp: E – H – B** (**Denken** – Wollen – Fühlen)
Bereich **Beziehung** (z.B. Freundschaft)	Beziehungs-Ich (B) (Kind-Ich nach BERNE	**Beziehungstyp:** B – E – H (**Fühlen** – Denken – Wollen)

schien. Für MILTON ERICKSON, den Vater der modernen Psychotherapie, genügt: »... wir wissen immerhin besser, daß wir nicht wissen.«

b) Gleich- oder andersartig?

Man sagt zwar, daß sich Gegensätze anziehen, und das mag besonders in Liebesbeziehungen gelten, doch häufiger gilt: Gleich und gleich gesellt sich gerne. So beobachte ich bei Seminaren häufig, daß sich Teilnehmer vom gleichen Persönlichkeitstyp nebeneinandersetzen oder sich bei Arbeitsgruppen zusammentun. Ohne zunächst darüber Bescheid zu wissen, reagieren sie auf Übereinstimmungen ihrer Wesensart und fühlen sich vertraut. Die meisten Menschen scheinen ein Gespür zu haben für diese strukturtypischen Verwandtschaften.
Sie verstehen sich, ohne viele Worte zu machen. Sie erleben Situationen ähnlich, haben ähnliche Vorlieben und Abneigungen, Geschmäkker, Meinungen und Maßstäbe, Ziele und Lebensgewohnheiten. Sie sprechen eine ähnliche Sprache, verbal und nonverbal, benützen nicht nur gleiche Wörter, sondern auch Lautstärke, Akzentuierung, Tempo, Tonhöhe, Melodik und Rhythmus sind häufig ähnlich. Das gleiche gilt für Gestik, Körperhaltung und Mimik. Das erstaunlichste für mich ist,

daß sie selbst in Körperbau und Aussehen häufig Übereinstimmungen zeigen.
Wieviel schwerer haben es da Menschen miteinander, die vom Strukturtyp her verschieden sind. Sie mögen voneinander fasziniert sein, den anderen gerne haben, bewundern, vielleicht beneiden. Und doch erscheint er ihnen immer wieder rätselhaft und unverständlich, manchmal schockierend fremd. Wenn sie ineinander verliebt sind, scheint ihnen der andere nah und vertraut, wenn sie ihn aber erleben, stellen sie bestürzt fest, daß er nicht nur anders handelt, fühlt und denkt als sie, sondern daß gerade die wesentlichen Dinge für ihn einen anderen Stellenwert haben.
Manche träumen deshalb davon, daß alle Menschen gleichartig wären oder doch sein sollten. Nun, die Realität ist nicht so. Abgesehen davon wäre es schade. Das Leben würde viel verlieren an Reiz und Spannung. Besser ist es, wissend und erkennend diese Herausforderungen anzunehmen. Schließlich ist gleich- oder andersartig sein kein Schicksal, sondern man kann etwas daraus machen. Es sind Bedingungen in einem Spiel, das gut oder schlecht gespielt werden kann.
Denn statistisch gesehen sind zwei Drittel der Menschen, die uns begegnen und mit denen wir es zu tun haben, uns vom Strukturtyp her fremd. Um sie zu verstehen und angemessen mit ihnen umzugehen, brauchen wir ein genaues und praktikables Wissen über die Andersartigkeit des anderen. Dazu soll dieses Buch beitragen. Wenn Sie bisher nur erstaunt oder betroffen waren, warum sich jemand so anders verhalten kann – jetzt können Sie es vielleicht zum erstenmal mit einem vergnügten Schmunzeln beobachten und bewußt darauf reagieren.

c) Orientierungshilfen

Ein Reise- und Sprachführer verspricht zu helfen, sich besser zurechtzufinden – hier in den Landschaften menschlicher Wirklichkeit. Er beschreibt nur, was da ist, mehr nicht. Ob sich jemand daran erfreut oder darüber ärgert, ist jedem selbst überlassen. In der Geographie ist das jedenfalls klar, niemand verwechselt dort Landkarte und Landschaft. Und keiner wird die Karte beschimpfen, wenn ihm die Gegend nicht gefällt.
In der Psychologie jedoch scheint diese Unterscheidung keineswegs

klarzusein. Dort streiten Fachleute darüber, ob beispielsweise die drei Ich-Zustände vorfindliche Realitäten oder erfundene Unterscheidungen sind. Für die einen sind die libidinösen Charakterstrukturen nach FREUD, SCHULTZ-HENCKE, RIEMANN, BRÄUTIGAM u.a. gesichertes psychologisches Wissen, die anderen tun so, als ob es sich dabei um etwas Unanständiges handle. Hier scheint noch nicht entschieden zu sein, ob die Erde eine Kugel oder eine Scheibe ist. Gibt es diese einfachen und durchgängigen Strukturen in unserer psychischen und ontischen Lebenswirklichkeit, oder sind das alles nur Einbildungen, selbst geschaffene Pseudorealitäten?

Ich bin überzeugt, daß BERNEs Entdeckung der drei Ich-Zustände [1], lieber nenne ich sie die drei Ichs [2], eine der bedeutendsten überhaupt in der Geschichte der Psychologie ist. Auf sie baut nicht nur eine der erfolgreichsten Psychotherapie-Schulen, die Transaktionsanalyse, auf. Ich meine, daß ihre Bedeutung noch weit darüber hinausgeht, denn sie sind *die* Grundstrukturen unserer Psyche. Und künftig wird eine Psychologie, die wissenschaftlich ernst zu nehmen ist, diese nicht mehr ignorieren können.

Bis dahin kommt es freilich darauf an, die drei Ichs aus der einengenden und psychologisierenden Sichtweise der elterlichen, erwachsenen oder kindlichen »Haltungen« herauszunehmen und ihre ontische Funktion zu erkennen: sie sind sinnvoll spezialisierte »Organe« oder »Abteilungen« unserer Psyche hin auf die unterschiedlichen und eigengesetzlichen Lebensbereiche [3]. Von dieser ihrer Aufgabe her lassen sie sich rückblickend noch klarer und eindeutiger verstehen und voneinander abgrenzen.

Damit werden im nachhinein BERNE und die Mehrzahl der Transaktionsanalytiker bestätigt, die immer betont haben, daß es sich bei den drei Ich-Zuständen um weitgehend autonome Einheiten in unserer Psyche handelt. Und sie haben es als einen wesentlichen Aspekt der psychischen Gesundheit betrachtet, daß die Grenzen der Ich-Zustände intakt sind und über die drei Ich-Zustände gleichermaßen und situationsangemessen verfügt werden kann.

Daß Persönlichkeiten nicht einfach unterschiedliche Mischungen von

---

[1] Eltern-Ich, Erwachsenen-Ich, Kind-Ich
[2] Handlungs-Ich, Erkenntnis-Ich, Beziehungs-Ich
[3] Bereich Handeln, Bereich Erkennen und Bereich Beziehung

Eigenschaften sind, sondern genauer und zutreffender beschrieben werden können als unterschiedliche Prozeßabläufe, setzt die drei Ichs als Stationen dieser Prozesse voraus. Deshalb liegt mir so viel daran, ihre Existenz sowohl psychologisch – was ja die Transaktionsanalyse schon weitgehend geleistet hat – als auch ontologisch zu bestätigen. Gerade der ontologische Nachweis erscheint mir noch schlüssiger und überzeugender, weil wir sehr viel mehr bewußte Erfahrungen und Zugangsmöglichkeiten zur äußeren als zur inneren Wirklichkeit haben.

Heute gibt es eine Vielzahl miteinander konkurrierender Psychotherapie-Schulen. Wünschenswert wäre für die Zukunft ein integriertes Modell aus den interessantesten und wirksamsten Erkenntnissen und Methoden der psychologischen Forschung und Praxis. Das diagnostische Modell könnte dabei eine zentrale und verbindende Funktion haben, da es mit allen mir bekannten Modellen voll kompatibel ist.

2. Die drei Persönlichkeitstypen

a) Gefühlsmäßige, intellektuelle und ethische Vorbehalte

Ohne Menschenkenntnis neigen wir dazu, von uns auf andere zu schließen. Wir nehmen uns selbst als Modell für den anderen. Was wir uns selbst wünschen, meinen wir, müsse auch für andere wünschenswert sein, was uns selbst gefällt und guttut, müsse auch ihnen gefallen und guttun. Beginnt man sich jedoch wissenschaftlich und praktisch mit Menschenkenntnis zu befassen, so wird man zweierlei beobachten, nämlich, daß es größere Übereinstimmungen und auch größere Gegensätze zwischen Menschen gibt, als man bisher angenommen und wahrgenommen hat.
Andererseits begegnen viele Menschen einem diagnostischen Modell der Menschenkenntnis mit Vorbehalten, etwa den eher gefühlsmäßigen, ein Theoriemodell könne ihre intuitive Menschenkenntnis stören oder andere würden zuviel über sie wissen, von ihnen erkennen und sie dann nicht mehr mögen und wertschätzen.
Ein intellektueller Einwand ist der, daß das wohl eher vorwissenschaftlichem Denken entspringen müsse, daß es nur drei oder sechs Typen gebe. Eine derartige Theorie vereinfache gewaltsam die viel differenziertere Wirklichkeit. Schließlich der ethische Einwand, es sei inhuman, Menschen einzuteilen und in Schubladen zu stecken.
Dieses Modell ist in vieler Hinsicht neu. Etwas wirklich Neues, egal, auf welchem Gebiet, ob in der Kunst, der gesellschaftlichen Entwicklung oder der Wissenschaft, bringt immer auch seine eigenen Maßstäbe mit. Es an den alten Maßstäben zu messen heißt es mißverstehen. So ist beispielsweise die neue angewandte Psychologie wesentlich einfacher und wirksamer geworden. Doch gerade das macht sie für viele unglaubwürdig. Sie halten daran fest, daß etwas Wirksames kompliziert sein müsse.
Dazu kommt, daß das Wort und der Maßstab »wissenschaftlich« in den letzten Jahrzehnten gleichgesetzt wurden mit den naturwissenschaftlichen Methoden des Messens. Für mich ist das ein einengendes Wissenschaftsverständnis, das besonders die akademische Psychologie ziemlich nichtssagend und unfruchtbar gemacht hat. Zum Glück hat sich die Psychotherapie nicht an dieses Dogma gehalten und, beson-

ders in Amerika, unbekümmert weiter geforscht und experimentiert. Deshalb noch ein paar Hinweise zu den oben genannten Vorbehalten, mehr kann es nicht sein. Es gibt tatsächlich besonders begabte Menschen auf dem Gebiet der Kommunikation und der intuitiven Menschenkenntnis. Sie brauchen nicht zu fürchten, daß ihre Intuition durch Wissen Schaden nimmt. Es ist wie in der Musik. Gute Musiker werden durch musikwissenschaftliches Wissen nicht schlechter, sondern eher besser. Das gleiche gilt für das diagnostische Wissen, es kann die Intuition unterstützen und sicherer machen.

Was die Sympathie zwischen Menschen betrifft, so bestätigt sich immer wieder: je besser man jemand kennt, je mehr man von ihm weiß, und dazu kann dieses Modell einiges beitragen, desto lieber hat man ihn, und desto mehr kann man ihn wertschätzen. Wenn sich Menschen nicht mehr mögen, dann meist deshalb, weil sie sich nicht mehr verstehen und auseinanderleben.

Nach meinen Erfahrungen entstehen die meisten Kränkungen durch Mißverständnisse. Man interpretiert etwas, was anders gemeint war, im eigenen Kontext. Umgekehrt habe ich immer wieder in Therapiegruppen erlebt, wo manchmal recht schwierige Menschen zusammenkommen, die nicht spontan sympathisch wirken, daß sie, je mehr sie sich kennenlernten, sich um so mehr mochten und um so mehr schätzten.

Auch wenn die Lebenserfahrung dafür spricht, daß es so etwas wie Charakterstrukturen[1] gibt – jeder kennt diese wiederkehrenden Übereinstimmungen und Unterschiede –, so scheint doch das wissenschaftliche Denken dagegen zu sprechen. Ich würde ihm sofort recht geben, wenn es nicht grundlegende Strukturen in unserer äußeren und inneren Wirklichkeit gäbe – die drei eigengesetzlichen Lebensbereiche und die drei auf sie spezialisierten Ichs. Sie sind nicht nur die Basis dieser Strukturtypen, sondern schließen so etwas wie Mischtypen aus[2].

Damit komme ich zu dem Vorwurf des Schubladendenkens. Schub-

---

[1] So werden sie in der psychoanalytischen Literatur genannt.
[2] Mit Ausnahme der Binnenstrukturen der drei Grundtypen. Es sind die schizoide und hysterische Charakterstruktur, hier **Beziehungstyp 1** und **2**, die narzißtische und depressive Charakterstruktur, hier **Sachtyp 1** und **2** sowie die phobische und zwangshafte Charakterstruktur, hier **Handlungstyp 1** und **2**. Zu den Binnenstrukturen siehe ausführlich KARL KÖNIG: Kleine psychoanalytische Charakterkunde, Vandenhoeck.

ladendenken ist mechanisch und unmenschlich, dem stimme ich zu. Doch die Leistung dieses Modells besteht gerade darin, das Schubladendenken in der Persönlichkeitsdiagnostik zu überwinden. Jeder Strukturtyp ist ein sich wiederholender Prozeß, also eine Bewegung, etwas Dynamisches. Dieser Prozeß läßt sich beschreiben mit dem persönlichkeitstypischen Code. Er besteht immer aus den drei Ichs. Deshalb hat jeder Strukturtyp Anteil an und Zugang zu allen menschlichen Fähigkeiten. Unterschiedlich sind nur die Reihenfolge der drei Ichs, ihre Position in diesem Prozeß.

Das zeigt, wie alte Meßlatten unbrauchbar werden, etwa die Frage: Sind wir Mischtypen oder reine Typen. Denn jeder ist beides, ein Mischtyp, wenn man daran denkt, daß er, wie alle anderen auch, Anteil an allen drei Ichs hat und damit über den Zugang verfügt zu allen menschlichen Möglichkeiten, ein reiner Typ, wenn man an die unterschiedlichen Prozesse oder Codes denkt.

Doch was geschieht in der Persönlichkeitsentwicklung? Unser bisheriges Wissen spricht dafür, daß der eigene Strukturtyp aufgelockert, um neue Möglichkeiten erweitert, doch nicht aufgegeben wird. Und daß wir zunehmend auch von den Codes der anderen Typen Gebrauch machen.

b) Worin sie sich unterscheiden

Es gibt die typischen Vertreter einer Persönlichkeitsstruktur, die man auf den ersten Blick erkennen kann, etwa der sehr schlanke, aufrechte, dynamische und doch in seinen Bewegungen und im Gesichtsausdruck kontrollierte **Beziehungstyp 1**. Er lächelt zurückhaltend und bewegt sich elegant. Er achtet auf seine Wirkung auf andere und legt Wert auf sein Äußeres. In Streßsituationen wirkt er angespannt, ehrgeizig, kühl und möchte einen intelligenten Eindruck machen. Er legt dann an sich und andere hohe Maßstäbe an, konkurriert mit anderen, macht kritisch-abwertende Bemerkungen und bewertet Situationen oft negativ. In entspannten Situationen kann er sehr charmant, begeisterungsfähig und gewinnend sein. Er verfügt dann über eine gute Beobachtungsgabe und denkt realistisch.

Der **Beziehungstyp 2** gibt sich meist sehr liebenswürdig, gewinnend und immer eine Spur verführerisch. Doch dies kann in Streßsituationen in abweisendes und verletzendes Verhalten umschlagen. In entspannten Situationen ist er lebenssprühend und spricht mit bezaubernd melodischer Stimme und kommunikativer Gestik. Was dabei nicht so auffällt, ist sein klares und konsequentes Denken, das für ihn selbst mehr Realität hat und mehr zählt als sein freundliches und einladendes Verhalten.

Oder der gemütliche, etwas dickliche **Sachtyp (1)**, der einen gutmütigen Eindruck macht. Das täuscht allerdings etwas, denn er befindet sich innerlich in der Rolle des verkannten Genies und ist deshalb leicht zu kränken. In Streßsituationen wirkt er ernst, leicht überfordert, unruhig und rebellisch. Er erinnert dann an den Igel in »Der Hase und der Igel«, der die anderen austrickst, indem er nichts tut. In entspannten Situationen wirkt er heiter, umgänglich und lächelt verschmitzt. Dabei weiß er sehr wohl, was er will.

Der etwas schlankere **Sachtyp (2)** wirkt nachdenklich, ruhig, unauffällig und vergrübelt. Er legt wenig Wert auf sein Äußeres und hat eine Neigung zu einem trockenen und etwas schwarzen Humor. In Streßsituationen macht er eine düstere Miene und spricht mit vorwurfsvollem Ton. Er hat eine starke Neigung zu depressiven Verstimmungen, der »Schwermuts-Depression«[1], mit der er anderen ein schlechtes Gewissen zu machen versucht. In entspannten Situationen wirkt er begeistert, optimistisch, offen und macht witzige Bemerkungen. Er verwirklicht dann gelassen seine Ziele[2].

Der energische **Handlungstyp** hat meist eine kompakte, kräftige Figur. Seine Bewegungen sind energisch und etwas geregelt. Er spricht laut und bestimmend. Er kleidet sich eher konservativ, legt Wert auf eine humorvolle, kameradschaftliche Stimmung. Er lacht gerne offen und herzlich. In Streßsituationen wirkt er manchmal verbissen, spricht fordernd und belehrend und erlebt andere entweder als Freund oder als Feind. In entspannten Situationen ist er kameradschaftlich, hilfsbereit und wohlwollend. Hinter seinem etwas herben und tatkräftigen Äußeren ist er empfindsam und warmherzig. Auch hier kann man zwischen

---

[1] Die »Schwermuts-Depression« des **Sachtyps** ist die eigentlich echte Depression. Bei den anderen Typen sollte man nicht von Depressionen sprechen – wenn doch, dann beim **Beziehungstyp** von einer »Verzweiflungs-Depression« und beim **Handlungstyp** von einer »Verbitterungs-Depression«.

[2] Zur Unterscheidung in **Sachtyp (1)** und **(2)** bzw. **Handlungstyp (1)** und **(2)** siehe »Der andere«, S. 59 und S. 71.

dem kräftigen, etwas bodenständig wirkenden **Handlungstyp (1)** und dem schlankeren, ethisch bestimmten **Handlungstyp (2)** unterscheiden. Der **Typ 1** richtet sich gerne nach Autoritäten und neigt selbst zu autoritärem Verhalten, der **Typ 2** richtet sich nach Regeln und möchte sie auch anderen aufdrängen.

Auch wenn man die übrigen Merkmale der Strukturtypen wie Haltung, Gang, Kleidung usw.[1] berücksichtigt, erreicht man auf dieser phänomenologischen Ebene nur eine Trefferquote von etwa siebzig Prozent. Aussagekräftiger ist, daß jeder Strukturtyp in einer ihm eigenen Welt lebt, die bestimmt wird von seinen Grunderfahrungen und seinem unbewußten Wertesystem.

Es sind beim **Beziehungstyp** die existentielle Gefährdung, ein früh empfundener Mangel an liebevoll annehmender Zuwendung und sein erkenntnisgeleitetes Wertesystem. Sie führen zu seiner eher angespannten, kontrollierenden Haltung, dem Gefühl, sich nur auf sich selbst verlassen zu können und die anderen durch Leistungen oder Liebenswürdigkeit gewinnen zu müssen, seinem »Sei stark!« und »Mach's anderen recht!«, der Selbstretter- und Retterrolle im Drama-Dreieck und den Macht- und Retterspielen[2].

Wenn er sich's gutgehen läßt, so folgt er seinem erkenntnisgeleiteten Wertesystem und genießt Situationen mit allen Sinnen, denkt realitätsbezogen und folgerichtig, lebt entspannt und in sich gesammelt.

Ein Beispiel ist ein Wildwasser-Kanute[3]. Er genießt die Herausforderungen dieser Sportart, die frische kühle Luft am Morgen, die Wärme der Sonnenstrahlen, das Rauschen des Wassers und die herrliche Landschaft. Und er wiederholt das Abenteuer des »Überlebens«, indem er in dieser Zeit so einfach wie möglich lebt. Es macht ihm viel Spaß, diesen Urlaub strategisch zu planen, Route, Ausrüstung und Lebensmittel.

Hier werden alle Themen seiner Welt auf positive Weise sichtbar, der spielerisch-sportliche Umgang mit der Gefahr, intensives Leben in den Sinnen und in realistischem Denken und die Möglichkeit, sein Handeln allein und selbst bestimmen zu können.

Die Bedrohung, die der **Sachtyp** erlebt und reproduziert, gilt seinem

---

[1] Siehe Checkliste, S. 38 f.
[2] Beschrieben in »Der andere«, S. 34 f. und 83 f.
[3] ein Teilnehmer einer Fortbildungsgruppe

Ich und resultiert aus einem Mangel an sinnenhaft-geistiger Zuwendung. Er hat Angst davor, daß sein Selbstbewußtsein ein- und zusammenbricht, und sucht Situationen, die es stärken, indem sie ihm vermitteln, wichtig zu sein. Zugleich folgt er seinem erfolgsgeleiteten Wertesystem.

Ein Teilnehmer aus der gleichen Gruppe berichtet, wie er für seine Kinder eine Bank für ihr Gartenhäuschen gezimmert hat. Zeitweilig hat ihn sein kleiner Sohn dabei unterstützt. Dieses Tun, etwas Sichtbares und Brauchbares für andere zu machen, hat ihn sehr befriedigt. Dabei spielt er mit dem Risiko, daß es die anderen nicht oder wenig interessiert. Und es befriedigt sein Wertesystem, etwas geschaffen zu haben und Anerkennung dafür zu finden.

Die Welt des **Handlungstyps** wird bestimmt von seinem Zwang zur Pflichterfüllung und der Befreiung durch sein sympathiegeleitetes Wertesystem. Eine andere Teilnehmerin berichtet, wie sie am Ostermorgen überlegte, daß sie eigentlich in die Kirche gehen müßte. Dazu wurde sie schon als Kind gezwungen. Doch dann rief ihre Freundin an, eine farbige Kinderschwester, die aus der Karibik stammt und die sie sehr gerne hat. Sie lud sie ein, ihre Familie kennenzulernen, die aus England zu Besuch kam.

Statt des pflichtgemäßen Kirchenbesuchs nahm sie freudig die Einladung an. Sie wurde von der Familie ihrer Freundin herzlich aufgenommen. Sie spielte mit den Kindern, erlebte viel gemeinsame Freude und viel Spaß und verließ die Familie mit der beglückenden Erfahrung, neue und gute Freunde gewonnen zu haben. Ihr Risiko, das sie einging, war, von ihrer eigenen Verwandtschaft schief angesehen zu werden und keinen Kontakt zur Familie ihrer Freundin zu finden. Doch sie erfuhr, wie gut es ihr tat, ihrem sympathiegeleiteten Wertesystem zu folgen.

c) Woran sie zu erkennen sind

Der Prozeß, der die Persönlichkeit ausmacht und der sie von anderen unterscheidet, läßt sich ausreichend genau und trennscharf beschreiben. Voraussetzung dafür ist eine neue, exaktere Bestimmung der drei Ich-Zustände oder Ichs – die Bausteine der Persönlichkeit. BERNE hatte die Ich-Zustände beschrieben als elterliche, erwachsene und kindliche Haltungen. Hier werden sie funktional bestimmt: das *Handlungs-Ich* ist

zuständig für das Handeln, das *Erkenntnis-Ich* für das Erkennen und das *Beziehungs-Ich* für das Beziehungs-Verhalten. Die ontische Basis für diese drei Ichs sind die drei eigengesetzlichen Lebensbereiche Handeln, Erkennen und Beziehung.
Hierbei werden durchgängige Strukturen unserer menschlichen Wirklichkeit sichtbar, die in der Lebenspraxis erfahrbar sind. Die sie beschreibenden Modelle sind also keine gewaltsamen oder gar willkürlichen Vereinfachungen, sondern zeichnen Wirklichkeiten nach. Sie können überprüft und nachvollzogen oder weiter erforscht werden. Diese Übereinstimmung der ontischen und psychischen Strukturen hilft, daß wie bei einem Puzzle sich nun die Einzelteile psychologischen Wissens zu einem Ganzen fügen und Zusammenhänge erkennbar werden, die bisher eher ahnungsweise beschrieben worden sind.
Menschen sind verschieden, und zwar auf eine »typische« Weise. Stimme, Haltung, Gesichtsausdruck, Lachen, aber auch Kleidung, die Art, wie jemand seine Wohnung einrichtet oder welchen Autotyp er bevorzugt, jede Lebensäußerung ist zugleich Ausdruck der Persönlichkeit. Besonders deutlich wird der Persönlichkeitstyp in Streßsituationen sichtbar. Dann geht er zunächst in seinen Persönlichkeitsbereich zurück, dorthin, wo er sich sicher und zu Hause fühlt, der **Beziehungstyp** ins Beziehungs-Ich, der **Sachtyp** ins Erkenntnis-Ich und der **Handlungstyp** ins Handlungs-Ich.
Bei einer gelingenden Problemlösung setzt er die Schlüsselfähigkeiten seines Entwicklungsbereichs ein: der **Beziehungstyp** das Denken, der **Sachtyp** das Wollen und der **Handlungstyp** das Fühlen. Das ist zugleich Weg und Ausweis der Persönlichkeitsentwicklung. Die Strukturtypen folgen dabei einem verborgenen Wissen, ihrem *unbewußten Wertesystem:*
- der **Beziehungstyp** dem *erkenntnisgeleiteten;* er ist dann erfüllt von wachem Erkenntnisinteresse, begeisterungsfähig, kann zuhören, sich informieren, klar denken und die Dinge mit Abstand betrachten und erst mal so sein lassen, wie sie sind;
- der **Sachtyp** dem *erfolgsgeleiteten;* er spürt dann kraftvolle Energie, weiß, was er will, handelt entschlossen, fühlt sich selbstverantwortlich;
- der **Handlungstyp** dem *sympathiegeleiteten;* er läßt sich dann leiten von seiner Freude an der Arbeit, seinem Gefühl anderen gegenüber, zeigt

beobachtbare Merkmale:

	Beziehungstyp	Sachtyp	Handlungstyp
1. Haltung	aufrecht, gestreckt (steht beweglich) bis leger	entspannt, locker (steht unruhig) bis kraftvoll	tatkräftig, respektierend (steht fest) bis gelockert
2. Gestik	kontrolliert, erklärend, ästhetisch	lasch, veranschaulichend, impulsiv	geregelt, freundschaftlich nachdrücklich
3. Gesichtsausdruck	angespannt, lebendig, bis entspannt, lächelt gewinnend	ernst, indifferent, bis entschlossen, lächelt verschmitzt	energisch, rechtschaffen bis heiter, lacht herzlich
4. Stimme	hell, klar, melodisch bis ruhig	tief, leise, monoton bis kräftig	kräftig, deutlich, bestimmend bis freudig
5. Sprache	kontaktfähiganalytisch	anschaulichenergetisch	pragmatischkollegial
6. Gang	elegant, gewandt bis lässig	nachlässig, schlendernd bis kraftvoll	kräftig, geradezu bis beweglich
7. Kleidung	modisch, geschmackvoll bis bequem	bequem, praktisch bis qualitätsbewußt	solide, konservativ bis lebendig
8. Konfliktverhalten	konfliktfreudig bis fair, dramatisierend	konfliktscheu bis offen, verharmlosend	konfliktfähig bis verständnisvoll, moralisierend
9. Beziehungsverhalten	braucht Freiräume, emotional, dominierend bis harmonisch	ausgleichend, sachlich, rebellisch bis fürsorglich	kameradschaftlich, hilfsbereit, einschränkend bis gefühlvoll

Checkliste: Von der Ausgangspersönlichkeit zur entwickelten Persönlichkeit

erkennbare Merkmale:

	Beziehungstyp	Sachtyp	Handlungstyp
10. Gesamt-eindruck	kontrolliert, dynamisch bis entspannt (BT1), liebenswürdig, lebendig bis gelassen (BT2)	wichtig, unruhig bis energisch (ST1), nachdenklich, schlaksig bis kraftvoll (ST2)	kraftvoll, respektvoll bis humorvoll (HT1), solide, konservativ bis warmherzig (HT2)
11. Persönlichkeitsbereich	Beziehungs-Ich	Erkenntnis-Ich	Handlungs-Ich
12. Wertesystem im (14.)	erkenntnisgeleitet	erfolgsgeleitet	sympathiegeleitet
13. Schlüsselfähigkeiten im (14.)	Erkennen (Sinne + Denken + Ich-Fähigkeiten)	Wollen (Wollen + Entscheiden + Handeln)	Fühlen (Spontaneität + Fühlen + Lieben)
14. Entwicklungsbereich	Erkenntnis-Ich und Lebensbereich ERKENNEN	Handlungs-Ich und Lebensbereich HANDELN	Beziehungs-Ich und Lebensbereich BEZIEHUNG
15. Antreiber	Sei stark! (BT1) Mach's anderen recht! (BT2)	Streng dich an! (ST1) Sei vorsichtig! (ST2)	Sei wie die anderen! (HT1) Sei perfekt! (HT2)
16. Entweder Spiele	Macht- (BT1) und Retterspiele (BT2)	Opfer- (ST1) und Zuwendungsspiele (ST2)	Verfolger- (HT1) und Sicherheitsspiele (HT2)
17. oder Selbstbestimmung	Souveränität statt Dominanz	Autonomie statt Rebellion	Autentizität statt Identifikation
18. im Zielbereich	Handlungs-Ich und Lebensbereich HANDELN	Beziehungs-Ich und Lebensbereich BEZIEHUNG	Erkenntnis-Ich und Lebensbereich ERKENNEN

(Die Beschreibung der Strukturtypen findet sich in »Der andere« und die der Bedingungen der Persönlichkeitsentwicklung in »Die Entdeckung der eigenen Persönlichkeit«.)

menschliches Verständnis und Humor und ist fürsorglich anderen gegenüber.

Der Entwicklungsbereich mit den Schlüsselfähigkeiten ist das vergleichsweise Neue, als wertvoll Empfundene. Es ist das Erkennen beim **Beziehungstyp**[1], das Wollen beim **Sachtyp**[2] und das Fühlen beim **Handlungstyp**[3].

Diese offensichtlichen Hinweise werden nur dann gesehen und verstanden, wenn man dafür das Wissen und den Blick hat. Erkennendes Sehen und Fachwissen stehen in engstem Zusammenhang. Das ist nichts Neues und gilt auch für Menschenkenntnis und Persönlichkeitsdiagnostik. Schon als Kind hat man gelernt, sein Verhalten auf andere Menschen einzustellen und zu variieren. Doch dieses intuitive Erkennen ist störbar – durch Wunschdenken, Vorurteile und Übertragungen. In der Ausbildung höre ich immer mal wieder von manchen Ausbildungsteilnehmern, sie würden dem anderen ansehen, daß er und was er für Probleme hat. Doch bei genauerem Hinsehen sind es meist ihre eigenen Schwierigkeiten, die sie in andere hineinsehen.

Gewöhnlich erwartet man von Menschenkenntnis, daß sie hilft, mit anderen besser umzugehen und zurechtzukommen. Wichtiger erscheint mir jedoch, den anderen überhaupt zu sehen, wie er ist – nicht nur äußerlich oder oberflächlich, nicht nur seine zutage liegenden Stärken und Schwächen, sondern auch die dahinter eher verborgenen Fähigkeiten und Möglichkeiten. Es sind die oben genannten Schlüsselfähigkeiten, die Klugheit des Liebenswürdigen, die Tüchtigkeit des Klugen und die Liebenswürdigkeit des Tüchtigen.

---

[1] Sinne + Denken + Ich-Fähigkeiten
[2] Wollen + Entscheiden + Handeln
[3] Spontaneität + Fühlen + Sympathie

3. Der strukturtypische Code

a) Die Persönlichkeit von innen

Neue Erkenntnisse stützen sich in der Regel auf schon bewährtes Wissen. Das gilt auch in der Menschenkenntnis. FREUD hat die »libidinösen Typen« beschrieben, SCHULTZ-HENCKE, RIEMANN und KÖNIG haben dieses Wissen weiter ausgearbeitet. BERNE und seine Schüler haben die Skriptmuster entdeckt und gefunden, daß es überall auf der Welt die gleichen sind. Eine Person gestaltet ihr Leben nach ihrer Art, ihrem Wesen. Deshalb ist Skript- oder Lebensanalyse nur eine andere Sichtweise des gleichen Phänomens, sie blickt auf das Leben und die Lebensgestaltung, die Persönlichkeitsdiagnostik auf den Menschen und seine Charakterstruktur.

Dieses Wissen war bisher phänomenologisch. Es beschrieb typische Eigenschaften, Reaktions- und Verhaltensweisen. Doch was außen ankommt, was sichtbar und erlebbar wird, ist, was sein Entstehen betrifft, meist vielschichtig und vieldeutig. Ähnliche Erscheinungsbilder können ganz unterschiedliche Ursachen haben, verschiedene die gleichen. Dadurch sind die herkömmliche Persönlichkeitsdiagnostik und Skriptanalyse relativ ungenau und in der Praxis nur bedingt brauchbar.

Die Entdeckung des strukturtypischen Codes ändert die Sachlage entscheidend. Nun werden genaue Analysen und gezielte Interventionen möglich. Gehörte Persönlichkeitsdiagnostik aus streng »wissenschaftlicher« Sicht bisher eher zum Außenseiterwissen wie Graphologie oder Astrologie wird jetzt wesentlich aussagekräftiger, nachvollziehbar und überprüfbar. Aus einem interessanten Randthema in der Psychologie wird grundlegendes, zentrales Wissen. Und es ist damit zu rechnen, daß die psychologische Forschung dieses Thema, das etwas in Vergessenheit geraten ist, erneut aufgreifen wird.

Dieser Prozeß, der die Persönlichkeit ausmacht, läßt sich recht einfach darstellen an dem Kreis

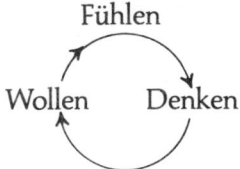

als den drei Grundfähigkeiten der drei Ich-Zustände oder Ichs.

Zwar sind das eher umgangsprachliche Unterscheidungen, wie bei PESTALOZZI, der in seiner Pädagogik Kopf, Herz und Hand beteiligt wissen wollte. Neu daran ist, daß diese Unterscheidungen wesentlich substantieller sind, als man vermutet hatte. Sie gehen zurück auf grundlegende Strukturen unserer ontischen und psychischen Wirklichkeit[1].

Wenn man jeweils einen der drei Pfeile wegläßt, werden drei verschiedene Prozesse beschrieben, die charakteristisch sind für die drei Persönlichkeitsstrukturen:

Beziehungstyp	**Sachtyp**	**Handlungstyp**
1. Fühlen	3. Fühlen	2. Fühlen
3. Wollen 2. Denken	2. Wollen 1. Denken	1. Wollen 3. Denken

Die unterschiedlichen Stellungen der drei Ichs verweisen auf drei unterschiedliche Problematiken. Bei Position 1 finden wir die am frühesten und stärksten ausgeprägten Fähigkeiten. Hier stellt sich die Frage nach der Stabilität oder psychischen Gesundheit der Persönlichkeit. Sie hat sich gebildet als Antwort auf einen spezifischen Mangel an Zuwendung im Fühlen, Denken oder Handeln. So wurden Gegenkräfte mobilisiert, doch es bleibt die Erinnerung an das Drama der Entstehung der kindlichen Persönlichkeit erhalten. Man nennt es auch die frühkindlichen Traumata oder Störungen. Sie waren das bevorzugte Thema der tiefenpsychologisch ausgerichteten Psychotherapie.

Durch die frühe Fixierung auf die Fähigkeiten und Themen der 1. Position kommen die der 2. zu kurz. Hier besteht in der Regel ein Defizit. Dem wirkt allerdings das unbewußte Wertesystem entgegen, das gerade hier, bei der 2. Position, ansetzt. Die Themen dieses Lebensbereiches sind die der Persönlichkeitsentwicklung. Denn ohne die Fähigkeiten der 2. Position lebt und verwirklicht sich die Persönlichkeit auf eine einseitige und eingeschränkte Weise, und es leidet auch die Qualität der 3. Position.

Bei der 3. Position geht es um die Themen Fremd- oder Selbstbestimmung, also um die Autonomie der Persönlichkeit. Das ist oft schwer zu

---

[1] Ausführlich dargestellt in »Die Entdeckung der eigenen Persönlichkeit«

durchschauen, da fremdbestimmtes Verhalten häufig sozial belohnt wird. Oft wird Autonomie ersetzt durch das Streben nach gesellschaftlicher Anerkennung, nach Beifall und Prestige. Doch gerade darauf muß man zeitweilig verzichten, wenn man sich für ein selbstbestimmtes Denken, Fühlen und Leben entscheidet.

Ebenso geben die Positionen Hinweise auf die Energiebesetzung der Ichs, sie ist an Position 1 hoch, an Position 2 niedrig (bei der wenig entwickelten Persönlichkeit) und an Position 3 mittel. Um die drei Stationen unterscheiden und ihre jeweilige Problemlage beschreiben zu können, nenne ich die erste **Persönlichkeitsbereich,** die zweite **Entwicklungsbereich** und die dritte **Zielbereich.**

b) Die Gesundheit, Entwicklung und Autonomie einer Persönlichkeit

Der Persönlichkeitsbereich ist zunächst am stärksten ausgeprägt. Er hat sich in der Kindheit ausgebildet und bestimmt gewöhnlich das Bild der Persönlichkeit, d.h., der **Beziehungstyp** verhält sich stark gefühlsmäßig und beziehungsorientiert, egal, ob er diese Gefühlsreaktionen forciert oder kontrolliert, der **Sachtyp** nachdenklich und erkenntnisgeleitet und der **Handlungstyp** willensmäßig und handlungsgeleitet. Das gilt besonders für die noch weniger entwickelte Persönlichkeit.

Der Entwicklungsbereich ist in der Regel etwas schwächer ausgeprägt. So legen **Beziehungstypen** zwar großen Wert aufs Denken, doch sie tun sich manchmal schwerer damit als andere Strukturtypen. **Sachtypen** möchten gerne tüchtig und erfolgreich sein, zeigen aber häufig Schwächen im Wollen und Handeln. Und **Handlungstypen** schätzen gute menschliche Beziehungen, doch sie zeigen oft Gefühle nicht und verstecken sie hinter einer »rauhen Schale«.

Diese anfängliche Schwäche im Entwicklungsbereich wird mit der zunehmenden Persönlichkeitsentwicklung immer mehr ausgeglichen. Dann kann man beobachten, wie ein Beziehungstyp ganz klar eine Situation analysiert mit einer erkenntnisgeleiteten Sensibilität, daß ein Sachtyp überlegt und selbstbewußt handelt und sich für andere einsetzt. Oder wie ein Handlungstyp Lebensfreude ausdrückt und andere daran teilnehmen läßt. Da diese Fähigkeiten des Entwicklungsbereiches so wertvoll sind, nenne ich sie Schlüsselfähigkeiten.

Für die praktische Arbeit mit diesem Konzept bleibt der Ansatz bei den Schlüsselfähigkeiten Thema Nummer eins. Das gilt auch dann, wenn es zuerst darum geht, daß der **Beziehungstyp** entdeckt, daß er liebenswert ist und daß es für ihn gut ist, sich von anderen lieben und verwöhnen zu lassen. Oder daß der **Sachtyp** entdeckt, daß er wichtig und wertvoll ist und daß die anderen ihn brauchen. Oder daß der **Handlungstyp** o.k. ist, frei und unabhängig.

	Persönlichkeitsbereich	Entwicklungsbereich	Zielbereich
Störungen, Schwächen, Fehlhaltungen	frühkindliche Störungen	Entwicklungsdefizite	anfällig für Fremdbestimmung
Gefahren	zuviel machen, manipulieren	zu hohe, zu enge Maßstäbe	sich im Detail verlieren
Alternativen und Therapie	Anerkennung und Zuwendung auf nonverbaler und verbaler Ebene	aktivieren, trainieren, bestärken der Schlüsselfähigkeiten	Erlaubnisse zu einem selbstbestimmten Verhalten sich und anderen gegenüber
Hilfen	von innen zu- und von außen geschehen lassen	Bandbreite der Qualität festlegen	den Zusammenhang beachten, Ökologie
Beziehungstyp	Beziehungs-Ich, *entdecken:* Ich bin liebenswert.	Erkenntnis-Ich, *erarbeiten:* Ich bin klüger, als ich glaube.	Handlungs-Ich, *erlauben:* Ich darf meine Bedürfnisse verwirklichen.
	fühlende Intuition und Zuwendung zulassen	Bandbreite der Qualität im Denken bestimmen	Bei Handlungsentscheidungen Zusammenhang beachten

Sachtyp	Erkenntnis-Ich, *entdecken:* Ich bin attraktiv, interessant.	Handlungs-Ich, *erarbeiten:* Ich bin tüchtiger, als ich glaube.	Beziehungs-Ich, *erlauben:* Ich darf meine eigenen Gefühle ausdrücken.
	geistige Intuition zulassen und offen sein für Anregungen	Bandbreite der Qualität im Handeln bestimmen	in Beziehungsentscheidungen Zusammenhang beachten
Handlungstyp	Handlungs-Ich, *entdecken:* Ich bin o.k. und frei zu tun, was ich will.	Beziehungs-Ich, *erarbeiten:* Ich bin liebevoller, als ich glaube.	Erkenntnis-Ich, *erlauben:* Ich darf meinen eigenen Erkenntnissen folgen.
	Kreativität zulassen und Geschehen einbeziehen	Bandbreite für Qualität im Beziehungsverhalten festlegen	Bei Schlußfolgerungen Zusammenhang (Kontext) beachten

Die drei Ansatzpunkte in der Selbst- und Fremdtherapie

Jeder Strukturtyp neigt dazu, in seinem Entwicklungsbereich besonders Anspruchsvolles von sich und anderen zu fordern, ohne diesen Ansprüchen immer genügen zu können. Das ist dort, wo man noch dabei ist dazuzulernen, nicht sonderlich empfehlenswert, denn je strenger die Maßstäbe sind, die man anlegt, desto schlechter sind notwendigerweise die Ergebnisse. So meint der **Beziehungstyp,** daß er, daß andere, daß ein Gespräch, ein Buch oder eine Fortbildungsveranstaltung ganz besonders intelligent sein müsse. Der **Sachtyp** stellt an sich und andere besonders hohe Qualitätsanforderungen im Handeln und der **Handlungstyp** hohe Anforderungen im zwischenmenschlichen Bereich.

Eine Ausbildungsteilnehmerin **(Beziehungstyp),** die diese Problematik erkannt hatte, drückte das etwa so aus: »Seit mir klargeworden ist, daß es normal ist, zunächst nichts zu wissen, seit ich nicht mehr meine, intelligent sein zu müssen, kann ich wirklich erkennen. Erkennen ist für mich nicht denken, sondern ein Gefühl zulassen und es anschauen.« Ähnliches gilt für das Handeln des **Sachtyps** und für sein Erfolgsstreben. Wenn er es anderen gegenüber zu sehr betont, erscheint ihnen das möglicherweise als angeberisch oder unsensibel.

Und dem **Handlungstyp** tut es gut, wenn er in seinem Entwicklungsbereich lernt, daß Liebe und Sympathie, die so wertvoll für ihn sind, nicht erzwungen oder erzeugt werden können. Oft versucht der **Handlungstyp** Stimmung zu machen und gute Laune herstellen zu wollen durch humoriges, burschikoses und kumpelhaftes Verhalten. Doch bei dieser lärmenden Gemütlichkeit könnte er die stilleren Töne der Zuneigung und Freude überhören.

c) Selbst- oder fremdbestimmt im Zielbereich

Im Zielbereich sind wir besonders anfällig dafür, uns fremdbestimmt zu verhalten. So neigt der **Beziehungstyp** im Handeln dazu, das zu tun, was er meint, daß andere von ihm erwarten, und sich so zu verhalten, wie er meint, daß es gut bei ihnen ankommt. Der **Beziehungstyp 1** gestaltet sein Leben nach dem, was seiner Meinung nach »in« ist, der **Beziehungstyp 2** richtet sich mehr nach den Wünschen seines Partners, seiner Familie. Beide übergehen dabei ihre eigenen Bedürfnisse.

Nach der Redensart »Wie du mir, so ich dir!« manipuliert der **Beziehungstyp** dann auch andere im Bereich Handeln durch Macht- und Retterspiele [1]. Um sich aus diesen selbstangelegten Fesseln zu befreien, tut er gelegentlich genau das Gegenteil von dem, was er glaubt, daß andere von ihm erwarten, wie er zu handeln habe. Statt für sie dazusein, verhält er sich dann extrem egozentrisch oder wechselt umgekehrt von kühler Zurückhaltung zu ausgesprochener Liebenswürdigkeit. Das erinnert etwa an den Versuch, den Teufel mit dem Beelzebub austreiben zu wollen.

Der **Sachtyp** übernimmt und spiegelt in seinem Beziehungsverhalten die Gefühle anderer. Er läßt sich davon leiten, was er zu spüren meint, daß der andere ihm gefühlsmäßig entgegenbringt. Er macht sich damit abhängig von den Launen anderer und leidet darunter. Oder er ist um-

---

[1] Eine ausführliche Beschreibung der Spiele in FRIEDMANN: »Der andere«.

gekehrt bemüht, sich dagegen zu schützen, indem er Gefühle abblockt. Er verhält sich dann schon vorbeugend gefühlsneutral und indifferent. Auch er dreht den Spieß herum und versucht andere durch sein Beziehungsverhalten zu erpressen, z.B. indem er innerlich zumacht, ein Gespräch abbricht, den Raum verläßt oder es sich demonstrativ schlechtgehen läßt. Seine Opfer- und Zuwendungsspiele zielen oft darauf ab, anderen ein schlechtes Gewissen zu machen.

Und der **Handlungstyp** denkt so, wie er denkt, daß man von ihm erwartet, wie er zu denken habe – seiner Rolle, seiner Stellung, seiner Funktion entsprechend. Das »Von uns/mir als... erwartet man...«-Denken oder »Für uns/mich als... gehört sich...«- Denken setzt er als selbstverständlich und allgemeingültig voraus. Er ist sich nicht bewußt, daß er es übernommen und damit in die Welt gesetzt und sich oder anderen aufgezwungen hat. Er unterwirft sich diesem Denken, »dient sich an« und erwartet in seinen Verfolger- und Identitätsspielen, daß es andere ebenso tun. Doch auch er rüttelt an den Gitterstäben seiner selbst auferlegten Zwänge, indem er z.B. »witzige« Bemerkungen macht, die die moralische Integrität anderer in Frage stellen.

Genau genommen gibt es psychologisch gesehen keine Fremdbestimmung, denn jeder bestimmt sich selbst fremd. Denn **er** verhält sich so, wie **er** denkt, daß es andere von ihm erwarten. Der Eindruck der Fremdbestimmung entsteht dadurch, daß man diese Mechanismen früh gelernt hat und sie so zur Gewohnheit geworden sind, daß sie fast automatisch ablaufen, ohne daß die einzelnen Schritte noch bewußt werden. Oder daß man der Versuchung nicht widersteht, den Spieleinladungen anderer zu folgen. Eine Aufgabe der Psychotherapie kann nun sein, diesen Ablauf wieder genau bewußtzumachen und dann andere Weichenstellungen einzubauen, die autonomes Verhalten ermöglichen.

Wie kommt es, daß sich Menschen fremd bestimmen? Dieses Verhalten galt viele Generationen lang als Tugend. Auch heute gibt es noch Kulturen, in denen Fremdbestimmung die Regel ist. Das individuelle Verhalten wird dort nicht geschätzt. Statt dessen wird erwartet, daß sich der einzelne unterordnet, den Interessen des Stammes, seiner Religion, der Familie und heute des Arbeitgebers, der Wirtschaft, der Kirche oder des Staates. Menschen lassen sich leichter beherrschen und ausnützen, wenn sie daran gewöhnt sind, sich fremd bestimmt zu verhalten.

Psychologisch gesehen läuft das Sich-fremd-Bestimmen über die »Antreiber«[1]. Der **Beziehungstyp 1** bestimmt sich fremd mit seinem *Sei stark!*. Das gilt ebenso für seinen Persönlichkeitsbereich, ein mißtrauisches und kontrolliertes Beziehungsverhalten, wie für seinen Zielbereich, ein ehrgeiziges und konkurrierendes Handeln. So verklammert der Antreiber den Persönlichkeits- mit dem Zielbereich und ersetzt ein realistisches und genaues Beobachten und Denken im Entwicklungsbereich. Dieser Antreiber funktioniert scheinbar immer und in jeder Situation.

Das *Mach's anderen recht!* des **Beziehungstyps 2** wirkt sich ebenfalls im Persönlichkeits- und im Zielbereich aus als liebenswürdige und gewinnende Kommunikation und als ein Handeln und eine Lebensgestaltung, die ganz auf die Bedürfnisbefriedigung anderer eingestellt sind. Auch hier verklammert der Antreiber das Beziehungs-Ich und das Handlungs-Ich und scheint eigenes und konsequentes Nachdenken überflüssig zu machen. Denn dieser Antreiber ist ein Rezept, das gut ankommt oder anzukommen scheint.

Der **Sachtyp** verbindet mit dem Antreiber *Streng dich an!* sein Erkenntnis-Ich direkt mit dem Beziehungs-Ich. Er denkt angestrengt nach, sinniert und grübelt, und er strengt sich in Beziehungssituationen an, nicht anzuecken. Er verhält sich angepaßt, unauffällig, diplomatisch. Das *Streng dich an!* ersetzt eigenständiges und selbstverantwortliches Wollen und Handeln. Statt dessen gibt er sich Mühe, und er »versucht«, etwas zu tun. Das ist anstrengend und ermüdend, statt etwas zu schaffen, fühlt er sich geschafft. Auch hier werden der Persönlichkeits- und der Zielbereich kurzgeschlossen und der Entwicklungsbereich ersetzt durch den Antreiber.

Das *Sei perfekt!* des **Handlungstyps** gilt für sein Handeln und sein Denken. Er ist bemüht, keine Fehler zu machen und richtig zu denken. Statt auf sein Gefühl zu hören, ist er korrekt, macht nichts falsch. Auch wenn er morgens ausschlafen könnte, steht er früh auf, weil sich das so ge-

---

[1] Die Antreiber werden ausführlich behandelt in *Die Entdeckung der eigenen Persönlichkeit*, Teil I, 3. Das *Streng dich an!* des **Sachtyps 1** bezieht sich eher auf sinnenhafte Zuwendung, etwa, daß er genug zu essen bekommt und sich äußerlich verwöhnen läßt, beim **Sachtyp 2** darauf, alles wissen, durchdenken und verstehen zu müssen. Das *Sei perfekt!* des **Handlungstyps 1** steht in einer Hierarchie des Gehorchens und Befehlens, das des **Handlungstyps 2** orientiert sich an Traditionen, Verhaltensvorschriften, moralischen Grundsätzen, Ordnungen und Regeln.

hört und damit die anderen nicht über ihn denken, er sei faul oder liederlich. Das *Sei perfekt!* verklammert das Handlungs- mit dem Erkenntnis-Ich und ersetzt das Beziehungs-Ich.

Nach der Stabilisierung des Persönlichkeitsbereiches und der Entfaltung des Entwicklungsbereiches ist Selbstbestimmung der dritte Schritt. Er setzt voraus, daß die Antreiber abgeschwächt sind und jemand die Fähigkeiten seines Entwicklungsbereiches nützt, der **Beziehungstyp** klar denkt, der **Sachtyp** weiß, was er will, und der **Handlungstyp** seinen Gefühlen folgt. Emanzipatorisches Bemühen ohne diese Voraussetzungen schlägt immer wieder um in Macht-, Opfer- und Verfolgerspiele.

In »Der andere« und in »Die Entdeckung der eigenen Persönlichkeit« ging es vor allem um die Schlüsselfähigkeiten, die unbewußten Wertesysteme im Entwicklungsbereich und um die frühen Störungen und ihre Auswirkungen für die Entstehung der Strukturtypen im Persönlichkeitsbereich. Mit der Thematik der Fremdbestimmung im Zielbereich schließt sich der Kreis. Sie steht in engem Zusammenhang zum Skriptpreis und den Skriptzeiten[1], dem »danach bezahlen mit dem eigenen Wollen« des **Beziehungstyps**, dem »jetzt bezahlen mit dem eigenen Gefühl« des **Sachtyps** und dem »schon bezahlt haben mit dem eigenen Denken« des **Handlungstyps.**

d) Weniger im Persönlichkeits-, realistischer im Entwicklungs- und ökologischer im Zielbereich

Um seine drei Ichs angemessen zu benützen, kann eine erste und einfache Leitlinie sein,

im **Persönlichkeitsbereich** weniger zu »machen« – auch im Sinne des Wortes »manipulieren«,

im **Entwicklungsbereich** eine größere Bandbreite für zufriedenstellendes Verhalten festzulegen, also sich nicht durch unrealistische Maßstäbe zu überfordern, und

im **Zielbereich** auf den Zusammenhang, die Ökologie des Verhaltens zu achten.

---

[1] Siehe Kapitel 20 in »Der andere«.

Im **Persönlichkeitsbereich** sind wir besonders tüchtig, fühlen uns sicher und zu Hause. Das führt aber leicht dazu, daß man dort zuviel »macht« und dabei sich und andere manipuliert, der **Beziehungstyp** im Beziehungsverhalten, der **Sachtyp** im Denken und der **Handlungstyp** im Handeln. Damit wird man vielen Lebenssituationen nicht gerecht. Es ist, als ob man in der Gartenarbeit nur ein einziges Werkzeug benützen würde, also nur den Spaten oder nur die Hacke oder nur den Rechen.

Doch auch dort, wo man sich situationsangemessen verhält, hat dieses »Zuviel-Machen« Nachteile. Es wird das übersehen und nicht genützt, was von innen und außen auf uns zukommt und uns unterstützt. Von innen ist das die gefühlsmäßige, erkennende oder kreative Intuition, von außen sind es Zuwendung, Anregungen und das uns unterstützende Geschehen. Zum eigenen Tun kommt beim guten Gelingen immer beides dazu, die Intuition und das »Glück des Tüchtigen«.

Dazu ist es notwendig, gerade dort, wo wir gut sind und uns gut auskennen, im Persönlichkeitsbereich, zurückhaltend und offen zu sein. Das ist nicht ganz einfach, denn es erfordert, abwarten zu können, hinzuhören auf die leise Stimme der Intuition und ein Gespür für den rechten Zeitpunkt des Handelns zu entwickeln und zuzulassen, sich anfangs etwas unsicher zu fühlen. Das braucht Umdenken und Übung, Sensibilität und Entschlossenheit.

Im **Entwicklungsbereich** legen viele Menschen sehr hohe Maßstäbe an sich und andere an. Vielleicht ist das eine ungünstige Nebenwirkung der unbewußten Wertesysteme, die sich hier unreflektiert durchsetzen. Weisheit, Kreativität und Menschlichkeit sind realisierbar, und ich halte es für richtig, viel von sich und vom Leben zu erwarten. Doch erfolgreiches Lernen erfordert realistische Maßstäbe. Deshalb ist es im Entwicklungsbereich zweckmäßig, sich eine größere Bandbreite für das festzusetzen, was man als Qualität akzeptieren will.

Beziehungstypen scheuen sich manchmal, etwas zu sagen oder zu fragen, weil sie befürchten, dumm erscheinen zu können. Ihnen hilft es, wenn sie für sich eine breite und realistische Bandbreite für Qualität im Denken definieren. Wenn man etwas nicht versteht, ist es fast immer richtig nachzufragen, und es macht meist einen interessierten Eindruck. Interesse aber ist die Tür zum Erkennen und ein Hinweis auf Klugheit.

Sachtypen meinen, im Handeln besonders gut sein zu müssen. Damit setzen sie sich unter unnötigen Streß und sabotieren sich im Gegenzug oft selbst. Dann gelingt das nicht, was sie wollen, oder sie versuchen es erst gar nicht. Ich habe das früher oft in der Vorbereitung auf Seminare erlebt. Ich habe mich so unter Druck gesetzt, daß es mir schwerfiel, mich richtig vorzubereiten, und war auch im Seminar zunächst sehr angespannt und damit eingeschränkt in meinen Möglichkeiten.

Zweckmäßiger ist es, die eigene Bandbreite für das, was man als Qualität im Handeln akzeptieren will, breiter zu machen. Erfahrungsgemäß werden damit die Leistungen nicht schlechter, sondern besser. Dadurch, daß man sich weniger unter Erfolgsdruck setzt, kann man sich mehr von der Aufgabenstellung inspirieren lassen, überlegt planen und handeln und Energie aus der Freude des Gelingens gewinnen.

Der **Handlungstyp** ist in Gefahr, im Beziehungsverhalten zu hohe Maßstäbe anzulegen. Er meint, er müsse andere bei Laune halten, und fühlt sich dafür verantwortlich, daß kein Moment der Mißstimmung aufkommt. Dem widerspricht, daß er mit seiner polternden Fröhlichkeit oder seiner einschränkenden und zurechtweisenden Art andere verärgert. Und dann leidet er darunter, daß manche ihn ihre Abneigung spüren lassen.

Er fühlt sich wohler und geht gefühlsmäßig sensibler mit anderen um, wenn er eine natürliche Bandbreite der Sympathie und des Wohlbefindens bei sich und anderen akzeptiert. Statt zwanghaft Stimmung zu machen, wirkt er dann einfühlsam, weich und herzlich. Dann wenden sich ihm die anderen gefühlsmäßig zu, und er bekommt mehr und tiefer gehende Zuwendung, als wenn er humorige Sprüche macht und Witze erzählt.

Verhält man sich fremd bestimmt im **Zielbereich,** so scheint das Leben zunächst einfacher und erfolgreicher zu sein. Man weiß dann meistens, was man zu tun, zu fühlen und zu denken hat. Schwieriger wird es, wenn sich die Anforderungen widersprechen, etwa die Wünsche der Kinder und des Ehepartners, die der Mutter und der Ehefrau zu weit auseinandergehen oder wenn sich Vorgesetzte nicht einig sind und widersprüchliche Anforderungen stellen.

Will sich jemand selbst bestimmt verhalten, so bleibt für ihn immer noch die Frage, wie er sich entscheiden, wie das aussehen soll. Dabei ist es eine Hilfe, den Zusammenhang zu sehen, in dem sein Handeln, Fühlen oder Denken steht, den ökologischen Maßstab. Denn fremd

bestimmtes Verhalten ist immer nur im Detail überzeugend, nicht, wenn man es in einen größeren Lebens-, Beziehungs- oder Denkzusammenhang stellt.
Etwas zu tun, was den eigenen Bedürfnissen, Begabungen und Lebenszielen langfristig widerspricht, ist weder sinnvoll noch gesund. Sexualität, Liebe und Interessen zu trennen macht auf die Dauer unglücklich. Ideologien und Vorurteile sind immer einseitig und zu kurz gedacht und führen zu Streit, Haß und Unmenschlichkeit.
Eine konkrete Entscheidung aus dem größeren Lebenszusammenhang heraus zu treffen ist nicht einfach. Man kann sich die einzelnen Faktoren bewußtmachen und sie in Beziehung setzen, man kann aber auch die Fähigkeit des Unbewußten nützen, diese vielfältigen Faktoren zu »verrechnen«. Früher haben das die Leute im Gebet gemacht, wenn sie ehrlich darum baten, daß sie in einer schwierigen Situation die richtige Entscheidung treffen. Heute wird das im NLP beim Reframing gemacht, der gezielten Zusammenarbeit mit dem Unbewußten zur Lösung von Problemen[1].
Das »wei-wu-wei« des LAO TSE, wörtlich »Tun-Nicht-Tun« oder »Handeln-ohne-Handeln«, handelndes Nicht-Handeln, könnte dies meinen. Man kann es auch absichtsloses Handeln nennen, wie es später in den Zen-Künsten geübt wurde, ein Handeln in völliger Hingabe an das Tun, das eins wird mit der Intuition und den Umständen und ihnen damit völlig entspricht. LAO TSE meinte, das wäre Handeln in Übereinstimmung mit dem Tao, dem WEG. Ähnliches meint das Wissende-Nicht-Wissen des SOKRATES oder das hilfreiche Nicht-Helfen BUDDHAS[2].

---

[1] BANDLER, GRINDER: »Reframing, Ein ökologischer Ansatz in der Psychotherapie« (NLP), Paderborn 1985
[2] Suttanipata 1064

4. Ich-Modell und Zeitdimensionen

a) Das therapeutische Modell der Ich-Zustände

Eine Stärke der Transaktionsanalyse liegt in ihrer plakativen Sprache. Das gilt schon für die Bezeichnungen der Ich-Zustände, Eltern-Ich, Erwachsenen-Ich und Kind-Ich. Und sie erklären, worum es ihr geht, nämlich erwachsen zu werden und mit dem eigenen Eltern-Ich besser für das Kind-Ich zu sorgen, als es die wirklichen Eltern taten. Das leuchtet ein. Zugleich zeigte es sich, daß man mit den drei Ich-Zuständen verläßliche »Partner« hatte, man konnte sie erleben und mit ihnen arbeiten.

Doch schaut man genauer hin, dann ist das so einfach und plausibel erscheinende Ich-Modell BERNEs doppelbödig und etwas mißverständlich: Die Funktion der drei Ichs ist nur bedingt eine pädagogische oder therapeutische, es geht im Leben nicht nur um Kind-Sein, Erwachsen-Werden oder kritisches oder fürsorgliches Eltern-Verhalten. Die drei Ichs sind psychische Organe, spezialisiert auf ontisch eigengesetzliche Lebensaspekte. Was bleibt, ist, daß sie real und eigenständig sind.

BERNE wurde bei der Entwicklung dieses Modells vermutlich angeregt durch FREUDs Instanzenmodell Über-Ich, Ich und Es. Zu FREUDs Instanzenmodell gibt es jedoch charakteristische Unterschiede, das Kind-Ich ist nicht unbewußt wie das Es, es gehorcht nicht nur dem Lustprinzip, sondern kann auch brav, angepaßt, und ordentlich sein. Und das Eltern-Ich hat gegenüber dem Über-Ich auch wohlwollende, erlaubende, fürsorgliche und schützende Seiten. Von Transaktionsanalytikern wird besonders hervorgehoben, daß die Ich-Zustände konkret beobachtbar und erfahrbar sind.

Beide Modelle sind geeignet, das Drama des Erwachsenwerdens zu beschreiben, eine typisch pädagogische oder, wo es mißlungen und nachgeholt werden muß, therapeutische Sichtweise. Bei FREUD und auch noch bei BERNE ging es darum, bewußter und erwachsen zu werden, also um Ich und Erwachsenen-Ich, für die zweite Generation der Transaktionsanalytiker um mehr Spontaneität, Lebensfreude und Zuneigung, also um das Kind-Ich und die dafür erforderlichen Erlaubnisse des Eltern-Ichs.

Während die Dreiteilung in FREUDs Instanzenmodell eher zufällig erscheint, besteht die Transaktionsanalyse darauf, daß es nur drei Ich-Zustände gibt. In der Praxis hat sich diese Annahme bewährt und bestätigt. Doch die theoretischen Begründungen, warum es gerade drei Ich-Zustände sind und nicht zwei oder vier oder eine wechselnde Anzahl, sind wenig überzeugend. Die Kind-Eltern-Erwachsenen-Thematik hat die Sicht auf ihre ontischen Bedingungen verstellt.

Eltern-, Erwachsenen- oder Kindverhalten waren zwar in Pädagogik und Psychotherapie häufig vorkommende Themen, doch vermutlich wurde ihre Bedeutung überschätzt. Allzuviel pädagogische Maßnahmen sind Methoden, um Kinder und Jugendliche zu manipulieren, und manche Pädagogen plädieren für eine Abschaffung der Pädagogik zum Wohle der Kinder. Auch in der Psychotherapie zeichnet sich ab, daß viel »sicheres« Wissen bald nur noch von historischem Interesse sein wird.

b) Das ontologische Modell der drei Ichs

Wie verändert sich das Interesse, wie müßte eine Theorie aussehen, die die Autonomie als Ausgangspunkt nimmt und die das Drama des Erwachsenwerdens weitgehend hinter sich hat? Der Gesunde wird seine Energie auf die Gestaltung des Lebens und auf die weiterführende Ich-Entwicklung richten [1]. Dabei ist es für ihn von Interesse, die Gesetzmäßigkeiten des menschlichen Lebens und seiner Persönlichkeit kennenzulernen.

Diese drei Ichs, deren Einheit das transzendentale, in der weiterführenden Ich-Entwicklung erfahrbare Selbst bildet, sind spezialisiert auf die drei eigengesetzlichen Lebensbereiche **Handeln, Erkennen** und **Beziehung.** Damit wird die in der Erfahrung bestätigte Aussage der Transaktionsanalyse, daß es nur drei Ich-Zustände gebe, erstmals auch theoretisch begründbar. Dies geschieht nun weniger auf der psychischen als auf der ontischen Seite. Denn hier, beim Handeln, Erkennen und Beziehungsverhalten, haben wir viel mehr bewußte Erfahrungen als im psychischen Erleben. Diese ontischen Bereiche sind uns offen zugänglich und ihre Gesetzmäßigkeiten zumindest intuitiv vertraut.

---

[1] Siehe Kap. 13 bis 22, »Die weiterführende Ich-Entwicklung« in: »Die Entdeckung der eigenen Persönlichkeit«.

Vergleicht man das Ich-Zustands-Modell mit dem Modell des dreifachen Ichs, so zeigen sich Übereinstimmungen und Unterschiede. Es stimmt weitgehend überein mit dem nach STEWART und JOINES »vereinfachten Modell«[1] der Ich-Zustände, doch es läuft quer dem, wie sie meinen, »echten Modell«[2]. Andererseits wird von ihnen eingeräumt, daß es zwischen dem »vereinfachten« und dem »echten Modell« Ähnlichkeiten gibt, daß das »vereinfachte Modell« charakteristische Aspekte herausgreift.

Diese Unklarheiten, wenn nicht Widersprüche erklären sich daraus, daß das Ich-Zustands-Modell zwei Modelle in einem sind, ein ontologisches, das »vereinfachte Modell«, und ein psychotherapeutisches Modell, das, wie sie meinen, »echte«. Das ontologische Modell kann darauf verweisen, daß es drei Ich-Zustände gibt, das psychotherapeutische Modell kann lediglich von einer zweckmäßigen und vereinfachenden Sichtweise sprechen. Das erklärt auch, warum einmal von den Ich-Zuständen als einer Realität gesprochen und fast im gleichen Atemzug verneint wird, daß es sich um reale Gegebenheiten handelt[3].

c) Die Verschränkung der beiden Modelle

Mein Modell des dreifachen Ichs beschreibt ausschließlich den ontologischen Aspekt. Doch ich würde es für falsch halten, die Transaktionsanalyse in die Ecke des nur psychotherapeutischen Modells, des vermeintlich »echten«, zu drängen. Das transaktionsanalytische Modell hat immer auch vom ontologischen gelebt. Es ist sein solides, wenngleich verkanntes Fundament. Viele Erkenntnisse und Entscheidungen in der Transaktionsanalyse basieren auf dem intuitiven Rückgriff auf die ontische Realität des dreifachen Ichs.

Vom BERNEschen Ich-Zustands-Modell kann man sagen, daß sowohl das Eltern-Ich, das Kind-Ich und wie, manche Autoren meinen, auch

---

[1] »Wenn ich denke, bin ich im Erwachsenen-Ich. Wenn ich fühle, bin ich im Kind-Ich ... Wenn ich im Eltern-Ich bin, werde ich großteils das tun, was meine Eltern getan haben ...« STEWART und JOINES, »Die Transaktionsanalyse«, Freiburg 1990, S. 44/45.
[2] Das jedem Ich-Zustand ein eigenes Verhalten, Denken und Fühlen zuspricht
[3] STEWART und JOINES, ebd., S. 42: »Das Eltern-Ich, das Erwachsenen-Ich und das Kind-Ich sind Realitäten ...«, jedoch auf der folgenden Seite: »Ich-Zustände sind Bezeichnungen, nicht reale Gegebenheiten.«

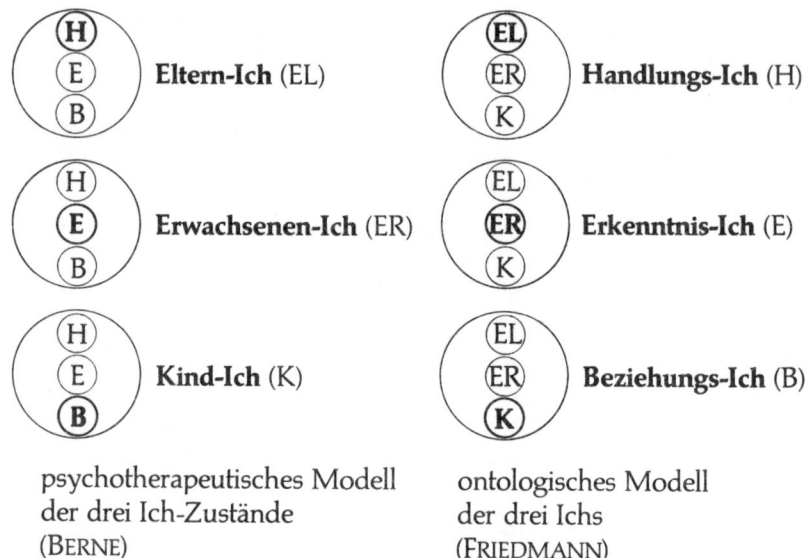

Das Ineinander der beiden Ich-Modelle

das Erwachsenen-Ich handeln, denken und fühlen[1]. Umgekehrt verfügen alle drei Ichs meines Modells über elternhafte, erwachsene und kindliche Verhaltensweisen. Beide Modelle sind also im anderen enthalten. Die jeweiligen Schwerpunkte, etwa das Beziehungsverhalten des Kind-Ichs oder das Kindliche im Beziehungs-Ich, das Erkennen des Erwachsenen-Ichs oder das Erwachsene im Erkenntnis-Ich, das Handeln des Eltern-Ichs oder das Elternhafte im Handlungs-Ich, verweisen auf das gemeinsame, nach STEWART und JOINES vereinfachte Modell.

---

[1] Das nach STEWART und JOINES echte Modell:
Eltern-Ich-Zustand, Verhalten, Denken und Fühlen, das von den Eltern oder Elternfiguren übernommen wurde,
Erwachsenen-Ich-Zustand, Verhalten, Denken und Fühlen, das eine direkte Reaktion auf das Hier und Jetzt ist,
Kind-Ich-Zustand, Verhalten, Denken und Fühlen, das aus der Kindheit stammt und jetzt wieder abläuft.

d) Zeitdimensionen und die Organisation unserer Ichs

Im Anschluß an WARTENBERG habe ich das unterschiedliche Zeiterleben der drei Ichs [1] beschrieben, für das Beziehungs-Ich ist Zeit erlebte Zeit und wird erfahren als Intensität oder Langeweile, für das Erkenntnis-Ich ist sie gemessene Zeit und genaue Datierung, und für das Handlungs-Ich ist es verfügbare Zeit, z.B. Arbeitszeit. Diese unterschiedlichen Erlebnis- oder Betrachtungsweisen haben zu tun mit den unterschiedlichen Bedingungen der drei Lebensbereiche.

Was mir damals noch nicht bewußt war, ist, daß auch die drei Zeitdimensionen Vergangenheit, Gegenwart und Zukunft sich diesen drei Lebensbereichen und ihren Ichs zuordnen lassen. So ist der Bereich *Handeln* zukunftsbezogen. Wenn man handelt, geht es immer darum, etwas zu verändern oder herzustellen, also etwas zu erreichen, was jetzt noch nicht so oder da ist.

Der Bereich *Erkennen* ist vergangenheitsbezogen. Nachrichten, Erkenntnisse und Wissen beziehen sich immer auf etwas, was schon da ist. Selbst Schlüsse auf die Zukunft leiten sich von Entwicklungen und Entwicklungslinien in der Vergangenheit ab. Und der Bereich *Beziehung* ist gegenwartsbezogen. Gefühle und Liebe sind etwas Gegenwärtiges. Ich fühle jetzt, bin jetzt traurig oder froh, und wenn ich liebe, so liebe ich jetzt. Das Beziehungs-Ich lebt, geht auf in der Gegenwart. Darum sind Kinder, die noch viel im Beziehungs-Ich sind, hingegeben an das Gegenwärtige, sind glücklicher oder unglücklicher als Erwachsene, die viel mehr Vergangenem nachhängen oder Zukünftiges planen.

Daraus lassen sich Rückschlüsse ziehen auf die Organisation der drei Ichs. Möglicherweise sind die Zeitdimensionen ihr Rahmen. Über die Vergangenheit kann ich nachdenken, doch ich kann nicht mehr in ihr handeln, man kann geschehene Dinge nicht ungeschehen machen. Umgekehrt, die Zukunft kann ich zwar handelnd ein- oder verplanen, doch nicht erkennen. Wer Spekulationsgeschäfte macht, weiß, wie leicht sich auch Fachleute mit ihren Vorhersagen irren können. Und ob jemand gefühlsmäßig Vergangenes erlebt oder sich Künftiges ausmalt, das Erleben ist immer fühlbar gegenwärtig.

Für die Grunderfahrungen der Strukturtypen ergeben sich interessan-

---

[1] Siehe »Die Eigengesetzlichkeit der drei Lebensbereiche und ihre psychologische Entsprechung« in: »Die Entdeckung der eigenen Persönlichkeit«.

te Hinweise: Der **Beziehungstyp** lebt intensiv in der Gegenwart, hat sich dadurch in seiner gefühlsmäßigen Spontaneität etwas Kindliches bewahrt. Er vernachlässigt die Vergangenheit und lernt deshalb zuwenig aus seinen Erfahrungen. Und er läßt sich fremdbestimmen, was die Zukunft, die Planung und Gestaltung seines Handelns und Lebens betrifft.

Der **Sachtyp** grübelt viel über Vergangenes nach, ist dadurch »besonnen« und lernt am meisten aus seinen Erfahrungen. Er ist der, der durch Schaden klug wird! Doch er vernachlässigt die Zukunft, weiß oft nicht, was er will, setzt sich keine Ziele und trifft zuwenig Vorsorge. Und er läßt sich fremd bestimmen in der Gegenwart. Reagiert auf die Gefühle anderer, paßt sich an und ist dann oft unbefriedigt und unglücklich.

Und der **Handlungstyp** plant und arbeitet für die Zukunft, sichert sich doppelt und dreifach ab und ist besonders tüchtig. Doch er vernachlässigt die Gegenwart und das gefühlsmäßige Erleben. Er arbeitet oft zuviel und lebt zuwenig. Er läßt sich fremd bestimmen, was die Vergangenheit betrifft. Statt seine Erfahrungen eigenständig zu durchdenken, übernimmt er vorgegebene Interpretationsmuster und Vorurteile, nach denen er sie bewertet.

Diesen typspezifischen Schwächen wirken die Wertesysteme entgegen, die unbewußten Wachstums- und Entwicklungstendenzen. Der **Beziehungstyp** folgt seinem erkenntnisgeleiteten Wertesystem und beginnt situative und zurückliegende Erfahrungen genau wahrzunehmen und konsequent zu durchdenken. Er lernt aus Vergangenem, kann Realitäten akzeptieren, und sein Handeln gewinnt an Individualität und Qualität.

Der **Sachtyp** verwirklicht sein erfolgsgeleitetes Wertesystem, setzt sich klare Ziele, gewinnt an Entschluß- und Tatkraft und gestaltet aktiv sein Leben und seine Zukunft. In seinem Beziehungsverhalten wird er selbstbestimmter, fürsorglicher und gefühlvoller. Und der **Handlungstyp** gehorcht seinem sympathiegeleiteten Wertesystem. Er lernt, seinem Gefühl zu folgen und es nicht mehr zu übergehen, und er liebt und genießt das gegenwärtige Leben.

e) Der Handlungskreis

Erfolg ist kein Zufall, und er hinterläßt Spuren. Deshalb lassen sich die genauen Bedingungen eines erfolgreichen Handelns ermitteln. Dann kann man sie in neuen Situationen reproduzieren oder für andere Menschen verfügbar machen[1]. Daraus entsteht eine ganz neue Art der »Verhaltenstherapie für Gesunde«, die dazu geeignet ist, aus schwachen Leistungen gute und aus guten Spitzenleistungen zu machen. Erfolgreiches Handeln hat drei Voraussetzungen, die man in der Form eines Kreises anordnen kann:

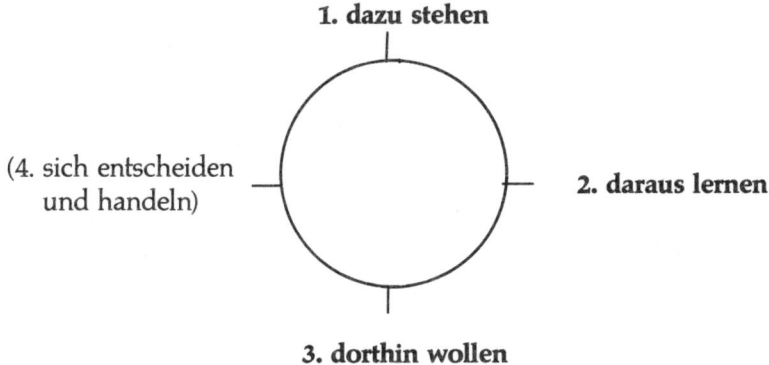

Handlungskreis

Wir werden ständig mit den Ergebnissen früheren Wollens und Handelns konfrontiert. Menschen, die eher glücklich und erfolgreich sind, stehen meist dazu, auch zu ihren Fehlern. Solche, die eher unglücklich und wenig erfolgreich sind, machen häufig andere und die Umstände dafür verantwortlich, auch für ihre Erfolge. *Dazu stehen* ist eine gegenwärtige, gefühlsmäßige Reaktion. Ereignisse annehmen heißt seine Gefühle zulassen. Sie werden abgewehrt, indem die Gefühle verdrängt werden.
Wie kann man Fühlen lernen? Diese Frage stellt sich besonders **Handlungs-** und **Sachtypen.** Zunächst muß man aufpassen, nicht gewohnheitsmäßig sofort handelnd oder denkend auf Situationen zu reagieren. Lernen kann man es von **Beziehungstypen,** den Spezialisten für Gefühle. Und ein guter Weg dazu ist das Pacing, das Nachahmen der

---

[1] Sie wurden von BANDLER, GRINDER und ROBBINS ermittelt, z.B. Glaubenssysteme, Syntax und Physiologie.

Körpersprache des Beziehungs-Ichs, also seine lebhafte und ausdrucksvolle Mimik, seine lebendigen und kommunikativen Körperbewegungen und melodische Sprechweise. Dadurch wird das Beziehungs-Ich stimuliert.

Daraus lernen hat etwas mit Erkennen zu tun und mit Identität, beides Funktionen unseres Erkenntnis-Ichs. Wer nicht bereit ist dazuzulernen, bleibt nicht nur dumm, er gewinnt auch keine eigene Identität. Die Phase des Daraus-Lernens ist die des Übergangs, aber auch der Ungewißheit. Dabei kann man sich unsicher und hilflos fühlen, aber auch interessiert und neugierig sein. Das Erkennen wird vom Körperausdruck her unterstützt durch eine entspannte, zurückgelehnte und wenig kontrollierte Haltung, eine langsame, leise und monotone Sprechweise und eine ausdruckslose, eher selbstvergessene Mimik und Gestik, die weder gefallen möchten noch Energie ausdrücken.

Der nächste Schritt ist *dorthin wollen,* das Sich-Ziele-Setzen. In zahllosen Büchern zu den Themen »Lebenshilfe«, »Erfolg in...« und »Positives Denken« ist das ein wiederkehrendes Thema: wie nützlich es ist, sich klare, anschauliche und anziehende Bilder und Vorstellungen von dem zu machen, was man erreichen will. Neu ist, daß auch die Psychotherapie erkannt hat, welche zukunftsgestaltende Kraft darin liegt. Das Wollen wird gefördert durch eine kraftvolle, bestimmte Sprechweise, durch energische Bewegungen und einen entschlossenen Gesichtsausdruck. Kongruenz von Physiologie und Psyche und Inkongruenz sind beide hochwirksame Faktoren.

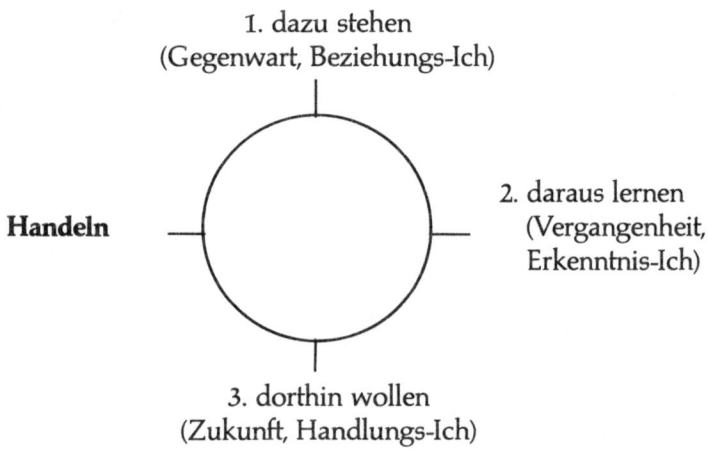

Dazu stehen ist gegenwärtiges Erleben und geht das Beziehungs-Ich an. *Daraus lernen* analysiert das Ereignis und fragt nach den Ursachen. Es ist vergangenheitsbezogen und eine Sache des Erkenntnis-Ichs. *Dorthin wollen* ist zukunftsbezogen und ist eine Angelegenheit des Handlungs-Ichs. Die Reihenfolge Beziehungs-Ich, Erkenntnis-Ich und Handlungs-Ich ist eigentlich typisch für den **Beziehungstyp**. Dadurch ist er, bei gesunder, entwickelter und selbstbestimmter Persönlichkeit, besonders gut im Handeln, d.h., ohne daß er seine Ausgangsprägung, das Beziehungstypische, verliert, entwickelt er sich gewissermaßen vom **Beziehungs-** über einen »**Sach-**« zu einem »**Handlungstyp**«.

Wie einen Handlungskreis gibt es auch einen Beziehungs- und Erkenntniskreis. Sie unterscheiden sich durch andere Einstiege. Das Beziehungsverhalten beginnt mit dem Sinnenhaften und dem Denken, z.B., man findet jemand schön und interessant. Dann folgt das Handeln, man geht auf ihn zu. Und dann das Beziehungs-Verhalten, z.B., man lächelt ihn an. Das ist die Abfolge Erkenntnis-, Handlungs- und Beziehungs-Ich und zugleich der psychische Code des **Sachtyps**. So gesehen wird aus dem **Sachtyp** zunächst ein »**Handlungs-**« und dann ein »**Beziehungstyp**«, ohne die früher erworbenen Fähigkeiten zu verlieren.

Der Erkenntniskreis setzt ein bei praktischen Erfahrungen, also mit dem Handlungs-Ich. Es folgen die gefühlsmäßigen Reaktionen des Beziehungs-Ichs, dann das Nachdenken des Erkenntnis-Ichs. Das entspricht dem Prozeß, der für den **Handlungstyp** charakteristisch ist. Von daher kann man verstehen, wie sich der **Handlungstyp** über einen »**Beziehungstyp**« hin zu einem »**Erkenntnis-**« oder »**Sachtyp**« wandelt, ohne die positiven Eigenschaften seiner Ausgangspersönlichkeit zu verlieren.

f) Strukturtypisches Verhalten

Setzt man dazu in Beziehung, daß wir dazu neigen, im Persönlichkeitsbereich zu dramatisieren, den Entwicklungsbereich zu vernachlässigen und uns im Zielbereich fremdbestimmt zu verhalten, so erhält man strukturtypische Charakteristiken des Handlungskreises. Das gilt besonders für die wenig entwickelte Persönlichkeit oder für das Handeln in extremen Streßsituationen. Dann neigen auch entwickelte Persönlichkeiten dazu, in alte Muster zurückzufallen.

Wo liegen nun genau die Gefahrenstellen für die einzelnen Strukturtypen? Der **Beziehungstyp** neigt dazu, die gegenwärtigen Ereignisse, das *Dazu-Stehen* gefühlsmäßig zu dramatisieren, der **Beziehungstyp 2** durch Gefühlsüberschwang, der **Beziehungstyp 1** durch Gefühlskontrolle. Durch dieses subjektive gefühlsmäßige Dramatisieren kommt der objektive Aspekt des Geschehens nicht zur Geltung. Deshalb bleibt auch im folgenden sein Handeln etwas egozentrisch, selbst in jenen Aspekten, wo es fremdbestimmt ist.
Das behindert ihn dabei, sich vertrauensvoll, entspannt und interessiert auf das Erkennen einzulassen, auf das *Daraus-Lernen*. Dazu müßte er innerlich eine Haltung zulassen, die eher offen und passiv ist, und von der subjektiven zur objektiven Seite wechseln. Doch da er sich noch vom vorhergehenden Gefühl des Dramatischen bestimmen läßt, bleibt er exaltiert. Dadurch macht er zwar viele Erfahrungen, doch lernt zuwenig daraus. Er ist gewissermaßen ein Mensch ohne Vergangenheit.
Beim *Dorthin-Wollen* steht der **Beziehungstyp** vor der Entscheidung, ob er selbst- oder fremdbestimmte Ziele verwirklicht. Dabei läßt sich der **Beziehungstyp 1** eher von dem leiten, was »in« ist, etwa bei Fragen der Lebensgestaltung in den Kreisen, denen er sich zugehörig fühlt. Der **Beziehungstyp 2** möchte es seinen Lieben recht machen und möglichst von allen geliebt werden. Was er sich selbst antut, mutet er auch anderen zu. So neigt er dazu, sie im Handeln zu manipulieren. Sein Handeln hat die Tendenz einer fremdbestimmten Egozentrik.
Beide gestalten ihre Zukunft nicht nach den eigenen Bedürfnissen, sondern nach dem, was sie glauben, daß gut ankommt bei den anderen. Hier wird deutlich, warum es nicht einfach ist, Fremdbestimmung zu durchschauen und aufzugeben. Sie gilt für viele als Tugend und erfährt viel Beifall. Allerdings spürt der einzelne früher oder später, daß das für ihn sehr anstrengend ist und ihm persönlich nicht viel bringt. Er beginnt sich zu fragen, wozu er eigentlich immer top sein oder es allen recht machen soll und wie er leben will.
Der **Sachtyp** neigt beim gefühlsmäßigen *Dazu-Stehen* dazu, fremdbestimmt zu reagieren, d.h., er steht nicht zu den eigenen Gefühlen, sondern manipuliert sie und lebt von den Gefühlen anderer. Dadurch erfaßt er zwar den objektiven Aspekt des Geschehens, nicht jedoch den subjektiven. Er selbst bleibt merkwürdig unberührt. Damit vernachlässigt er auch im weiteren Verlauf des Handelns die eigene Subjektivität

und kommt dabei selbst zu kurz. Er leidet an einer fremd bestimmten Pseudoobjektivität.

Entwickelte **Sachtypen** sorgen dafür, daß sie sich wohl fühlen. Dadurch bekommt ihr Denken und Handeln eine positive Dynamik. Ursache und Wirkung werden vertauscht. Es gilt für sie nicht mehr: Mir geht es schlecht, weil das und das passiert ist, sondern: Weil ich gut drauf bin, gelingt es mir, meine eigenen Bedürfnisse im Handeln zu verwirklichen.

Der **Sachtyp** dramatisiert das *Dazu-Lernen*. Er denkt zuviel, verliert sich dann im Grübeln und Sinnieren, verliert den Faden und fällt gelegentlich Zufalls- und Ad-hoc-Entscheidungen, die manchmal selbstschädigende Züge haben. Er lebt viel in der Vergangenheit und denkt häufig über das nach, was in seinem Leben oder in der Welt schiefgelaufen ist. Jemand sei »geistesabwesend« oder »gedankenverloren«, beschreibt diesen Verlust an tatkräftiger Wirklichkeit. In einer Art Selbstvergessenheit verliert er sich im Objektiven. Seine Subjektivität erlebt und erleidet er oft in depressiven Verstimmungen. Er versäumt dabei das *Dorthin-Wollen*. Er ist gewissermaßen ein Mensch ohne Zukunftsperspektiven.

Der **Handlungstyp** tut sich, solange er seine Schlüsselfähigkeiten noch wenig entfaltet hat, am schwersten mit dem gefühlsmäßigen *Dazu-Stehen*. Statt dessen mißt und bewertet er Erfahrungen an übernommenen Maßstäben, richtig oder falsch, gut oder böse, anständig oder unanständig. Dadurch übergeht und erschlägt er die lebendige Erfahrung zugunsten von Regeln und Ordnungen und versäumt das gegenwärtige Leben.

Der Handlungskreis

	1. Beziehungs-Ich (Gegenwart)	2. Erkenntnis-Ich (Vergangenheit)	3. Handlungs-Ich (Zukunft)
Beziehungstyp	dramatisiert	vernachlässigt	fremd bestimmt
Sachtyp	fremd bestimmt	dramatisiert	vernachlässigt
Handlungstyp	vernachlässigt	fremd bestimmt	dramatisiert

Der Beziehungskreis

	1. Erkenntnis-Ich (Vergangenheit)	2. Handlungs-Ich (Zukunft)	3. Beziehungs-Ich (Gegenwart)
Beziehungstyp	vernachlässigt	fremd bestimmt	dramatisiert
Sachtyp	dramatisiert	vernachlässigt	fremd bestimmt
Handlungstyp	fremd bestimmt	dramatisiert	vernachlässigt

Der Erkenntniskreis

	1. Handlungs-Ich (Zukunft)	2. Beziehungs-Ich (Gegenwart)	3. Erkenntnis-Ich (Vergangenheit)
Beziehungstyp	fremd bestimmt	dramatisiert	vernachlässigt
Sachtyp	vernachlässigt	fremd bestimmt	dramatisiert
Handlungstyp	dramatisiert	vernachlässigt	fremd bestimmt

Beim *Daraus-Lernen* neigt der **Handlungstyp** dazu, sich fremdbestimmt zu verhalten. Er möchte etwas richtig machen, korrekt, fehlerfrei. Aus einer Art sittlicher, moralischer oder ethischer Verpflichtung heraus, die diktiert wird von einer frühen und rigiden Gewissensbildung, denkt er starr und zwanghaft. Er neigt im Denken zu einem fremdbestimmten Rigorismus. Daß andere leichtfertig, daß sie egoistisch und egozentrisch zu denken scheinen, löst in ihm Ängste aus. Er fühlt sich dazu berufen, die Welt in Ordnung zu halten. Daß ihm andere dafür nicht gerade dankbar sind, kann bei ihm zu einer gewissen Verbitterung führen.

Im Gegensatz dazu denkt der entwickelte **Handlungstyp** befreiend menschlich und großzügig erlaubend. Er nimmt eine wohlwollend liberale Haltung ein. Viele neue Entwicklungen in der Pädagogik oder in der Psychotherapie, die dem Kind- oder Beziehungs-Ich recht und Raum geben, wurden mit Nachdruck gerade von **Handlungstypen** vertreten und verwirklicht[1]. Sie fühlen sich, wenn sie die Fremdbestimmung aufgegeben haben, besonders motiviert, ein neues, humaneres Denken durchzusetzen. Und sie sind es, die sich im politischen Raum engagiert für Meinungs- und Denkfreiheit einsetzen.

Der **Handlungstyp** neigt im Bereich *Dorthin-Wollen* zum Dramatisieren. Vermutlich ist sein starkes Bedürfnis, sich abzusichern, der Grund, warum er zuviel und zu nachdrücklich plant. Damit verplant er sich und andere und macht sich zum Sklaven seiner Zielsetzungen. Man könnte annehmen, daß Bausparkassen und Lebensversicherungen Erfindungen von **Handlungstypen** sind. Doch Lebensversicherungen »versichern« ja nicht das Leben, sondern den Tod. PERLS hat ein- und nachdrücklich davor gewarnt, die eigene Lebendigkeit einem zwanghaften Zukunftsdenken zu opfern[2].

Wie sieht es beim Beziehungskreis aus für den **Beziehungstyp**? Er hat Schwierigkeiten zu erkennen, wer der richtige Partner für ihn ist. Er handelt dann so, wie es »in« ist und beim anderen gut ankommt. Und ist dann, je nachdem, sehr glücklich oder sehr unglücklich. Sein Beziehungsverhalten hat etwas von einem Glücksspiel, auf viele Nieten kommt manchmal der große Treffer.

Der **Sachtyp** erkennt, wer für ihn in Frage kommt. Doch er tut dann nichts, verhält sich ungeschickt oder zu schüchtern. Statt dessen paßt er sich an die Gefühle anderer an. So findet er zwar leicht einen Partner, doch für ihn ist es selten der, den er wirklich liebt. Er macht in Beziehungen zuwenig in seinem Sinne und zuviel Kompromisse. Dadurch ist er dann auch für den Partner wenig beglückend.

Der **Handlungstyp** meint zwar, er hätte den richtigen Partner für sich erkannt, und tut dann viel für die Beziehung. Doch auf das Beziehungs-Erleben läßt er sich wenig ein. So ist er für den anderen eher ein guter Freund und Kamerad als ein Liebhaber und Geliebter. Das führt zu stabilen, aber etwas unbefriedigenden Beziehungen.

Das ist eine kurze Beschreibung der Strukturen der Tragik unglücklicher Liebesbeziehungen. Doch es muß nicht so sein. Die wichtigste Veränderung für den **Handlungstyp** ist, nicht nach Klischees zu wählen und sich auf seine Gefühle einzulassen, für den **Sachtyp,** aktiv und

---

[1] Auch in den bestgeführten Unternehmen, siehe dazu: PETERS/WATERMAN, Auf der Suche nach Spitzenleistungen, mvg verlag

[2] Siehe Einleitung zu »Gestalttherapie in Aktion«.

fürsorglich zu werden und seine eigenen Gefühle zu entdecken, und für den **Beziehungstyp,** den für ihn passenden Partner zu erkennen und dann eigenständig zu handeln.
Beim Erkenntniskreis hat der **Beziehungstyp** zunächst das Problem, daß er es mit Erfahrungen zu tun hat, die nicht wirklich seine eigenen sind. Das führt ihn zu einem etwas zynischen und oberflächlichen Erkennen: Es ist doch alles Betrug! Der **Sachtyp** hat oft zuwenig gemacht und verfügt dadurch über zuwenig positive Erfahrungen als Ausgangsmaterial. Deshalb hat sein Denken einen resignativen Zug: Ich bin eben ein Versager! Und der **Handlungstyp** lernt zuwenig dazu, da er Gefühle übergeht und sich nicht erlaubt, eigenständig zu denken.
Für den **Beziehungstyp** beginnt es damit, daß er sich erlaubt, wirklich eigenständig zu handeln und konsequent zu denken. Dem **Sachtyp** kann es helfen, wenn er sich klarmacht, daß es keine Mißerfolge, sondern nur Erfahrungen gibt und auch schmerzliche Gefühle wertvolle Gefühle für ihn sind. Und der **Handlungstyp** kann lernen, auf seine Gefühle zu hören und sich zu erlauben, eigenständig zu denken.

g) Zeitdimensionen und Beziehungen

Die Erkenntnisse der systemischen Psychologie werfen ein neues Licht auf die Entwicklung von Beziehungen. Bei **Beziehungen zwischen gleichen Strukturtypen** geschieht viel Pacing, sie haben die gleiche Wellenlänge und spiegeln sich. Dadurch entsteht ein starker Anreiz, in den Entwicklungsbereich zu gehen. **Beziehungstypen** treffen sich zunächst in einem gegenwärtigen Leben. Doch bald fangen sie an, sich intensiv weiterzubilden. Für sie gewinnt die Dimension der Vergangenheit an Interesse, und sie lernen, sich zu entspannen und gemeinsam zu faulenzen.
Sachtypen führen zunächst ein beschauliches Leben und beschäftigen sich eher mit Vergangenem. Doch dann fangen sie an, Zukunftspläne zu machen und beide mächtig zu arbeiten. Und die fleißigen **Handlungstypen,** die bisher ziel- und zukunftsorientiert waren, entdecken gemeinsam das Glück eines erfüllten gegenwärtigen Lebens, pflegen Freundschaften, ihre Liebe zur Natur und zur Tierwelt.
Beziehungen zwischen gleichen Typen sind meist ausgeglichener, harmonischer und kameradschaftlicher als solche zwischen unterschied-

lichen Typen. Es fehlt ihnen etwas die Spannung des Gegensätzlichen. Ich vermute, daß die Natur in Liebesbeziehungen Gegensätze zusammenführen und damit ausgleichen möchte. Dadurch sind Beziehungen zwischen gleichen Strukturtypen eher freundschaftlicher als erotischer Natur. Ihr Wert liegt vor allem darin, daß sie stark entwicklungsfördernd sind.
Ihre Schwäche liegt eher im Bereich der Fremdbestimmung. Da sie sich auch hier einig sind, liegt es nahe, daß sie aus der Not eine Tugend machen. **Beziehungstypen** wetteifern dann darin, Beifall zu bekommen für ihre dekorative Lebensgestaltung, **Sachtypen** meinen, in Beziehungen harmonisch und ausgleichend sein zu müssen, und **Handlungstypen** bestätigen sich gegenseitig in ihren Wert- und Vorurteilen. Damit verschenken **Beziehungstypen** viel von ihren Lebenserwartungen und ihrer Zukunft, sind eher pessimistisch und etwas zynisch. **Sachtypen** verschenken viel von ihrer Lebensintensität und ihrer Gegenwart. Dadurch sind sie etwas unbefriedigt und unglücklich. Und **Handlungstypen** verschenken viel von dem, was ihnen aus ihren Lebenserfahrungen und ihrer Vergangenheit erwachsen könnte. Sie sind dann etwas unzufrieden und undankbar.
Bei Beziehungen zwischen **unterschiedlichen Strukturtypen** sollte man meinen, daß sie voneinander lernen und sich angleichen. Doch die systemische Psychologie macht verständlich, warum das wenig geschieht. Es entstehen stabile Rollenverteilungen und Positionsbesetzungen, die Jahrzehnte überdauern können. Wenn einer die Verantwortung übernimmt, kann der andere sie abgeben. Wenn der eine gefühlsmäßig reagiert, kann der andere vernünftig sein. Wenn der eine für die Beziehung arbeitet, kann der andere sie in Frage stellen.
Beziehungen zwischen unterschiedlichen Persönlichkeitstypen sind spannungsreicher, schwieriger, doch auch faszinierender. Zunächst entsteht die Schwierigkeit, daß die Partner sich kaum auf der gleichen Ebene treffen, der **Beziehungstyp** lebt in seinem gegenwärtigen Fühlen, der **Sachtyp** denkt nach, beschäftigt sich mit der Vergangenheit, und der **Handlungstyp** macht etwas, plant für die Zukunft. Dadurch ergänzen sie sich zwar, und vielleicht merken sie es lange nicht, doch irgendwann fühlt sich der **Beziehungstyp** gefühlsmäßig unverstanden, der **Sachtyp** in seinen Überlegungen und der **Handlungstyp** in dem, was er für den anderen tut.
Der **Beziehungstyp** tut sich beim **Sachtyp** schwer, sein Erkenntnis-Ich

zu entwickeln, weil ihm dieser immer wieder klarmacht, daß er das Denken doch nicht so gut kann, während der **Handlungstyp** dies eher für überflüssig und gefährlich hält, weil die »richtigen« Denkergebnisse doch schon vorliegen und übernommen werden sollten. Dem **Sachtyp** geht es ähnlich beim Handeln. Der **Handlungstyp** ist so viel besser, daß er ihm gegenüber kaum eine Chance hat. Und beim **Beziehungstyp** muß er mit Kritik rechnen, weil er viel zuwenig beachtet, wie dies bei anderen ankommt.

Der **Handlungstyp** ist überfordert, auf der Gefühls- und der kommunikativen Ebene mit dem **Beziehungstyp** gleichzuziehen. Und der **Sachtyp** wird ihn eher bremsen, weil ihm die vulkanartigen Ausbrüche an Gefühl und Lebensfreude bedrohlich erscheinen. So sind Beziehungen zwischen unterschiedlichen Persönlichkeitstypen eher entwicklungshemmend. Und die gestaute Kraft der Schlüsselfähigkeiten wird häufig zum Sprengstoff für eine Beziehung.

Besser sieht es aus beim Thema Selbstbestimmung. Der **Handlungstyp** wird dem **Beziehungstyp** viel Handlungsspielraum geben, und der **Sachtyp** wird ihn von den Zwängen entlasten, es anderen recht zu machen. Der **Sachtyp** wird vom **Beziehungstyp** in seinen Gefühlen nicht eingeengt, und der **Handlungstyp** macht ihm Mut, zu den eigenen Gefühlen zu stehen. Der **Handlungstyp** kann beim **Sachtyp** mit viel Toleranz seinem Denken gegenüber rechnen, und der **Beziehungstyp** wird ihn darin bestärken, aus seinen Erfahrungen eigene Schlüsse zu ziehen.

Teil II

Persönlichkeit und Lebensplan

5. Auch Skripts oder Lebenspläne sind persönlichkeitstypisch

a) Verbessern oder sich befreien?

In den letzten Jahren seines Lebens, er starb 1970, entwickelte BERNE die Theorie vom Skript als einem unbewußten Lebensplan, nach dem wir unser Leben einrichten. Sie wurde damals begeistert aufgenommen. Denn einmal stellte sie die tiefenpsychologische Verbindung her zwischen gegenwärtigem Verhalten und frühen Kindheitserfahrungen. Damit hatte man eine zeitgemäße und dem amerikanischen Denken entsprechende Alternative entwickelt zur psychoanalytischen Traumatheorie. Und man fand bald heraus, daß es nur eine begrenzte Zahl von Skriptmustern gibt, sechs nach BERNE, drei nach C. STEINER. Mich interessierte besonders die Frage, sind die Skripts identisch mit den Persönlichkeitstypen, sind sie die Muster, nach denen jene ihr Leben gestalten? Diese Frage läßt sich eindeutig bejahen. Besonders die drei Skripts von C. STEINER, das No-Love-, No-Mind- und No-Joy-Skript, geben wichtige diagnostische und therapeutische Hinweise für das Verstehen und die Behandlung der unterschiedlichen Strukturtypen. Die Idee, daß jedem Leben ein frühes, selbstentworfenes Drehbuch zugrunde liegt, ist ebenso reizvoll wie aufschlußreich. Das Drehbuch oder Skript wird im Laufe des Lebens ständig weiter ausgearbeitet und teilweise auch umgeschrieben. Diese Betrachtung lenkt den Blick aufs Ganze des Lebens, auf die großen, sich wiederholenden Lebenslinien. Zudem nimmt dieses Modell neuere Erkenntnisse in der Psychotherapie vorweg, daß unser Denken über das Leben unsere Wahrnehmung und unsaer Erleben prägt.
Spätere Forschungen (KAHLER) haben gezeigt, daß das Skript auch die

alltäglichen Details des Lebens bestimmt. Zugleich erschließt sich die Skripttheorie ein uraltes Menschheitswissen, nämlich daß wir selbst Schöpfer unseres Lebensschicksals sind: die selbstentfremdete Autonomie als Ausgangspunkt und die wiedergewonnenen Autonomie als Ziel der Therapie.

Ein Skript ist ebenso wie die Persönlichkeitsstruktur zunächst einmal eine Einschränkung. Es erklärt, warum Menschen so verschieden sind und sich jeder seine eigene Welt geschaffen hat. Versteht man die Skripttheorie nur psychosoziologisch als Verhaltens- und Erlebnisweisen, so verkennt man die Ausweglosigkeit der eigenen Existenz: Diese Welt, die ich erfahre, ist mein Leben, und dieses Leben bin ich.

Es gibt zweifellos viele Möglichkeiten, sein Skript zu verändern. Doch gibt es eine Befreiung aus dem Skript? Darüber hat man in der Transaktionsanalyse viel nachgedacht und unterschiedliche Theorien aufgestellt.

Im Buddhismus gibt es eine ganz ähnliche Theorie und Fragestellung: Das Karma eines Menschen ist selbst geschaffen. Die Samen dafür sind das eigene Denken und Wollen. Es wurde immer klar unterschieden zwischen einer Verbesserung des Karmas, etwa indem man anderen Gutes wünscht, oder einer Befreiung vom Karma, dem eigentlichen Anliegen Buddhas. Das erstere ist leicht zu verstehen, das zweite schwer, es ist Alles-Loslassen oder In-alles-Hineingehen. Dazu eine kleine Zen-Begegnung, die genau diese beiden Themen auf den Punkt bringt: verbessern und befreien.

Der große Zen-Meister JOSHU JUSHIN (778–897) wurde von einer alten Frau gefragt: »Man betrachtet die Frauen als Gefangene der fünf Hindernisse. Wie kann ich mich davon befreien?« Der Meister (der es sehr gut mit dieser alten Frau meinte) sagte: »(Möge dies Euer Gebet sein:) Laßt alle anderen Menschen im Paradies geboren werden, aber ich alte Frau möge für immer vom Ozean des Leidens verschlungen werden.«[1]

b) Wie Skripts entstanden sind

Der wohl wichtigste Aspekt der Skripttheorie ist, daß dieses Drehbuch in seinen Grundzügen auf frühe Entscheidungen zurückgeht. Damit

---

[1] DAISETZ TEITARO SUZUKI: »Ur-Erfahrung und Ur-Wissen«, Wien 1990, S. 129

wird jedem einzelnen die Verfügung über sein Leben zurückgegeben. Glück oder Unglück, Erfolg oder Mißerfolg sind selbst gewählt. Die Tragik vieler Skriptentscheidungen liegt jedoch darin, daß sie in einer Zeit und Situation getroffen wurden, als wir nur archaische, magische oder märchenhafte Vorstellungen vom Leben hatten und zudem extrem abhängig waren von anderen Menschen – es war die Zeit unserer frühen Kindheit, der ersten drei oder fünf Lebensjahre –, und daß alles Wissen heute darüber ein Skript noch nicht verändert oder davon befreit.

Jemand, der zu Beginn seines Lebens erfahren hat, daß er unerwünscht war, wird sich auch später so verhalten, als ob er niemandem vertrauen dürfe. Er wird immer auf der Hut sein. Er wird meinen, kämpfen und allein für sich selbst sorgen zu müssen. So erlebt er seine Welt und tut unbewußt alles, um ähnliche Situationen wie damals herzustellen. Er konkurriert mit anderen, wo besser Zusammenarbeit angesagt wäre. Er mißt sich an zu hohen Maßstäben, verliebt sich in Partner, die ihn nicht wieder lieben. Er wird andere auf die Probe stellen und Ablehnung provozieren.

Oder jemand, der damals dafür belohnt wurde, wenn er sich ungeschickt und abhängig verhalten hat, wird sich später verteufelt schwer tun, nicht immer wieder Mißerfolge zu inszenieren. Er sucht sich die falschen Geschäftspartner, eine Frau, die ihn verlassen wird, er verärgert und vernachlässigt seine Freunde, legt sich mit seinem Chef an, investiert seine letzten Ersparnisse in Aktien, kurz bevor sie fallen – ein typischer Pechvogel.

Oder jemand, der streng und anerkennungsarm aufgewachsen ist, wird später möglicherweise dafür sorgen, daß er seine besten Jahre in einem karg eingerichteten Büro zubringt. Er wird versäumen, andere gerne zu haben und das Leben zu genießen, und erwartet insgeheim, irgendwann für seine »Pflichterfüllung« belohnt zu werden. Daß diese Belohnung entweder ausfällt oder ihm nicht das bringt, was er sich davon erträumt hat, verbittert ihn und bestärkt ihn darin, auch mit anderen streng und freudlos umzugehen.

Und selbst wenn jemand diese Zusammenhänge durchschaut, wird es vielleicht noch Jahre oder Jahrzehnte dauern, bis er diese alten Verhaltensmuster aufgeben kann. Die Transaktionsanalyse war nicht sehr erfolgreich darin, destruktive Skripts in konstruktive umzuwandeln, vermutlich eben deshalb, weil sie das wollte. Denn mancher benützt seine

Skriptvorlage, um daraus das genaue Gegenteil zu machen. Der Ungeliebte wird sich überall beliebt und unentbehrlich machen. Er oder sie hat dann viele gute Freunde und setzt alle Energie darein, gewinnend und liebenswürdig zu sein.
Doch im Grunde glaubt er oder sie nicht daran. Der Ungeschickte sucht sich und der Welt zu beweisen, daß er erfolgreich ist. Und der Zukurz-Gekommene gibt sich vorübergehend großzügig und genießt das Leben in vollen Zügen. Dieses Leben im *Antiskript* ist wie ein Tanz auf dem Vulkan oder ein Gang übers Eis. Irgendwann kommt der Rückschlag, und der Betreffende kehrt zu seinem Skript zurück, enttäuscht, ernüchtert und resignierend.
Daß unser Leben kein Schicksal ist, das uns aufgezwungen wird, sondern daß es auf eigene frühe und spätere Entscheidungen zurückgeht, ist die Voraussetzung dafür, daß wir es verändern können. Weil wir es selbst geschaffen haben, ist es möglich, daß wir es umgestalten oder, aus heutiger Sicht, erweitern. Dazu gilt es, sich neu zu entscheiden, Neuentscheidungen (GOULDINGS) an die Stelle der alten Skriptentscheidungen zu setzen. Oder sich neue Verwirklichungsmöglichkeiten und Ressourcen zu erschließen (NLP).
Es sollen hier drei Themen der Skripttheorie dargestellt werden. Sie bestätigen die Theorie der Persönlichkeitsstrukturen und -entwicklungen. Sie stammen alle aus der Transaktionsanalyse. Es sind BERNEs Skriptmuster, C. STEINERs Skriptarten und das Skript im Sprachverhalten nach WOOLLAMS und BROWN. Es wird gezeigt, daß auch die Lebensskripts strukturtypisch sind. Dies ist freilich nicht besonders verwunderlich, denn Persönlichkeitsstrukturen sind ja zusammen mit dem Skript entstanden, unter den gleichen Umständen und zum gleichen Zeitpunkt. Skript und Persönlichkeitstyp gehören zusammen. Sie sind die beiden Seiten einer Medaille.

c) Wie sich Skripts unterscheiden

Man unterscheidet in der Transaktionsanalyse zwischen tragischen, banalen und konstruktiven Skripts oder Verlierer-, Nicht-Gewinner- und Gewinner-Skripts. Dabei ist beim tragischen Skript nicht an das Scheitern eines tragischen Helden zu denken, sondern eher an die Lebensläufe von Menschen, die durch Drogen ihre Gesundheit ruinieren, den größten Teil ihres Lebens in Gefängnissen zubringen oder in psychiatrischen Kliniken. Vielleicht sollte man besser von destruktiven Skripts sprechen.

Es sind Skriptverläufe dritten Grades. Sie steuern fast unausweichlich auf eine Katastrophe hin, auf Selbstzerstörung, Mord, eine schwere Psychose oder eine vorzeitige tödliche Krankheit. Destruktive Skriptverläufe zweiten und ersten Grades sind mit wiederholtem Scheitern und mit Leid verbunden. Doch dadurch vermitteln sie auch Lebenserfahrungen. Darin liegt die Chance, aus Fehlern zu lernen – die Chance zum Aufwachen und zur entschlossenen Umkehr.

Banale Skripts zeigen sich in Lebensabläufen, die stark von Anpassung an vorgefundene Denk- und Verhaltensmuster bestimmt sind. Jemand, der ein banales Skript lebt, verwirklicht wenig seine eigenen Bedürfnisse, seine Träume und Zielsetzungen. Statt dessen richtet er sich weitestgehend nach anderen, nach Sachzwängen oder überkommenen Normen. Bei einer Bühnenaufführung wurde das banale Skriptverhalten dargestellt durch Wächter oder Soldaten, die, unbeeindruckt von dem dramatischen Geschehen um sie herum, fortwährend Karten spielten. Gerade beim banalen Skript werden destruktive Botschaften[1] verdeckt von Generation zu Generation weitergegeben. Da sie nicht gelebt werden, werden sie auch nicht erlitten und in ihrer Gefährlichkeit erkannt. Das banale Skript schützt davor, zu Schaden zu kommen. Doch es verhindert auch, wie das Sprichwort sagt, klug zu werden. Menschen mit einem banalen Skript sind privat meist recht umgänglich, da sie sich an die Spielregeln halten. Doch im weiteren gesellschaftlichen Umfeld, wo sie selbst nicht mehr direkt betroffen sind, stimmen sie für harte Maßnahmen, für einschränkende Gesetze und rücksichtsloses Vorgehen. Entfaltungs- und Wachstumstendenzen in der Gesellschaft begegnen sie mit Neid, Mißgunst und Vorurteilen: Warum sollen es andere besser haben als ich? In einem magischen Denken richten sie ihre unbewußten destruktiven Energien auf gesellschaftliche Randgruppen: »Ihr seid schuld, daß es mir nicht bessergeht!«

---

[1] Auch Einschärfungen oder Bann-Botschaften genannt, nach BOB und MARY GOULDING sind es: Sei nicht! Sei nicht du selbst! Sei kein Kind! Werde nicht erwachsen! Schaff's nicht! Tu's nicht! Sei nicht wichtig! Sei nicht zugehörig! Sei nicht nahe! Sei nicht gesund! Denke nicht! und Fühle nicht!

Das banale Skript heißt nicht, daß jemand ein einfaches, bescheidenes Leben führt. Ich habe aus beruflichen Gründen viele Kontakte zu Menschen mit einfacher Schulbildung, die in wenig gut bezahlten Berufen hart arbeiten müssen. Doch ich habe den Eindruck, daß die meisten von ihnen recht gut wissen, worauf es im Leben ankommt. Auf ihre Weise sind sie Gewinner. Banales Skript bedeutet, daß jemand nicht *sein* Leben lebt. Er ist vielleicht etwas zu freundlich, zu ängstlich oder zu ordentlich, doch er hat das »Pech«, nicht wirklich darunter zu leiden. Er kommt damit ganz gut über die Runden, lebt sein Leben auf konventionelle Art, eckt nicht an, fällt nicht auf. Die Langeweile seines Lebens füllt er aus mit Unterhaltung.

Solche Menschen vermeiden die direkte Berührung mit dem Leben, tun irgend etwas dazwischen, Pflichten, Hoffnungen, Ablenkungen, Meinungen, Gewohnheiten, Träume, Fernsehen, etwas Sex, etwas Alkohol, von allem nicht zuviel. Wenn solche Menschen aus ihrer gesicherten Welt herausgerissen werden, etwa durch eine schwere Krankheit, so spricht manchmal aus ihren Augen ein sprach- und hilfloses Entsetzen. Da sie sich bisher wenig auseinandergesetzt haben mit dem Leben, erkennen sie es auch nicht wieder in der Krankheit. Die erscheint ihnen nur als etwas Schreckliches, das man beseitigen muß.

Beim konstruktiven Skript lebt jemand sein eigenes Leben, setzt sich mit seiner Vergangenheit auseinander, leidet an seinen Unzulänglichkeiten, genießt die Gegenwart und gestaltet seine Zukunft. Er setzt sich anspruchsvolle, doch erreichbare Ziele und trägt bei zum Wohl der anderen. Auch Gewinner machen Fehler, erfahren Rückschläge und müssen schmerzliche Erfahrungen machen. Doch sie wissen, daß dies zum Leben dazugehört. Sie lernen aus ihren Fehlern und reifen an ihren Leiden. Widerstände und Rückschläge spornen sie an zu neuen Überlegungen und Energien.

Während der Verlierer davon träumt, eigentlich und irgendwann ein großer Gewinner zu sein, schätzt der Gewinner seine Wirklich- und Möglichkeiten realistisch ein. Dazu gehört auch, die banalen und destruktiven Skriptanteile in sich zu kennen und akzeptierend mit ihnen zu leben. Ein Nur-Gewinner ist kein authentischer Mensch. Er ist ein Traumbild oder ein Verlierer, der vorübergehend im Antiskript lebt. Leider verleitet das Gewinner-Verlierer-Modell manche Menschen dazu, ständig als strahlende Sieger aufzutreten.

d) Skripts persönlichkeitstypisch

Aus der Sicht der Persönlichkeitsdiagnostik bedeutet ein tragischer Skriptverlauf, daß jemand das Drama seiner frühkindlichen Erfahrungen ständig neu in Szene setzt. Der **Beziehungstyp** kämpft scheinbar aussichtslos darum, geliebt zu werden, der **Sachtyp** unersättlich um Anerkennung und der **Handlungstyp** verbohrt um Ordnung und Sicherheit. Dabei vernachlässigen sie ihren Entwicklungsbereich und damit jene Fähigkeiten, die einen Gewinner zum Gewinner machen. Statt konstruktive Ziele in ihrem Zielbereich anzustreben, verhalten sie sich fremdbestimmt und spielen Macht-, Opfer- und Verfolgerspiele.

Soziales Scheitern in seinem Entwicklungsbereich könnte beim **Beziehungstyp 1** ein Sich-Verrennen in Ideologien sein, beim **Beziehungstyp 2** ein dauerhaftes Versagen in der Schule oder im Studium aus einer Konzentrations- und Denkschwäche heraus. Beim **Sachtyp** könnte es sich im beruflichen Scheitern zeigen als Auswirkung einer Willensschwäche. Beim **Handlungstyp** könnte sich dieses Scheitern in menschlichen Tragödien realisieren, etwa in schweren Zerwürfnissen mit den eigenen Kindern, die zu einer Entfremdung oder zum völligen Abbruch der Beziehungen führen.

Ein banaler Skriptverlauf zeigt sich beim **Beziehungstyp 1** darin, daß er beispielsweise nur so denkt und sich äußert, wie es gerade in ist, gewissermaßen als Kopie eines gängigen Idealbildes. Beim **Beziehungstyp 2** wirkt sich ein banaler Skriptverlauf so aus, daß er wenig eigenständig, wenig folgerichtig und konsequent denkt. Statt dessen sucht er es anderen recht zu machen und läßt sich von sentimentalen Gefühlen leiten.

Beim **Sachtyp** ist beim banalen Skriptverlauf ein ängstliches Bemühen zu spüren, nicht anzuecken. Sein eigenes Wollen wird wenig spürbar. Statt dessen verhält er sich vorsichtig und angepaßt. Und der **Handlungstyp** mit einem banalen Skript wirkt schwerfällig und gezwungen. Seine Spontaneität kommt kaum durch oder wirkt gewollt.

Einen konstruktiven Skriptverlauf erkennt man daran, daß der Entwicklungsbereich intensiv gelebt wird. Der **Beziehungstyp** engagiert sich im Bereich *Erkennen* mit all seinen vielfältigen Möglichkeiten. Dazu zählen nicht nur das Sinnenhafte und das Denken, sondern auch die meditativen und spirituellen Aspekte des Geistigen. Der **Sachtyp** verwirklicht sich im Bereich *Handeln*. Dazu gehören nicht nur das Wollen und Tun, sondern auch der fürsorgliche, verantwortungsbewußte und schöpferische Umgang mit seiner Welt. Und der **Handlungstyp** lebt den Bereich *Beziehung*. Das zeigt sich in Sympathie und Liebe zu den Mitmenschen, zur Tier- und Pflanzenwelt, in Lebensfreude, Spontaneität und herzlichem Humor.

Die Früchte werden im Zielbereich genossen. Hier entscheidet es sich, ob das Leben als ein sinnvolles oder sinnloses erfahren wird. An die Stelle der Macht- und Retterspiele tritt beim **Beziehungstyp** eine kollegiale und kooperative Zusammenarbeit. Statt sich selbst zu bemitleiden und unzufrieden zu sein, statt der hilflosen und rebellischen Opferspiele, realisiert der **Sachtyp** ein befriedigendes, fürsorgliches und autonomes Beziehungsverhalten. Und der **Handlungstyp** engt sich in seinem Denken nicht mehr ein durch rigides Verfolgerverhalten, sondern denkt erlaubend, wohlwollend und menschlich. So kann er in sich Frieden und Harmonie finden.

e) Destruktive Skripts zweiten und dritten Grades als schwere Neurosen und Psychosen

Das Scheitern beim tragischen Skript kann innerlich und äußerlich sein. Als innerliches Scheitern können schwere Neurosen und Psychosen angesehen werden. Dabei zeigen sich die Störungen meist als ein scheinbar widersprüchliches Zuwenig und Zuviel, als Kälte und Gefühlsüberschwang, als Unsicherheit und Selbstüberschätzung, als Geiz und Verschwendungssucht. Dieses widerspruchsvolle Verhalten kann bei der gleichen Person zu verschiedenen Zeiten oder bei unterschiedlichen Anlässen auftreten. Oder die eine Seite wird in der Realität, die andere in der Phantasie ausgelebt.

Die Transaktionsanalyse beschreibt es als die Zusammengehörigkeit von Skript und Gegenskript, etwa »Werde nicht geliebt!« und »Sei anderen gefällig!« oder »Schaff es nicht (du selbst zu sein)!« und »Streng dich an (du selbst zu sein)!« oder »Tu nicht (was du willst)!« und »Mach es ordentlich!«. Solche Widersprüche, die zusammengehören, werden von einer eher beobachtenden und messenden Diagnostik wie die des DSM[1] wenig gesehen.

---

[1] Diagnostische Kriterien und Differentialdiagnosen des Diagnostischen und Statistischen Manuals Psychischer Störungen DSM-III-R

So ist der **Beziehungstyp** gefährdet durch schizoide, schizotypische und histrionische Persönlichkeitsstörungen sowie durch Schizophrenie. Es sind Störungen in seinem Persönlichkeitsbereich Beziehungs-Ich, die sich ausdrücken in Mißtrauen, Kontaktschwierigkeiten und Gefühlsarmut oder unechtem, übertrieben herzlichem Beziehungsverhalten und Gefühlsüberschwang.

Defizite und Störungen in den geistigen Wahrnehmungs- und Verarbeitungsmöglichkeiten, wobei besonders der Realitätsbezug verlorengeht, resultieren aus der Entwicklungsschwäche seines Erkenntnis-Ichs. Sie zeigen sich als Beziehungsideen und Beziehungswahn, seltsamen Wahrnehmungen und Denkweisen und in eigentümlichem Sprach- und Sozialverhalten. Die Umgangssprache nennt es Spinnen oder Irrsinn und meint damit geistige Erkrankungen.

In seinem Zielbereich Handlungs-Ich neigt er zu rücksichtslosem Ehrgeiz, prostituierendem Verhalten, Intrigen und Machtkämpfen. Er gibt sich übertrieben attraktiv und verführerisch im Äußeren und im Gehabe, möchte immer im Mittelpunkt stehen und ist stark egozentrisch. Er hält Versprechungen nicht ein und ist unpünktlich. Bei den kranken Persönlichkeitstypen können **Beziehungstyp 1** und **2** sehr weit auseinanderliegen, jener kalt und scheinbar völlig unabhängig von Kritik oder Lob, dieser umgetrieben von wechselnden Gefühlen und extrem abhängig von Zuwendung.

Der **Sachtyp** ist gefährdet durch passiv-aggressive Borderline- und narzißtische Persönlichkeitsstörungen sowie depressive Neurosen und Psychosen. Die Umgangssprache nennt ihn seelisch krank oder auch gemütskrank. Es sind Störungen in seinem Persönlichkeitsbereich Erkenntnis-Ich, die sich ausdrücken in Unsicherheit und Selbstüberschätzung, Verletzlichkeit und Dickfelligkeit, in einem unersättlichen Bedürfnis nach Anerkennung und Wertschätzung, in Selbstzweifel und Vernichtungsängsten sowie unmäßiger Kritik oder Verachtung gegenüber Autoritätspersonen.

Die Defizite in seinem Entwicklungsbereich Handlungs-Ich zeigen sich in Entscheidungs- und Willensschwäche, Überforderungsgefühlen und Untätigkeit, Schüchternheit und Ausweichen, cholerischen Wutausbrüchen, Reizbarkeit und Streitsucht, dem Nichterledigen von Aufgaben, Mangel an Eigeninitiative und Verantwortungsbewußtsein, an Fürsorge und Respekt gegenüber der Intimsphäre anderer.

In seinem Zielbereich Beziehungs-Ich nützt er zwischenmenschliche

Beziehungen aus, neigt zu manisch-depressiven Stimmungsschwankungen, Verlassenheitsängsten, Vernachlässigung, überzogenem Anspruchsdenken und Mangel an Einfühlungsvermögen.

Die zwanghafte Persönlichkeitsstörung des **Handlungstyps** wird erst spät als psychische Störung erkannt, denn manche der diagnostischen Kriterien gelten als gesellschaftliche Tugenden, etwa seine Ordnungsliebe und sein Perfektionismus. Man hat weniger den Eindruck einer Geistes- oder Gemütserkrankung, eher einer charakterlichen Störung. Im Konfliktfall werden solche Menschen als verbohrt und kleinlich erlebt, als autoritär, unmenschlich, bösartig und heuchlerisch, denn sie begründen ihr Verhalten häufig mit moralischen Scheinargumenten. Sie sind gefährdet durch paranoide und zwanghafte Persönlichkeitsstörungen sowie Zwangsneurosen und -psychosen. Es ist eine Störung ihres Persönlichkeitsbereiches Handlungs-Ich. Die Spontaneität ihres Wollens und Handelns ist stark eingeschränkt. Ihr Denken und ihr Verhalten zeigen ein durchgängiges Muster von Perfektionismus und Starrheit. Dadurch werden Aufgaben nicht zügig erledigt, sie beschäftigen sich mit Details und können sich schwer zu einer Entscheidung durchringen. Dazu kommen ein starkes Hängen am Hergebrachten und Abwehr gegenüber Neuem.

Die Defizite in ihrem Entwicklungsbereich Beziehungs-Ich zeigen sich in einem eingeschränkten Ausdruck von Gefühlen und in Unbeweglichkeit. Ihr Beziehungs-Ich wird sehr viel mehr von Verboten als von Erlaubnissen bestimmt. Allem Lebendigen, gefühlsmäßig Spontanen und Zugewandten stehen sie mißtrauisch und abwehrend gegenüber. Es ist ihnen nicht erlaubt, und um den Schmerz darüber nicht zu fühlen, wehren und werten sie es ab. Sie leben nicht das freie, sondern das angepaßte Kind-Ich.

Sie fühlen sich, ohne objektiven Grund, von anderen ausgenützt oder benachteiligt, hintergangen oder betrogen. Sie fühlen sich leicht mißachtet, reagieren schnell zornig und starten einen Gegenangriff. Harmlose Bemerkungen oder Verhaltensweisen erleben sie als gegen sich gerichtet. Und sie hegen lange einen Groll gegen andere und vergeben ihnen nicht das, was sie, zum Teil ungerechtfertigt, als Mißachtung, Beleidigung oder verletzende Äußerung interpretiert haben.

In ihrem Zielbereich Erkenntnis-Ich neigen sie zu einem lieblosen Denken, strengen Normen, unnachsichtiger Kritik und einer Ethik unbedingter Pflichterfüllung. Ihre Wertvorstellungen, Moral, Ethik und

Glaubensinhalte sind starr. Sie dienen nicht dem Menschen, sondern der Mensch muß sich ihnen unterordnen. Politisch stehen sie meist auf der Seite derjenigen, die für Recht, Ordnung und Sauberkeit, für Gehorsam und harte Strafen eintreten.

6. Persönlichkeit als Skript

a) Die drei Skripts nach C. STEINER

Schon am Anfang der abendländischen Philosophie steht die Erkenntnis, daß das Leben eines Menschen Ausdruck seiner Persönlichkeit ist. Doch wir haben 2 ^{1}/$_2$ Jahrtausende gebraucht, um zu verstehen, was HERAKLITs »*Dem Menschen ist sein Wesen sein Schicksal*« meint. Durch die Persönlichkeits- und Skripttheorie wird der Zusammenhang zwischen Persönlichkeit und Lebensgestaltung erläutert. Die Notenlinien des Lebens, auf die beides geschrieben wird, sind die drei eigengesetzlichen Lebensbereiche und die darauf spezialisierten drei Ichs.

CLAUDE STEINER hatte in dieser Hinsicht eine glückliche Hand, als er drei Skriptarten unterschied, das No-Love-Script, das No-Mind-Script und das No-Joy-Script. Seine Skripttypen beschreiben eher Persönlichkeits- als Lebensmuster, da er noch ganz auf der psychologischen Seite bleibt. Dadurch hat mir sein Modell der drei Skriptarten geholfen und mich bestätigt beim Ausarbeiten des eigenen Modells der Persönlichkeitsdiagnostik und der Strategien zur Persönlichkeitsentwicklung.

Auch er benennt die Skripttypen jeweils nach der Störung im Persönlichkeitsbereich. Da die Reaktion auf die Störung zugleich der Kristallisationspunkt für die Persönlichkeitsbildung ist, entspricht

das No-Love-Script dem Beziehungstyp
das No-Mind-Script dem Sachtyp und
das No-Joy-Script dem Handlungstyp.

WOOLLAMS und BROWN geben eine Zusammenstellung[1]. Sie zeigt nicht nur die Ursachen dieser drei Skriptarten, sondern gibt auch therapeutische Hinweise. Wenn man das jeweilige Skript richtig diagnostiziert, können seine Therapievorschläge als Leitlinien nützlich sein. Allerdings beschränkt er sich beim No-Love-Script auf die Therapie des Persönlichkeitsbereiches (des **Beziehungstyps**). Das ist zu eindi-

---

[1] STAN WOOLLAMS and MICHAEL BROWN: »Transactional Analysis«, Michigan 1978, S. 215

mensional gesehen und könnte zu einem zwar emotional ausgeglichenen, aber etwas naiven Persönlichkeitsbild führen. Beim No-Mind-Script und beim No-Joy-Script werden mit der Verantwortlichkeit (beim **Sachtyp**) und den Gefühlen (beim **Handlungstyp**) jeweils die Entwicklungsbereiche mit einbezogen. Da die Bezeichnungen durch eine Übersetzung verlieren, bringe ich sie zusätzlich im Original.

	Lieblos	**Geistlos**	**Freudlos**
Verlorengegangene Funktion	Intimität	Bewußtsein	Spontaneität
Einschärfungen	Sei nicht Sei nicht nah Vertraue nicht	Denke nicht Sei nicht du selbst	Fühle nicht Mach's nicht
Hauptmethode	Zuwendungshaushalt	Abwerten	Verdrängung der Körperwahrnehmung
Skriptauszahlung banal tragisch	Depression Suizid	Verwirrung Wahnsinn	Langeweile Sucht
Therapeutische Leitlinie	Zuwendung (bestärken im Teilhaben)	Verantwortung (bestärken im Denken)	Sammlung (bestärken im Fühlen)

C. STEINERs drei Skripttypen

b) Eine rückblickende Interpretation

Die verlorengegangene Funktion oder Fähigkeit beim Lieblos-Skript (des **Beziehungstyps**) ist Intimität oder Sich-einlassen-Können. Ursachen sind die frühen Verbote »Sei nicht!«, »Sei nicht nah!« und »Vertraue nicht!«. Die Folge ist ein defizitärer Zuwendungshaushalt. So wird Zuwendung anderer häufig umgedeutet und abgewertet, z.B. »Das ist nicht ehrlich gemeint« oder »Der will nur etwas von mir« oder »Der kennt mich noch zuwenig« oder »Der nimmt mich wohl auf den

Arm« bzw. »Damit kann ich nicht gemeint sein« oder »Der muß einen schlechten Geschmack haben, wenn er mich attraktiv findet«.

CLAUDE STEINER meint, daß schon den Kindern beigebracht wird, daß Zuwendung knapp sei und daß sie etwas dafür tun müßten, um sie sich zu verdienen. Damit macht man sie steuer- und manipulierbar. Sie werden dann auch als Erwachsene nur zu ähnlichen Bedingungen eine ähnliche Menge Zuwendung annehmen und geben. Dadurch sorgen sie für die in unserer Gesellschaft typisch schlechte Zuwendungsbilanz.

	Loveless	**Mindless**	**Joyless**
Lost Function	Intimacy	Awareness	Spontaneity
Injunctions	Don't be Don't be close Don't trust	Don't think Don't be you	Don't feel Don't make it
Major Vehicle	Stroke economy	Discounting	Body splits

Script Payoffs
  Banal
  Tragic
	
	Depression
	Suicide
		
		Confusion
		Madness
			
			Boredom
			Addiction

Therapy Needed	Strokes (encourage sharing)	Accounting (encourage thinking)	Centering (encourage feeling)

STEINERs *Script Types*

Daraus resultieren Depressionen und Suizidneigungen. Statt als Depression sollte man hier diese Erfahrungen besser mit emotionalem Ausbrennen, innerer Leere, Traurigkeit und Verzweiflung bezeichnen, um sie von der »echten« Depression des **Sachtyps** zu unterscheiden, die andere Ursachen hat, anders erlebt wird und anders zu heilen ist.[1] Als therapeutische Leitlinie schlägt er vor, den Klienten darin zu bestärken, sich mehr auf andere ein- und mehr Zuwendung zuzulassen.

Mit diesen Therapieempfehlungen wird der Persönlichkeitsbereich Beziehungs-Ich des **Beziehungstyps** stabilisiert, doch die Entwick-

---

[1] Zur Unterscheidung schlage ich vor, beim Beziehungstyp von einer Verzweiflungs-Depression, beim Sachtyp von einer Schwermuts-Depression und beim Handlungstyp von einer Verbitterungs-Depression zu sprechen.

lungsschwächen im Erkenntnis-Ich werden übersehen. Zwar wird sehr konsequent durchdacht, wie etwa die schlechte Zuwendungsbilanz zustande kommt. Dabei werden auch die gesellschaftlichen Zwänge mit einbezogen, doch dieses Denken wird selbst zuwenig thematisiert. Die Arbeit im Persönlichkeitsbereich kann die Person heilen, nicht jedoch die Persönlichkeit entwickeln. Dazu gilt es, ihre Schlüsselfähigkeiten im Entwicklungsbereich Erkenntnis-Ich zu aktivieren und ihr erkenntnisgeleitetes Wertesystem zu verwirklichen.

Beim Geistlos-Skript (des **Sachtyps**) sind die Fähigkeiten des Wahrnehmens, Denkens und der Bewußtheit störbar (nachzutragen wären die damit verwandten Fähigkeiten des Selbstbewußtseins und der Ich-Stabilität). Ursachen sind die frühen Verbote »Denke nicht!« und »Sei nicht du selbst!«.[1] Der Betreffende wertet ab oder nimmt nicht wahr, und zwar besonders sich selbst. Das führt zu Wahrnehmungs- und Denkstörungen, zu Verwirrung und Gemütserkrankungen. Was hier fehlt, sind Hinweise auf die »echte« Depression mit ihrer lähmenden und quälenden Niedergeschlagenheit und ihren Minderwertigkeitsgefühlen. Als therapeutische Zielsetzungen schlägt STEINER vor, die Verantwortungsbereitschaft zu stärken und (so möchte ich beifügen) ein zielgerichtetes und erfolgsgeleitetes Denken zu unterstützen.

Beim Freudlos-Skript (des **Handlungstyps**) ist die Fähigkeit der Spontaneität verlorengegangen. Die Ursachen sind die frühen Verbote »Fühle nicht!« und »Tu es nicht!«. Die Folgen sind eine Abspaltung des Körpers bzw. der Körperwahrnehmungen, der Bedürfnisse und Gefühle. Das führt zu Langeweile, die dann durch den Genuß von Suchtmitteln, meist in der Form von Alkohol, vertrieben wird. Als therapeutischen Weg empfiehlt STEINER Centering, d.h. die innere Wahrnehmung von Körperempfindungen und Gefühlen. Damit liegt er ganz auf der Linie der Schlüsselfähigkeiten des **Handlungstyps** und seines sympathiegeleiteten Wertesystems.

---

[1] Beiden gemeinsam ist: *Unterscheide nicht* im Wahrnehmen und Denken! und *Unterscheide* dich *nicht* von mir!

7. Die Lebensdramen

a) BERNEs Skripttypen

War es ein glücklicher Zufall oder intuitives Gespür, daß BERNE sechs Skriptmuster beschrieb? STEWART und JOINES fragen in »TA today«: »Warum gibt es nur sechs Prozeß-Themen? Warum sind diese in den verschiedenen Kulturen völlig gleich? Bisher haben wir darauf noch keine Antwort gefunden, und dies wäre noch ein lohnendes Arbeitsgebiet für weitere TA-Forschung.«[1]

Die Antwort ist recht einfach. Ich habe in Band 1 darauf hingewiesen, daß man eigentlich bei jedem Strukturtyp und nicht nur beim **Beziehungstyp 1** und **2** zwei Ausprägungen unterscheiden könnte.[2] Die Lebensthemen Beziehung, Erkennen und Handeln sind bis etwa zum dritten Lebensjahr zum ersten Mal durchlaufen. In diesem Zeitraum entstehen die frühen Ausprägungen der drei Strukturtypen **Beziehungstyp 1, Sachtyp 1** und **Handlungstyp 1**.

Vom vierten bis zum zehnten oder zwölften Lebensjahr werden die drei Lebensthemen zum zweiten Mal durchlebt. Hier bilden sich der **Beziehungstyp 2**, der **Sachtyp 2** und der **Handlungstyp 2**. Ich habe auf die beiden letzteren Differenzierungen jedoch verzichtet, da sie bis vor kurzem in der diagnostischen Literatur nicht vorgenommen wurden. Jetzt hat KÖNIG damit einen Anfang gemacht.

Schon beim **Beziehungstyp 1** und **2** überwiegen bei einer phänomenologischen Betrachtungsweise die Mischformen. Für die praktischen Konsequenzen der Persönlichkeitsdiagnostik ist der Prozeß relevant, der die Persönlichkeit ausmacht. Er ist für Strukturtyp **1** und **2** identisch, unterschiedlich ist nur die jeweilige inhaltliche Ausgestaltung.[3]

---

[1] »Die Transaktionsanalyse«, S. 225
[2] Das wird durch die Forschungsergebnisse von KÖNIG bestätigt (1992).
[3] Beim Beziehungs-Ich lassen sich die Unterschiede zwischen Grunderfahrungen des Angenommenwerdens (1) und geschlechtsspezifischen Beziehungserfahrungen (2) unterscheiden, beim Erkenntnis-Ich die Grunderfahrungen des Erkennens wie Stimmigkeit und Stabilität (1) und themenbezogene Erkenntnisformen (2), z.B. Verstehen von Texten oder mathematische Kenntnisse. Beim Handlungs-Ich könnte man an das elementare Wollen und Sich-Durchsetzen (1) und ein ethisches Verhalten (2) denken.

Die sechs Skriptmuster[1] entsprechen dann den drei bzw. sechs Persönlichkeitstypen, und zwar das

> *Immer-* und *Danach-Skript* dem **Beziehungstyp 1** und **2**, das
> *Niemals-* und *Beinahe-Skript* dem **Sachtyp 1** und **2** und das
> *Erst-wenn-* und *Offenes-Ende-Skript* dem **Handlungstyp 1** und **2**.

FREUD hat mit der Erinnerung an Ödipus das kindliche Lebensdrama um das vierte und fünfte Lebensjahr veranschaulicht. BERNE hat weitere Mythen als typische Skript- oder Lebensmuster herangezogen. Sie werden bei einem tragischen Skriptverlauf deutlicher sichtbar als bei banalen oder konstruktiven Skripts. Sie heißen:

Immer-Skript –
dieses bezieht sich auf Ariadne. Sie hat die Göttin Athene zu einem Wettkampf im Spinnen herausgefordert und diese besiegt. Darauf wurde sie von der rachsüchtigen Göttin dazu verdammt, für *immer* spinnen zu müssen.

Danach-Skript –
es erinnert an Damokles. Er bewunderte und beneidete den König von Theben. Dieser gab ihm die Möglichkeit, seinen Platz einzunehmen, doch zu der Bedingung, daß über ihm ein Schwert hing, nur gehalten von einem Pferdehaar. Zwar konnte er nun das herrliche Leben eines Königs führen, doch er mußte immer damit rechnen, daß es *danach* ein schlimmes Ende mit ihm nehmen könnte.

Niemals-Skript –
dies handelt von Tantalus. Er wollte die allwissenden Götter hinters Licht führen. Er schlachtete seinen Sohn und setzte ihn den Göttern als Mahl vor. Er wurde verurteilt, im Wasser stehend Durst und umgeben von köstlichen Früchten Hunger leiden zu müssen. Wollte er sich bücken, um zu trinken, wollte er nach den Früchten greifen, so wichen Wasser und Früchte zurück. So fand er *niemals* Stillung seines Hungers und Durstes. Zudem hing über ihm ein loser Felsbrocken, der auf ihn herabzustürzen und ihn zu erschlagen drohte. So litt er zudem unter Todesangst.

---

[1] Ich vermute, daß die Skriptgefühle des Beziehungstyps Angst vor der Angst, die des Sachtyps Angst vor der Wut und die des Handlungstyps Angst vor der Trauer sind.

Beinahe-Skript –
es erzählt von Sisyphos. Ihm, ein Vorbild an Schlauheit und List, gelang es, den Tod zu fesseln und sich aus der Unterwelt davonzustehlen. Niemand konnte mehr sterben. Seine Strafe war, daß er einen Felsbrocken auf einen Berg wälzen mußte, der ihm jedesmal entglitt, wenn er *beinahe* das Ziel erreicht hatte.

Erst-wenn-Skript –
es verweist auf Herakles. Dieser hatte in einem Anfall von Wahn seine Kinder getötet. Um diese Untat zu sühnen, stellte er sich gehorsam in den Dienst seines königlichen Vetters. Dieser trug ihm auf, übermenschliche Taten zu vollbringen. *Erst wenn* er diese Aufträge erledigt hatte, konnte er mit Erlösung rechnen. Herakles hat diese und viele, viele andere Aufgaben gemeistert.

Offenes-Ende-Skript –
es erinnert an Philemon und Baucis. Ihre Gastfreundschaft und ihre gegenseitige Zuneigung wurden von den Göttern belohnt. Sie wurden von den Göttern in Bäume verwandelt, die nebeneinander stehen und sich mit ihren Zweigen berühren. Vielleicht erschien dieses Bild der Harmonie BERNE abschreckend langweilig. Er wollte damit zeigen, wie ein von Pflichten geprägtes Leben seinen Sinn verliert, ein *offenes Ende* hat, wenn diese Pflichten wegfallen.

b) Das Immer- und Danach-Skript des Beziehungstyps

Der Ehrgeiz und das Konkurrieren der Ariadne mit der Göttin Athene, aber auch ihr Können passen gut zum **Beziehungstyp 1.** Dieses *Immer-Skript* zeigt sich z.B. daran, daß jemand noch lange an einer gescheiterten Beziehung festhält. Entweder er bleibt trotz besseren Wissens in der Beziehung oder führt sie innerlich weiter, auch wenn sie real nicht mehr besteht. Wie ist dieses Skriptmuster zu erklären?
Der **Beziehungstyp 1** erlebt Trennungen als existentiell bedrohlich. Er zweifelt dann am Sinn des Lebens, an der eigenen Existenzberechtigung und verfällt in einen Zustand schmerzlicher Verzweiflung und quälender Sinnlosigkeit. Sein Vertrauen in die befreiende Wirkung der Erkenntnis und die heilenden und tragenden Kräfte der Wirklichkeit

ist gering. Um diesem Leid zu entgehen, hält er lieber an der Hoffnung fest und versucht es wieder und wieder.
Dazu kommt der schwache Realitätsbezug des **Beziehungstyps 1,** der gegen das Bild, das er sich von der Beziehung gemacht hat, nicht ankommt. Es ist ähnlich wie bei der für ihn typischen Ideologieanfälligkeit, in der die Idealvorstellung wirklicher erlebt wird als die Realität. Weitere Gründe für das Festhalten an dem »Immer« könnten die Schwierigkeiten sein, loszulassen, sich Fehler und Enttäuschungen einzugestehen und sich schwach und hilflos zu erleben und die anderen für sich zu brauchen.
Daß jemand, wie STEWART und JOINES anführen, immer wieder den gleichen Fehler macht, gilt für jedes Skriptverhalten. Auch das dort beschriebene Sprachverhalten, daß jemand ständig in verschiedene Richtungen redet, ist eher typisch für das *Niemals-Skript*[1]. In der Unterhaltung bemüht sich jemand im *Immer-Skript,* brillant zu wirken, »in« zu sein, häufig mit einer kritisch bis zynisch abwertenden Tendenz. Er bewegt sich auf einem anspruchsvollen Niveau, ohne Risiken einzugehen, also eine ungeschützte Meinung zu äußern oder zu fragen, wenn er etwas nicht verstanden hat. Im therapeutischen Gespräch geht es ihm um Realitätsvergewisserung, er durchleuchtet konkret und genau seine Beziehungsverhältnisse, seine Lebens- und Selbsterfahrungen.
Die Begeisterungsfähigkeit, der Neid und die Bewunderung des Damokles für den König von Theben verweisen auf den **Beziehungstyp 2.** Er kann das Gute nicht wirklich genießen, denn er befürchtet, daß etwas Schlimmes nachkommt. Da er mit Enttäuschungen rechnet, läßt er sich erst gar nicht richtig ein auf eine Beziehung. Lieber beendet er sie selbst, als daß er dem anderen die Möglichkeit gibt, ihm dies anzutun. Da er heimlich der Vertrauenswürdigkeit anderer mißtraut, was er hinter einem liebenswürdigen Retterverhalten verbirgt, münden sein Wunschdenken und Mangel an tiefer gehenden, echten Lebenserfahrungen häufig in eine etwas zynische Auffassung über das Leben und die Mitmenschen.[2]

---

[1] So sehen es auch WOOLLAMS und BROWN in: »Transactional Analysis«, Michigan 1978, S. 227 und 233.
[2] BERNE in: »Spiele der Erwachsenen«

c) Das Niemals- und Beinahe-Skript des Sachtyps

Das *Niemals-* und das *Beinahe-Skript* beschreiben Lebens- und Verhaltensmuster des **Sachtyps**. Beide, Tantalus und Sisyphos wollten die Götter überlisten und demütigen. Man kann vermuten, daß sie Autoritätsprobleme hatten. Beide sind schlau oder klug. Tantalus will die Allwissenheit der Götter in Frage stellen. Sisyphos gelingt es mit seiner Klugheit, sogar für eine Zeit die Weltordnung außer Gang zu setzen. Beide werden, weil sie zuviel gewollt haben, dazu verurteilt, das, was sie wollen, nicht zu erreichen.

Das *Niemals-Skript* des Tantalus paßt zu dem eher sinnenhaften und gemütlichen **Sachtyp (1)**. Es geht hier zweimal ums Essen, bei seinem frevelhaften Tun und bei der Bestrafung. Daß er spürbar im Wasser steht, aber dursten muß, daß die Früchte greifbar vor ihm hängen, er ihren Duft riechen, sich an ihren Formen und Farben weiden kann, aber hungern muß, ist eine sehr sinnenhafte Bestrafung. Auch die mehr als ungemütliche Bedrohung durch den herabzustürzen drohenden Felsen ist maßgerecht auf ihn zugeschnitten.

Das *Beinahe-Skript* des Sisyphos entspricht dem etwas hypochondrischen und grüblerischen **Sachtyp (2)**. Er stammt aus einer späteren Entwicklungsphase, ist also schon klüger und realistischer. Er erreicht sein Ziel immerhin beinahe. Wenn sich der Felsbrocken überhaupt nicht bewegen ließe, würde er sich vermutlich resigniert daneben setzen. Doch so kann er sich immer wieder Mühe geben und anstrengen, auch wenn es zum Schluß aufs gleiche hinausläuft. Er wird bestraft durch die Eintönigkeit und Sinnlosigkeit seines Tuns. Er hat allen Grund, sich zu bemitleiden, unzufrieden zu sein und depressiv zu werden.

Das Bild von Sisyphos erinnert mich an das Grau-in-Grau des intellektuellen Lebens, das resignierend erkennt und nichts verändert. Die meisten Befragten stellen sich die Situation des Tantalus farbig, die des Sisyphos in Schwarzweiß vor. Auch das sind Hinweise auf das eher sinnenhafte Leben des **Sachtyps 1** und das grüblerische des **Sachtyps 2**. TAIBI KAHLER hat auf einen zweiten Typus des *Beinahe-Skripts* aufmerksam gemacht. Während der erste Typus sein Ziel knapp verfehlt, erreicht es der zweite, doch er nimmt kaum davon Notiz und steckt sich schon das nächste Ziel. Wenn er ein Buch geschrieben hat, genießt er nicht die Früchte seines Tuns, sondern beginnt sofort ein neues.

Er wälzt also den Felsbrocken von einer Anhöhe auf die nächsthöhere usw. Auch so kann er sich fortwährend anstrengen, ohne je zufrieden zu sein. Wenn jemand seine Erfolge nicht registriert, erfährt er sich ebenso als erfolglos wie jemand, der keine hat. Auch das ist typisch für den **Sachtyp**. Es erklärt sich aus seinem Mangel an Selbstwahrnehmung, der Selbstabwertung oder -mißachtung.

Auch hier geht es häufig um geistige Anstrengungen. So berichten STEWART und JOINES von einer Johanna, die schon in der Schulzeit sehr gute Zeugnisse und ein ebenso gutes Abitur gemacht hatte. Sie hat dann studiert, ihre Examen mit Auszeichnung bestanden, promoviert und bereitet sich jetzt auf die Habilitation vor. Ihre Kolleginnen und Kollegen beneiden sie. Doch sie selbst hat keineswegs das Gefühl, »es geschafft« zu haben. Inzwischen hat sie neue Pläne. Sobald sie Privatdozentin sei, wolle sie eine Professur anstreben. Typisch dabei für das *Beinahe-Skript* ist, daß das durchgängige Gefühl der Selbstzufriedenheit und Genugtuung fehlt.

d) Das Erst-wenn- und Offenes-Ende-Skript des Handlungstyps

Das *Erst-wenn-Skript* des kämpferischen **Handlungstyps (1)** ist wie bei Herakles von Gehorsam einer Person (einer Firma, einer Partei oder Institution) gegenüber bestimmt. Er übernimmt eine Aufgabe nach der anderen und erwartet, dafür belohnt zu werden: »Erst die Arbeit, dann das Vergnügen.« Er scheitert nicht an seinen Aufgaben. Wohl aber darf man annehmen, daß die Lebensfreude zu kurz kommt.

Daß Herakles in rasender Wut seine Kinder tötete, könnte man so deuten, daß er in einen für ihn fast unlösbaren Konflikt geraten ist zwischen Pflichterfüllung und Abneigung gegenüber der Person dessen, der er Gehorsam schuldig zu sein meint, und daß er in sich das Lebendige, die Bedürfnisse und Gefühle abtöten mußte, um seine Pflicht erfüllen zu können.

Beim *Offenes-Ende-Skript* läßt sich der verläßliche **Handlungstyp (2)** eher von einer ethisch begründeten Pflichterfüllung leiten. Dies paßt zu dem gastfreundlichen Verhalten von Philemon und Baucis. Das Leben in diesem Skript wird dann als leer und sinnlos erfahren, wenn die gewohnten Pflichten wegfallen, etwa wenn die Kinder aus dem Haus sind, man selbst in Rente oder Pension geht oder ein Partner, für den man gelebt hat, stirbt. Selbst der Tod eines Haustieres kann die Lebensfreude dauerhaft einschränken. Sie verbinden ihr sympathiegeleitetes Wertesystem mit Gehorsam oder Pflichterfüllung. Doch dies kann leicht zu Enttäuschungen führen, denn, wie das Sprichwort sagt: Undank ist der Welt Lohn.

Möglich, daß BERNE hier über sein eigenes Skript gestolpert ist. Denn nachdem es bei allen anderen Skripts Strafen waren, wird hier eine Belohnung zum Skript. Das erinnert an die »guten« Spiele des **Handlungstyps** in seiner Spielanalyse, die keineswegs so harmlos sind, wie es für ihn den Anschein hatte. Zum Thema »Offenes-Ende-Skript« kenne ich selbst einige Beispiele, wo Menschen kurz nach ihrem Ausscheiden aus dem Berufsleben schwer erkrankten und starben.

Eigentlich ist der Mythos von Philemon und Baucis ein Bild der ehelichen Liebe, die selbst den Tod überdauert. Das entspricht dem sympathiegeleiteten Wertesystem des **Handlungstyps** und seinen etwas konventionellen Verhaltensmustern. Möglich, daß BERNE sich danach gesehnt hat, ohne es sich einzugestehen. Sein Schüler CLAUDE STEINER meint, daß er zu früh an einem nicht gelösten Lebensproblem gestorben sei, gewissermaßen an gebrochenem Herzen. Er habe die Liebe, die man ihm entgegenbrachte, nicht an sich herangelassen.

8. Skript im Sprachverhalten

a) Antreiber als Skriptfallen

Die Skripttypen von BERNE beschreiben die Lebensdramen, die auf dem Spielplan menschlichen Lebens vorgesehen sind. Es ist eine begrenzte Anzahl von Stücken – nur sechs unterschiedliche Möglichkeiten, auf eine spezifische Weise eingeschränkt zu leben. Einmal gewählt, haben wir vermutlich keine Chance, das Stück zu wechseln – es sei denn zwischen den verwandten Skripts *Immer* und *Danach*, *Niemals* und *Beinahe*, *Erst-wenn* und *Offenes-Ende*.

Das Leben in einem destruktiven oder banalen Skript ist leidvoll und in seinem Wiederholungszwang eintönig. Der einzige Sinn kann eigentlich darin gesehen werden, aus den negativen Erfahrungen zu lernen und sich aus der Enge des jeweiligen Skripts zu befreien. BERNE hatte dazu schon die Idee geäußert, daß sich das Skript eines Menschen auch an alltäglichen Situationen ablesen lasse, sozusagen im Detail.

TAIBI KAHLER hat diesen Gedanken aufgegriffen und dazu interessante Beobachtungen gemacht beim Sprachverhalten, bei der Mimik, Gestik und Körperhaltung seiner Klienten. Er und seine Mitarbeiter stellten fest, daß hier in kurzen Sequenzen ein Lebensskript realisiert und verstärkt wird. Und sie nannten dieses Skriptverhalten »Miniskript«. Es wiederholt sich in kurzen Zeiträumen, die zwischen wenigen Sekunden und einigen Minuten dauern.

Der Einstieg in eine Sequenz des Miniskripts erfolgt über einen der fünf Antreiber. In Band 2, Kapitel 4 habe ich das Thema der Antreiber behandelt. Ich unterscheide dort zwischen den vier persönlichkeitstypischen Antreibern:

Sei stark!	**Beziehungstyp 1**
Mach's anderen recht!	**Beziehungstyp 2**
Streng dich an!	**Sachtyp**
Sei perfekt!	**Handlungstyp**

Die anderen Antreiber wie *Beeil dich!* (KAHLER), *Sei immer wie die anderen!* (SCHLEGEL) und *Sei immer vorsichtig!* (GOULDINGS) kann man entweder als unspezifische Verstärker der vier Grundantreiber verstehen oder das *Sei vorsichtig!* dem **Sachtyp 2** zuordnen sowie das *Sei wie die anderen!* dem **Handlungstyp 1** und *Sei perfekt!* dem **Handlungstyp 2**. Da **Typ 1** und **2** immer Mischtypen sind, kennen sie bei sich auch beide Antreiber.

Erfahrungsgemäß sollte man in der Diagnostik eher auf Handlungsthemen als auf spezielle Ausprägungen dieses Handelns achten. D.h., jemand, der dem Antreiber *Sei stark!* folgt, wird sich in anderen Situationen von einem *Sei schwach!* abhängig machen, wer einem *Mach's anderen recht!* gehorcht, wird auch ein *Frustriere andere!* praktizieren, dem *Streng dich an!* wird ein *Laß dich hängen!* folgen, und dem *Sei perfekt!* entspricht ein *Schlag über die Stränge!*.

Ebenso resultieren aus dem *Beeil dich!* ein *Komm zu spät!*, aus dem *Sei immer wie die anderen!* ein *Verhalte dich willkürlich!* und aus dem *Sei immer vorsichtig!* ein *Sei leichtsinnig!*.

Was dabei fehlt, ist, »mathematisch« gesehen, die gesunde Mitte, die Fähigkeit, sich der jeweiligen Situation gemäß angemessen zu verhalten. Statt dessen wird zwischen einem »Zuviel« und einem »Zuwenig« gewechselt. Die negativen Erfahrungen mit der einen Verhaltensweise scheinen die andere zu rechtfertigen. Doch richtiges Verhalten ist sehr selten das genaue Gegenteil des falschen. Es kommt darauf an, etwas Neues zu finden. Das kann nicht das logische Denken leisten, sondern nur die schöpferische Kraft des Unbewußten.

Therapeutisch zweckmäßig ist es dabei, jeweils die andere, nicht beklagte Seite aufzugeben, also das *Sei stark!* bei jemand, der sich suchtartig abhängig macht, durch ein *Sei schwach!*, das *Mach's anderen recht!* bei jemand, der seine Beziehungen immer wieder durch ein *Frustriere andere!* kaputtmacht, das *Streng dich an!* bei jemand, der unter Faulheit, einem *Laß dich hängen!* leidet, das *Sei perfekt!* bei jemand, der immer mal wieder »die Sau rausläßt« oder andere willkürlich behandelt.

Ebenso kann Leuten, die krankhaft zu spät kommen, geholfen werden, wenn sie ihr *Beeil dich!* aufgeben, solche, die meinen, sie müßten etwas Besseres sein, ihr *Sei wie die anderen!* und diejenigen, die unvorsichtig handeln, ihr *Sei vorsichtig!*.

Die beschriebene Zuordnung von Antreibern und Skriptmustern erfolgt aufgrund eigener Beobachtungen. Sie stimmt weitestgehend überein mit denen von WOOLLAMS und BROWN in ihrem Standardwerk Transactional Analysis.[1] Will man auf dem Boden der bisherigen TA-Modelle solche Querverbindungen aufzeigen und diskutieren, scheitert man häufig daran, daß die TA-Begriffe nicht genau genug definiert sind und deshalb unterschiedlich verstanden und benützt werden. Ich lege deshalb Wert darauf, die hier verwendeten Begriffe jeweils bezogen auf die drei eigengesetzlichen Lebensbereiche und ihre Ichs zu definieren (s.o.). Dadurch gewinnen sie in der Regel eine etwas eingeschränktere Bedeutung als in ihrer umgangssprachlichen Verwendung.

persönlichkeitsspezifische Antreiber	Persönlichkeitstyp und Skript
Sei stark! (Sei schwach!)	**Beziehungstyp 1** [schizoide Struktur] *Immer-Skript*
Mach's anderen recht! (Frustriere andere!)	**Beziehungstyp 2** [hysterische Struktur] *Danach-Skript*
Streng dich an! (Laß dich hängen!)	**Sachtyp (1)** [narzißtische Struktur] *Niemals-Skript*
Sei vorsichtig! (Sei leichtsinnig!)	**Sachtyp 2** [depressive Struktur] *Beinahe-Skript*
Sei wie die anderen! (Verhalte dich willkürlich!)	**Handlungstyp 1** [phobische Struktur] *Erst-wenn-Skript*
Sei perfekt! (Schlag über die Stränge!)	**Handlungstyp 2** [zwanghafte Struktur] *Offenes-Ende-Skript*

[1] S. 232/233. KAHLER hat *Sei stark!* dem *Niemals-* und *Streng dich an!* dem *Immer-Skript* zugeordnet. Leider folgen STEWART und JOINES in ihrem populären »TA today« (deutsch: Die Transaktionsanalyse) KAHLER und nicht WOOLLAMS und BROWN.

b) Sprache des Immer-Skripts

Skriptverhalten beschreibt eher Formen des unentwickelten oder neurotischen Verhaltens. Deshalb ist zu vermuten, daß das skriptgeprägte Sprechen auf den Grenzbereich zwischen Persönlichkeits- und Entwicklungsbereich verweist. Es müßte jemand charakterisieren, der noch keinen konsequenten Gebrauch von seinen Schlüsselfähigkeiten macht, jemand, der gegenüber diesen Fähigkeiten seines Entwicklungsbereiches zögert, aus- und zurückweicht.

Bisher wurde die Sprache des **Beziehungstyps** als kontaktfähig-*analytisch* gekennzeichnet. Sie zeigt die gelingende Bewegung vom Fühlen zum Denken. Die noch weitgehend skriptgebundene Sprache eines **Beziehungstyps** müßte dann irgendwo dazwischen hängenbleiben, also weder zu sprachlicher Eindeutigkeit, zu konkreter Erkenntnis noch zu einer gedanklichen Konsequenz vordringen.

Beim »Immer-Skript« (des **Beziehungstyps 1**) sind WOOLLAMS und BROWN keine typischen Satzmuster aufgefallen, außer daß häufig Redewendungen wie »vielleicht«, »mag sein«, »ich bin nicht sicher«, »ich weiß nicht«, »irgendwie«, »es könnte sein«, »wir werden sehen«, »manchmal«, »eine Art von« usw. verwendet werden.

Diese Redewendungen haben zwar einen erkenntnismäßigen Touch, doch genau dies ist das Problem des wenig entwickelten **Beziehungstyps 1**. Er begnügt sich mit dem »als ob«, dem modischen Anschein, dem gängigen Klischee. Seine Schlüsselfähigkeiten liegen zwar im konkreten Denken, im direkten Realitätsbezug. Dabei sind seine nonverbalen Fähigkeiten, sein intuitives Erkennen der Situation herausgefordert. Doch dies ist nur möglich durch konzentrierte Aufmerksamkeit und waches Verweilen, nicht durch ein rasches Darüber-Hinweggehen, wie es diese Redewendungen signalisieren.

Der **Beziehungstyp 1** hat zunächst eher Schwierigkeiten im verbalen Ausdruck. Deshalb wird er in einer Umgebung, in der er sich fremd fühlt, still und zurückhaltend sein. Diese Schwierigkeit im verbalen Ausdruck dürfte mit dem Zeitpunkt seiner Persönlichkeitsbildung zusammenhängen, die in der vorverbalen Lebensphase lag. Sprechen ist für ihn also eine sekundäre Fähigkeit, etwas später Gelerntes, eher Fremdes, das nicht unmittelbar seiner Ausgangspersönlichkeit zugehörig ist. Seine Stärke liegt im nonverbalen Ausdruck und im Verstehen der Körpersprache.

Auf der anderen Seite möchte er auf keinen Fall als dumm erscheinen. Und da bei uns Sprechen einen höheren Stellenwert hat als nonverbale Kommunikation – es sei denn, man ist Pantomime oder Ballettänzerin –, erwirbt er oft eine hohe Gewandtheit im Sprachgebrauch. Doch da dies mehr gewollt als gewachsen ist, neigt er auch dazu, sein Denken und Sprechen nach dekorativen Gesichtspunkten auszustatten. Dann ist das, was er sagt, zwar »in«, aber weitgehend vorhersehbar und austauschbar, hat wenig mit der Einmaligkeit seiner Person und der Situation zu tun. Trotz seiner »Sprach-Beherrschung«, oder vielleicht gerade deshalb, kann es für ihn zu peinlichen Versprechern kommen.

Typisch, besonders für den weiblichen **Beziehungstyp 1**, ist ein emotional geprägtes Sprachverhalten mit grandiosen Begriffen wie »phantastisch«, »toll«, »hochkarätig«. Diese Begriffe müssen modisch und anspruchsvoll sein. Da er die Sprache brillant beherrschen möchte, spricht er oft auch recht schnell. Die Künstlichkeit seiner Sprache kann er wettmachen durch einen lebendigen nonverbalen Ausdruck. Beim entwickelten **Beziehungstyp 1** fällt auf, daß er aufmerksam zuhört, interessiert nachfragt und seine nonverbalen Wahrnehmungen nützt.

Da das *Sei stark!* darauf abzielt, die eigenen Gefühle und emotionalen Regungen zu kontrollieren, werden sie indirekt geäußert, entweder nonverbal im Klang der Stimme oder so, daß andere oder die Umstände daran schuld sind. STEWART und JOINES bringen dazu viele Beispiele wie: »Sie machen mich wütend!« »Dies Buch langweilt mich zu Tode!« oder »In so einer Lage müssen Sie Ihre Gefühle schon für sich behalten.« Um den Mund spielt dabei häufig ein etwas abschätziges Lächeln. Die Handbewegungen sind elegant, aber abwertend. Die Sitzweise ist aufrecht und dekorativ. Die Sprechweise wirkt zwar gekonnt, aber etwas verächtlich im Ton sich selbst und anderen gegenüber.

c) Sprache des Danach-Skripts

Beim »Danach-Skript« (des **Beziehungstyps 2**) beschreiben WOOLLAMS und BROWN den Wechsel von einer o.k.-Haltung zu einer Nicht-o.k.-Haltung: »Ich mag dich – warum konnten wir uns nicht früher begegnen?« oder »Das war ein herrliches Wochenende. Ich habe überhaupt keine Lust, in die Schule zu gehen!« Dieser Wechsel vom Positi-

ven zum Negativen kann mit Hilfe der Spielanalyse verstanden werden. Er ist die Kurzfassung eines Macht- oder Retterspieles.
Das *Mach's anderen recht!* ist deshalb weder verläßlich noch tragfähig. Es steht für Spielanfang und Spielmitte, die verführerische Einladung und das Auf-sich-Ziehen von Aufmerksamkeit und Interesse. Der Umschlag ins Negative entspräche dann dem vorsichtig frustrierenden Wechsel in ein abwertendes Eltern- oder Handlungs-Ich.

Der **Beziehungstyp 2** unterscheidet sich gegenüber dem **Beziehungstyp 1** darin, daß er auch in relativ fremder Umgebung gerne, viel und mitreißend erzählen kann. Er hat eine gute Beobachtungsgabe und denkt auch an alternative Möglichkeiten. Schwierigkeiten hat er, wiederum im Gegensatz zum **Beziehungstyp 1**, darin, größere Zusammenhänge konsequent zu durchdenken. Er ist sehr viel zugewandter, verbindlicher als der **Beziehungstyp 1**. Dazu benützt er gerne Redeweisen wie »Nicht wahr?« »Ist es nicht schrecklich, daß...«, »Verstehst du?«.

Auch er fürchtet sich, für naiv oder dumm gehalten zu werden. Und auch er tendiert zu grandiosen Begriffen und einer emotional gefärbten Sprechweise. Seine abwertende Haltung wird oft über ein »aber« eingeleitet. »Sie ist zwar mit ihren vierzig eine phantastisch gut aussehende Frau, aber ich mache mir doch Sorgen, ob...«, was im Klartext ausdrücken soll: »Man sieht ihr an, daß sie vierzig ist, und ich rechne damit, daß...«

Da der unentwickelte **Beziehungstyp 2** zu sehr damit beschäftigt ist, es anderen recht zu machen und gut anzukommen, bleibt ihm wenig Energie übrig für ein genaueres Wissen und eine wirkliche Bildung. Dieser Typ bleibt im Dekorativen stecken. Typisch dafür sind die auf erotische Wirkung ausgehenden Kind-Frauen, die ständig lächelnd im Gespräch nette Belanglosigkeiten von sich geben. Beim entwickelten **Beziehungstyp 2** fällt auf, daß er seine Erkenntnisse konsequent in Lebenspraxis umsetzt und daraus neue Erkenntnisse gewinnt.

d) Sprache des Niemals- und Beinahe-Skripts

Beim »Niemals-Skript« (des **Sachtyps**) beschreiben die Autoren zutreffend die weitläufige, aus- und abschweifende Sprechweise des **Sach-**

typs. Beim skriptgebundenen Sprechen beginnt er einen Satz, bricht ab, beginnt von neuem, verbessert sich, wechselt das Thema, kommentiert einen Gedanken, den er noch gar nicht ausgesprochen hat, deutet seine Unzufriedenheit an, kommt mit anderen Worten auf früher Gesagtes zurück, macht einen kaum nachvollziehbaren Gedankensprung, erinnert sich an eine ähnliche Geschichte, bricht ab, beginnt von neuem, ergeht sich in epischer Breite, verliert den Faden usw. Beim Zuhörer entsteht begreiflicherweise ein höchst unklarer, verwirrender Eindruck. Er beginnt sich ärgerlich zu fragen, was der Sprecher eigentlich sagen will. Er fragt sich, ob es an ihm liegt, daß er nicht folgen kann, oder ob der Sprecher mit einer merkwürdigen Konsequenz am Thema vorbeiredet, Nebel um sich verbreitet, darin verschwindet, um dann überraschend an einer anderen Stelle wieder aufzutauchen.
Ähnlich ist das Sprachverhalten beim »Beinahe-Skript« (des **Sachtyps**). Ist beim »Niemals-Skript« eine Zielorientierung fast gar nicht zu erkennen, so wird beim »Beinahe-Skript« das Ziel zwar angesteuert, aber dann doch im letzten Moment verfehlt. Hier unterscheiden die Autoren drei Satzmuster. Beim **Typ I** wird im allerletzten Moment dem Gesagten seine Verbindlichkeit genommen, so als ob der Sprecher zu seiner Aussage nicht stehen könnte. »Mir gefällt dein Bild, besonders die künstlerische Qualität, der Gesamtentwurf und die Farbgestaltung. Doch irgendwie, ich weiß nicht!«
Beim **Typ II** nähert sich der Sprecher von verschiedenen Seiten dem, was er sagen will, ohne es jedoch auszusprechen. »Ich freue mich, daß du da bist..., ich meine, ich bin von deinem Besuch überrascht..., das heißt, ich habe dich überhaupt nicht erwartet..., du verstehst, was ich, äh, nun ja, auf jeden Fall bist du jetzt da...« **Typ III** geht auf sein Ziel zu, weicht dann jedoch aus, so als ob ihn im letzten Moment der Mut verlassen hätte. »Entschuldigen Sie bitte, ich möchte Sie fragen – äh – nun ja, es muß nicht jetzt sein, also – äh – guten Tag.«
Bei beiden, beim »Niemals-« und beim »Beinahe-Skript«, zeigen sich Schwächen im Wollen, im »Dranbleiben« und in der Zielorientierung. Der skriptgebundene **Sachtyp** geht zwar einige Schritte in den ihm gefährlich erscheinenden Bereich Wollen und Handeln hinein, weicht aber dann wieder zurück in seinen sicheren Ausgangsbereich Erkennen. Er tut dann so, als ob es nur um Informationen ginge. Auch das betont sachliche, vernünftige und objektive Sprechen des **Sachtyps** kann die Funktion haben, eben gerade nicht zur Sache zu kommen, un-

verbindlich zu bleiben, keine Verantwortung übernehmen, nicht dazu stehen zu müssen.

Der **Sachtyp** spricht und verhält sich unter dem Druck des Antreibers *Streng dich an!*. Im amerikanischen *Try hard!* schwingt dabei etwas von der Vergeblichkeit dieses Bemühens mit, so als ob man jemand drohend sagen würde: »Versuch's nur (und du wirst es bereuen)« oder ironisch: »Nur zu (und Sie werden ganz schön auf die Nase fallen).«
Das ausweichende und ziellose Sprechen des **Sachtyps** kann auch als eine Kurzfassung eines Opferspieles verstanden werden. Er fängt scheinbar vernünftig an mit seinem Erkenntnis-Ich, vermeidet, klar zu sagen, was er will, d.h. übergeht das Handlungs-Ich, und endet in der hilflosen oder rebellischen Opferposition, also in seinem Beziehungs-Ich. Die Anstrengung mündet in Resignation.
Auch hier zeigen sich deutliche Zusammenhänge zwischen Sprechen und Schwächen in der Persönlichkeitsentwicklung. ANAIS NIN hat dieses Verhalten beim jungen HENRY MILLER beobachtet und in ihren Tagebüchern zutreffend beschrieben, den Zusammenhang zwischen seiner Lebensplanung und -haltung, seinem alltäglichen Verhalten, Schreiben und Sprechen:
»... die Art, wie er überall hineinstolpert, in Unternehmungen verwickelt wird (S. 61)... Henry wie immer überfließend, überschwenglich, überquellend, weit ausholend und zerstreut (S. 170)... Sein Leben war ganz und gar Widerstand gegen den Willen... Er... willenlos, passiv... Er hat Übung darin, die Dinge einfach geschehen zu lassen... Er ist der Mann, der seinen Platz in der Gesellschaft nicht einnimmt, Verantwortlichkeiten und Bindungen ausweicht (S. 278). Die große Passivität, die Henry veranlaßt, alle Schläge hinzunehmen, niemals für das zu kämpfen, was er liebt, über Verzweiflung zu schreiben, aber die Umstände nicht zu ändern... ist Ausdruck eines Defektes, eines Mangels, wenn es zu handeln gilt (S. 380)...«
STEWART und JOINES beschreiben den resignativen Zug beim Formulieren, der sich vermittelt als: »Ich gebe mir schon Mühe, doch ich glaube nicht, daß ich es schaffe.« Das drückt sich häufig aus in dem Wort »versuchen«. »Was ich ihnen zu erklären versuche, ist...« Andere typische Redewendungen sind: »schwierig«; »wichtig«; »Ich bin nicht sicher, ob...«; »Vielleicht sollte man lieber...?«; »Ich habe jetzt vergessen, was...«; »Könnte man nicht doch...«
Die Stimme klingt dabei eher leise, belegt und ausdruckslos. Oft redet

der Sprecher mit geballten Händen, fuchtelt dabei unkontrolliert herum und mißachtet den Abstand und Raum zu den Nebensitzern, die dann das Bedürfnis spüren, weiter abzurücken, aus- und zurückzuweichen. Er sitzt eher nachlässig oder nach vorne gebeugt, die Ellbogen aufgestützt, so als ob eine schwere Bürde auf ihm laste. Sein Gesichtsausdruck ist ernst, die Augen zusammengekniffen, die Stirne gerunzelt.

e) Sprache des Erst-wenn- und Offenen-Ende-Skripts

Beim *Erst-wenn-Skript* des **Handlungstyps** ist zu beobachten, wie er seinem Antreiber *Sei perfekt!* folgt. Er spricht meist deutlich und mit kräftiger Stimme. Sie vermittelt, daß er was zu sagen, daß er auf alle Fälle recht hat und dem besser nicht zu widersprechen ist. Denn das, was er sagt, stützt sich nicht nur auf Erfahrungen, sondern auf anerkannte Werte, Normen, Vorschriften und solide Vorurteile. Er begleitet dieses Sprechen häufig mit einem erhobenen Zeigefinger, parallelen Hand- und Armbewegungen, sitzt oder steht ganz leicht nach vorne geneigt und hält den Oberkörper etwas unbeweglich.

WOOLLAMS und BROWN sind die eingeschobenen erklärenden Satzteile aufgefallen. Der Sprecher möchte keine Mißverständnisse aufkommen lassen und möglichst genau informieren. Das können kurze Einschübe sein wie: »Ich habe ihn im letzten Sommer, es war beim letzten Treffen der Eltern vor den Sommerferien, kennengelernt« oder auch längere Erklärungen. Dabei spricht er häufig mit einem Lächeln, das gute Laune verbreiten soll.

Oder wenn er davon spricht, wie es Ärger zwischen den angeheirateten Verwandten gab, erläutert er immer ganz genau die jeweiligen Verwandtschaftsgrade, die Art seiner Beziehungen zu ihnen und die chronologische Reihenfolge der den Ärger auslösenden Verhaltensweisen. Man könnte dies als eine Art »Sprach-Handeln« bezeichnen, mit dem er von seinen Gefühlen des Ärgers ablenkt. Dazu paßt auch ein etwas sarkastisches Lächeln, mit dem er berichtet und hinter dem er seinen Ärger verbirgt.

Auch hier bestätigt sich wieder, wie der skriptgebundene **Handlungstyp** zwar seinen Entwicklungsbereich Beziehungs- oder Kind-Ich berührt, aber nicht wirklich hineingeht. Er spricht über das Thema Beziehungen, aber auf einer Verhaltensebene, was wer wann und wo wie getan hat. Auf seine eigenen Gefühle kann man schließen, doch er spricht sie nicht aus.

Dazu paßt auch, daß **Handlungstypen** gelegentlich negativ über die Verhältnisse im eigenen Betrieb oder in der Gesellschaft sprechen. Hinter diesen Vorurteilen stecken meistens persönliche Enttäuschungen und Kränkungen, die jedoch verdrängt wurden. Ich habe die Erfahrung gemacht, daß es keinen Sinn hat, sich hier auf sachliche, inhaltliche Auseinandersetzungen einzulassen. Besser ist es, dieses Gefühl der Enttäuschung anzusprechen und dafür Verständnis zu zeigen.

Beim »Offenes-Ende-Skript« (des **Handlungstyps**) können WOOLLAMS und BROWN keine typischen Satzmuster ausmachen. Doch weisen Aussagen wie: »Seit meine Kinder aus dem Hause sind, weiß ich mit meinem Leben gar nichts mehr anzufangen« oder: »Wenn ich in Rente gehe, werde ich mich erst mal richtig ausruhen!« darauf hin, daß hier noch kein eigener Zugang zum Entwicklungsbereich Beziehungs-Ich besteht. Im ersten Fall standen die Kinder stellvertretend für das eigene Kind-Ich, im zweiten Fall waren es die kollegialen Beziehungen. Als ein hilfsbereiter Betriebsschreiner, der auch am Feierabend noch manches für seine Kollegen geschreinert hat, seine Berufstätigkeit aufgab und sich »zur Ruhe setzte«, hatte er sich vorgenommen, erst mal nichts zu tun. Mit dem ihm eigenen Eigensinn saß er die meiste Zeit nur herum. Kurze Zeit danach erkrankte er schwer. Er hatte mit dem Ausscheiden aus der Firma nicht nur die zeitliche und inhaltliche Gestaltung seines Lebens, sondern viele zwischenmenschliche Kontakte verloren. Sein Leben wurde für ihn sinnleer, er, der sein ganzes Leben lang immer gesund war, ist wenige Monate später gestorben.

Beim Erst-wenn- und Offenes-Ende-Skript ist auch der Klang der Stimme aussagekräftig. Klingt sie gepreßt, drohend, feindselig, vorwurfsvoll, enttäuscht, verbittert, oder klingt sie warmherzig, lebendig, humorvoll, freundschaftlich und liebevoll? PERLS schreibt dazu: »Ein guter Therapeut hört auf den Klang, die Musik, das Zögern... Hört nicht auf die Worte, hört einfach auf das, was die Stimme euch sagt... Persona – ›Hindurchtönen‹. Der Klang sagt euch alles.«[1] Damit das nicht nur ein guter Vorsatz bleibt, ist konsequentes Pacen hilfreich.[2]

---

[1] FREDERICK S. PERLS: »Gestalt-Therapie in Aktion«, Stuttgart 1976, S. 61
[2] Pacen ist die Technik, sich auf der körpersprachlichen Ebene an das nonverbale Kommunikationsverhalten des Gesprächpartners anzugleichen, um dadurch einen guten Rapport herzustellen.

9. Alternativen zum Skript

a) Ausstieg mit den Schlüsselfähigkeiten

STEWART und JOINES meinen, daß es ganz einfach sei, aus den BERNEschen Skriptmustern auszusteigen: »Wenn du dich in deinem Prozeß-Skript nicht wohl fühlst, kannst du auch aussteigen. Von allen Persönlichkeitsveränderungen, die die TA ermöglicht, ist diese am leichtesten zu erreichen.«[1] Das klingt zu schön, um wahr zu sein, und verkennt völlig, daß Skriptmuster nicht nur ein Verhalten an der Oberfläche sind, sondern ihre Wurzeln in den ältesten Teilen der Persönlichkeit und den tiefsten Verletzungen der eigenen Lebensgeschichte haben. Die Autoren meinen, es genüge, das eigene Skriptmuster zu erkennen, um sich davon zu befreien.

Was sie übersehen, ist, daß die Skriptmuster eben auch nur Aspekte eines größeren Zusammenhangs beschreiben, nämlich die der neurotisch gestörten, wenig entwickelten und fremdbestimmten Persönlichkeit. Sie sind das, was sie aufzeigen, doch sie erschöpfen sich nicht darin. Sie sind Teil des destruktiven Prozesses und Symptom für anderes, für Störungen, Defizite und Fehlhaltungen. Doch lohnt es sich, mit der Therapie auch hier, bei der Veränderung der Skriptmuster, anzusetzen. Und manchmal kann das der wirkungsvollste Ansatzpunkt sein, den neurotischen Teufelskreis zu durchbrechen.

Beim *Immer-Skript* empfehlen sie[2]: »... *mach dir klar*, daß du ja die gleichen Fehler nicht immer wiederholen mußt und daß kein Mensch dich zwingt, bei einer Sache zu bleiben... Wenn du willst, kannst du auch eine unbefriedigende Arbeit, Beziehung oder Örtlichkeit hinter dir lassen und dich nach etwas Neuem und Besserem umsehen.«

Beim *Danach-Skript* geben sie *den Rat*, nicht zu übertreiben, maßvoll zu genießen, damit das Umschlagen ins Negative vermieden wird.

Beim *Niemals-Skript* schlagen sie vor, *sich zu entscheiden*, was man wirklich *wolle*. Dann soll man sich fünf Dinge aufschreiben, die man *selbst tun* kann, um diesen Wunsch zu verwirklichen – und dann pro Tag einen Punkt *in die Tat umsetzen*.

---

[1] Dieses und folgende Zitate aus STEWART/JOINES, S. 226 und 227
[2] Hervorhebungen von mir

Beim *Beinahe-Skript* empfehlen sie, *jede Tätigkeit konsequent zu Ende zu führen* (**Typ 1**) bzw. sich seine *Erfolge bewußtzumachen* und sie konsequent zu genießen (**Typ 2**).
Beim *Erst-wenn-Skript* schlagen sie vor, *sich zwischendurch Spaß zu gönnen* und nicht damit zu warten bis..., und
beim *Offenes-Ende-Skript*, einfach die andere Seite dieses Skripts anzuschauen: Sich von einem (guten) Skript leiten zu lassen ist zwar nicht schlecht. Doch noch besser ist es, *sein Leben völlig* frei gestalten zu können (wenn das offene Ende dieses Skripts erreicht wird).
Einmal davon abgesehen, wieweit Ratschläge in der Therapie hilfreich sind, in jedem Falle werden, wie die *Hervorhebungen* zeigen, die persönlichkeitstypischen Schlüsselfähigkeiten angesprochen. Beim *Immer-Skript* des **Beziehungstyps 1** sprechen sie sein realistisches, beim *Danach-Skript* des **Beziehungstyps 2** sein kausales Denken an. Das ist genau das, was die beiden Beziehungstypen am dringendsten brauchen: die eigenen Erfahrungen konkret und konsequent zu durchdenken und daraus zu lernen.
Beim *Niemals-* und *Beinahe-Skript* des **Sachtyps** zielen sie darauf ab, daß er sich klarmacht, was er will, und daß er sich dafür entscheidet, es zu realisieren. Dazu gehört auch, Tätigkeiten konsequent zu Ende zu führen und sich selbst dafür anzuerkennen. Damit treffen sie auch beim **Sachtyp** ins Schwarze: Für ihn ist wichtig, daß er die Fähigkeiten seines Handlungs-Ichs aktiviert und sein Leben aktiv und selbstverantwortlich gestaltet.
Beim *Erst-wenn-* und *Offenes-Ende-Skript* des **Handlungstyps** empfehlen sie, daß er sich zwischendurch (und dieses Zwischendurch ist das wirkliche Leben, das, was *jetzt* stattfindet) immer wieder Spaß gönnt, daß er sich mit seinem Skript versöhnt, und wenn er davon freigelassen wird, raten sie, diese Freiheit zu genießen und nicht desorientiert und untätig herumzusitzen und auf sein Lebensende zu warten. Auch hier kann ich voll zustimmen: Für den **Handlungstyp** kommt es darauf an, daß er sein Herz sprechen läßt, seinem Gefühl folgt und Sympathie und Freude am Leben erfährt.
Ich vermute, daß diese Empfehlungen auf BERNE zurückgehen. Sie zeigen einmal mehr, wie die intuitiven Erkenntnisse der Transaktionsanalyse mit systematisch gewonnenen übereinstimmen. Doch bei soviel Zustimmung auch einen kritischen Einwand: Menschen sind bekanntlich unterschiedlich stark abhängig von ihren Skripts, viele sind skript-

beeinflußt[1]), manche skriptgeleitet[2]) und einige skriptgetrieben[3]). Besonders bei der Skriptabhängigkeit zweiten und dritten Grades wird der Ausstieg nicht ohne weiteres möglich sein. Die Frage ist nun: Was macht abhängig vom Skript?
Umgangssprachlich ausgedrückt, je gestörter, je weniger entwickelt jemand ist und je härter er spielt, desto destruktiver und beherrschender ist sein Skript. Was ihn abhängig macht, ist also das Maß an Störungen im Persönlichkeitsbereich, an Defiziten im Entwicklungsbereich und an Fehlhaltungen im Zielbereich. Letztere werden beschrieben durch die Rollen im Drama-Dreieck, die Spiele[4]) und die Themen Fremd- oder Selbstbestimmung.
Da alle genannten Ratschläge darauf hinauslaufen, die jeweiligen Schlüsselfähigkeiten zu benützen, setzen sie eigentlich die gesunde, entwickelte und autonome Persönlichkeit voraus. Denn gerade sie zeichnet sich darin aus, daß sie Gebrauch machen kann und Gebrauch macht von ihren Schlüsselfähigkeiten. Die Ratschläge sagen also: Verhalte dich so, wie sich eine gesunde, entwickelte und autonome Persönlichkeit verhalten würde. Dieser Rat ist nicht schlecht, doch damit ist es leider in der Regel nicht getan.
Zudem erwecken die beiden Autoren den Eindruck, ein Skriptmuster aufzugeben sei eine Möglichkeit neben vielen anderen, die Persönlichkeit zu verändern – und, wie schon gesagt, die leichteste. Hier bricht der alte BERNEsche Optimismus bei ihnen durch: »Hast du erst diese Einsicht, so setze dein Erwachsenen-Ich ans Steuer und verhalte dich in einer Weise, die das Muster aufbricht.« Mir scheint, sie haben vergessen, daß die Skriptmuster lediglich die Außenansichten komplexer Zusammenhänge sind.
Was steckt hinter diesen sechs Skriptmustern, warum lebt der **Beziehungstyp** ein *Immer-* oder *Danach-Skript,* warum der **Sachtyp** ein *Niemals-* oder ein *Beinahe-Skript* und der **Handlungstyp** das *Erst-wenn-* oder das *Offenes-Ende-Skript*? Zunächst können wir zweierlei annehmen: Ein Skript ist kein von außen aufgezwungenes Schicksal, sondern selbst inszeniert. Die Kausalität ist auf den Kopf gestellt, nicht »weil sie ein

---

[1]) Skriptabhängigkeit ersten Grades
[2]) Skriptabhängigkeit zweiten Grades
[3]) Skriptabhängigkeit dritten Grades
[4]) Siehe »Der andere«, dort beschrieben als die persönlichkeitsspezifischen Rollen Retter, Opfer und Verfolger bzw. als Macht-, Zuwendungs- und Identitätsspiele.

...-*Skript* leben, sind sie unglücklich, enttäuscht oder verbittert«, sondern »um unglücklich, enttäuscht oder verbittert sein zu können, leben sie ein ...-*Skript*«. Doch welchen Sinn soll das haben, sich unglücklich zu machen, zu enttäuschen und zu verbittern? Was soll daran erstrebenswert sein?

b) Die Abwertung des Lebensglücks

Beginnen wir mit der Analyse des *Immer-* und des *Danach-Skripts*. Wie kann man jemand etwas Schönes verderben, ihn unglücklich machen? Dazu gibt es zwei Möglichkeiten, entweder, indem er das, woran sein Herz hängt, immer und immer wieder tun muß. Das beste Essen schmeckt nicht mehr, die schönste Musik verliert ihren Reiz, wenn man sie täglich vorgesetzt bekommt. Oder wenn er damit rechnen muß, daß dem Schönen jedesmal etwas Schlimmes folgt, so daß er es gar nicht mehr entspannt genießen kann.
Das sind die Funktionen des »Immer-Skripts« und des »Danach-Skripts«, sie werten etwas ab, machen etwas kaputt. Denn auch das Schönste auf der Welt verliert seinen Reiz, wenn man es ständig tun muß, oder es wird einem verleidet, wenn man dafür einen schlimmen Preis bezahlen muß. In der Praxis kann man oft eine Kombination dieser beiden Skripts beobachten: Man bleibt immer noch in einer enttäuschenden Beziehung, obwohl sie vorhersehbar immer belastender werden wird.
Ariadne wird so die Freude an ihrem Sieg genommen, weil sie nun immer spinnen muß, Damokles sein Glück, ein königliches Leben zu führen, verdorben, weil daran die Todesangst geknüpft ist. Im Mythos begegnen wir der gewohnten Abfolge von Ursachen und Wirkungen. Athene ist eine unfaire Verliererin, der König von Theben ein mißgünstiger Gönner. Beide bringen plötzlich Bedingungen ins Spiel, die vorher nicht ausgemacht waren. Ariadne und Damokles sind die Betrogenen.
Im Leben, d.h. im Skriptverhalten, sind Ursache und Wirkung genau umgekehrt. Damit der **Beziehungstyp** sein Leben abwerten kann, verknüpft er es mit dem Fluch des »Immer« oder »Danach«. Es ist das eigene kritisch abwertende Denken und Wahrnehmen, das ihn um sein Lebensglück bringt, Glaubenssätze, die dem Leben mißtrauen.

Doch eigentlich ist die Frage noch nicht beantwortet: Was wird mit dem *Immer-* und dem *Danach-Skript* abgewertet und wozu? Ist es wirklich das Leben und das Lebensglück, oder sind es vielleicht die Träume vom Leben und vom Lebensglück? Das wäre möglicherweise nicht weniger schmerzlich, aber doch gesund, eine Art Ernüchterung. Befragen wir daraufhin die Mythen. Warum meint Ariadne, besser sein zu müssen als Athene, warum meint Damokles, das Leben eines Königs führen zu müssen? Liegt nicht schon darin ihr verzweifeltes Irren: »Ich bin nur liebenswert, wenn ich Athene übertreffe – ich kann nur glücklich sein, wenn ich das Leben eines Königs führe«?
Sich verzweifelt und unglücklich fühlen folgt dann nicht aus dem Skript, sondern verursacht es, ist das, was es in Gang setzt. Dieses Skript zu verwirklichen hätte dann die Aufgabe, verborgenes Leid erfahrbar zu machen, mit den Chancen, aus diesen Erfahrungen zu lernen. Das erklärt, warum das Skript immer wieder und wieder durchgespielt werden muß, mit dem ganzen Unglück und der Verzweiflung, so lange, bis das gelernt worden ist, was zu lernen ist.
Was muß der **Beziehungstyp** lernen? Ariadne: »Ich muß mich nicht mit Athene messen, ich muß nicht besser sein als sie. Ich bin, so wie ich bin, gemocht, liebenswert.« Damokles: »Ich brauche kein tolles, phantastisches Leben zu führen wie der König von Theben. Ich kann in und mit meinem Leben, so wie es ist, glücklich sein.«
Das sind Botschaften, die den Akteur aus dem Zielbereich **Handeln** zunächst einmal zurückholen in den Persönlichkeitsbereich **Beziehung**: »Laß die Macht- und Retterspielchen – bleibe bei dir und fühle dieses Glück.« Sie wenden sich gegen die frühen Störungen und die Fehlhaltungen. Doch will der **Beziehungstyp** das überhaupt, ist sein Skript, das *No-Love-Script* (CLAUDE STEINER) nicht zugleich ein Sehnsucht-nach- und ein Angst-vor-der-Liebe-Skript?
Der Strukturtyp ist hervorgegangen aus einer äußerst schmerzlichen Erfahrung der Entbehrung. Das Kind mußte mit wenig liebevoller, sinnenhaft-geistiger oder energetischer Zuwendung auskommen. Darauf hat es sich eingestellt und sich und sein Leben organisiert, und es will diesen Schmerz nicht noch einmal erleben. Obwohl die Sehnsucht da ist, wird der skriptgebundene **Beziehungstyp** zögern, sich auf Liebe und Glück wirklich einzulassen. Er wird eher damit spielen. Das gebrannte Kind scheut und sucht das Feuer.
Welche Rolle spielt sein nicht verwirklichtes erkenntnisgeleitetes Wer-

tesystem in den beiden Skripts? Bisher sind wir der Frage nachgegangen, *was* durch das *Immer-* und durch das *Danach-Skript* abgewertet wird und wozu. Die Antwort war Liebe und Glück aus Angst, wieder leiden zu müssen. Nun möchte ich der Frage nach dem *Wie* nachgehen: Auf welche Weise wird abgewertet, und wie wird das Skript in Gang gehalten? Die Lösung ist zugleich die Antwort auf die Frage: Was geschieht mit den nicht gelebten Schlüsselfähigkeiten, mit dem nicht verwirklichten Wertesystem?

Das *Immer-* und das *Danach-Skript* des **Beziehungstyps** realisieren sich über die destruktive Seite des Erkenntnis-Ichs, das mißgünstige Wahrnehmen und kritisch-abwertende Denken, und dadurch, daß zuwenig Gebrauch von dessen positiven Fähigkeiten gemacht wird. Begünstigt wird das durch eine irrationale, angespannte und hektische sinnenhaft-geistige Verfassung.

Woher kommt dieses Bedürfnis, sich selbst, andere und das eigene Leben abzuwerten? Es mag mit den Spielneigungen des **Beziehungstyps** zusammenhängen, die früh erfahrene Ablehnung auszuleben und weiterzugeben und eine überlegene Position einzunehmen. Denn eine kritisch-abwertende Haltung wirkt überlegen, und wer »nein« sagen kann, ist in der starken Position.

Doch aus skripttheoretischer Sicht gibt es eine aktuellere Quelle, aus der sich dieses Abwertungsbedürfnis speist. Es sind seine vernachlässigten Schlüsselfähigkeiten, die nicht gelebten Energien des Entwicklungsbereiches, die sich ins Negative verkehren. Dabei handelt es sich beim skriptgebundenen **Beziehungstyp** um sein wenig entwickeltes Erkenntnis-Ich. Was sind das für Energien, und wie werden sie erlebt, wenn sie bewußt realisiert werden? Beobachten, Wahrnehmen, Denken, Erkennen und Bewußtheit sind geistige Energien, Fähigkeiten unseres Erkenntnis-Ichs oder transzendentalen Selbsts.

Das bewußte Sich-Einlassen und Sich-Auseinandersetzen mit der Wirklichkeit ist lustvoll und interessant, vermittelt ein Empfinden von wachem Bei-sich-Sein, von Erfüllung und Begeisterung. Je gesammelter und intensiver das Erkenntnis-Ich gelebt und erlebt wird, desto deutlicher werden das heitere Glück, die ruhige Gelassenheit und das harmonische Einssein mit sich und der Welt wahrgenommen.

Wenn sich jedoch der **Beziehungstyp** in einer kritisch-abwertenden Haltung wiederfindet, so kann er davon ausgehen, daß er jene Fähigkeiten seines Erkenntnis-Ichs vernachlässigt hat. Sie begegnen ihm

nun in lebensverachtendem und -verneinendem Gewand. Die gefühlsmäßige Seite ist Leere, Unruhe, Sinnlosigkeit, innere Zerrissenheit und Verzweiflung. Leben und Welt erscheinen ihm wertlos und schal.
Der **Beziehungstyp** steht immer wieder vor der skriptentscheidenden Alternative: Entweder er verwirklicht seine Schlüsselfähigkeiten, die sinnenhaft-geistigen Energien seines Erkenntnis-Ichs, oder sie verkehren sich ins Negative und mit ihnen die Wahrnehmung der Wirklichkeit. Die gefühlsmäßige Spur zu den verdrängten und verlorengegangenen Energien des Erkenntnis-Ichs ist Angst. Sie zuzulassen und auszuhalten ist für den **Beziehungstyp** heilsam. Er erfährt dann, wie sie sich verwandelt in innere Ruhe und Erfüllung. Und er lernt, in sich zentriert zu sein, loszulassen von seinen unrealistischen Maßstäben und die Wirklichkeit sein lassen zu können, wie sie ist.
Man kann beim **Beziehungstyp** die Qualität der Persönlichkeit und seines Lebens danach beurteilen, ob er ein eher kritisch-abwertendes oder begeistertes Leben führt. In dem Wort »begeistert« steckt das Wort »Geist«, so ist es hier gemeint. Es ist der Weg, neugierig zu sein, sich zu interessieren, auseinanderzusetzen, Fragen zu stellen, Zusammenhänge zu erkennen, sich auf das alltägliche Hier und Jetzt zu konzentrieren, sich zu entspannen und sein Leben bewußt und mit allen Sinnen zu genießen.
Meditative Techniken tun ihm ganz besonders gut, und er sollte auch wissen, daß es eine äußerst lohnende weiterführende Ich-Entwicklung[1] gibt. Eine befreundete Zen-Lehrerin faßte es im Gespräch so zusammen: »Das Geschenk des Satori hat mir dreierlei gegeben: Glück, Freiheit und Durchschauen.«[2]

c) Die Skriptzeiten des Beziehungstyps

Neben dieser eher literarischen Skriptanalyse gibt es auch eine systematische. Sie stützt sich auf die drei Bausteine und den Prozeß, die unsere Persönlichkeit ausmachen, die drei Ichs und ihren unterschiedlichen Stellenwert in diesem Prozeß.

---

[1] Beschrieben in: FRIEDMANN, »Die Entdeckung der eigenen Persönlichkeit«, Teil III
[2] Satori ist die Erfahrung, in der das Selbst sich selbst erkennt, aus unbewußten Abhängigkeiten löst und stabilisiert. Frau OSHIMA hat ihre Erfahrung beschrieben in: YOSHIKO OSHIMA: Zen – anders denken? Lambert Schneider, Heidelberg 1985.

Als ich anfing, das Eltern-Ich *Handlungs-Ich*, das Erwachsenen-Ich *Erkenntnis-Ich* und das Kind-Ich *Beziehungs-Ich* zu nennen, dachte ich, ich hätte nur für meine Zwecke geeignetere Bezeichnungen gewählt. Doch allmählich wurde mir deutlich, daß diese Modelle nicht deckungsgleich sind. So habe ich mir angewöhnt, bei meinem Modell von den drei Ichs zu sprechen, gegenüber den drei Ich-Zuständen des BERNEschen Modells.

Nimmt man sie beim Wort, dann ist in jedem Ich-Zustand das Modell der drei Ichs enthalten und in jedem Ich das Modell der drei Ich-Zustände – also im Eltern-Ich-Zustand ein eigenes Wollen, Denken und Fühlen und im Handlungs-Ich elternhaftes, erwachsenes und kindliches Wollen und Handeln. Das gleiche gilt für die übrigen Ich-Zustände und Ichs.

Und doch wäre es ein Mißverständnis dem BERNEschen Modell gegenüber, es auf das Eltern-, Erwachsenen- und Kindhafte zu beschränken. Das beschreibt nur seine Oberflächenstruktur und würde in keiner Weise rechtfertigen, daß es drei und nur drei Ich-Zustände oder Ichs gibt. In seiner Tiefenstruktur meint es schon immer das, was ich mit den drei Ichs beschreibe, das Handlungs-, Erkenntnis- und Beziehungs-Ich.

Die eher umgangssprachlichen Bezeichnungen BERNEs haben sicher zur raschen weltweiten Verbreitung seines Modells beigetragen. Doch zugleich haben sie dazu geführt, daß die Erforschung der drei Ichs auf eine falsche Fährte gesetzt wurde und in ihren Oberflächenstrukturen hängengeblieben ist: Man hat nur ihren psychotherapeutischen Aspekt gesehen und nicht den viel grundlegenderen ontischen.

In Band 2 habe ich beschrieben, daß in den drei Lebensbereichen ein unterschiedliches Zeiterleben vorherrscht. Das gilt auch für die ihnen entsprechenden Ichs. Für den Bereich **Beziehung** und das Beziehungs-Ich ist es die erlebte Zeit, für den Bereich **Erkennen** und das Erkenntnis-Ich gemessene Zeit und für den Bereich **Handeln** und das Handlungs-Ich verfügbare Zeit[1]. Doch was damit zusammenhängt und noch viel aufschlußreicher ist: man kann den drei Ichs die drei Zeitdimensionen Gegenwart, Vergangenheit und Zukunft zuordnen.

Die erlebte Zeit des Bereiches **Beziehung** und des Beziehungs-Ichs ist

---

[1] Bd. 2, S. 25. Die Eigengesetzlichkeit der drei Lebensbereiche und ihre psychologische Entsprechung

gegenwärtige Zeit. Sie wird als intensiv verdichtetes Zeiterleben genossen oder als Langeweile verabscheut. Liebe und Sympathie sind gegenwärtige Gefühle, sind erfüllte Gegenwart. D.h., dem Beziehungserleben und Beziehungs-Ich gehört die Gegenwart. Wenn das Beziehungs-Ich sagt: »Ich liebe dich!«, so meint es, jetzt, in diesem Augenblick. Da es nur das Jetzt kennt, bedeutet die Aussage: »Ich werde dich immer lieben, in alle Ewigkeit!« nur, daß das jetzt ein sehr intensives Gefühl ist.

Erkennen bezieht sich immer auf etwas, was schon da ist, seit längerer oder kürzerer Zeit. Was noch nicht da ist, kann ich nicht wahrnehmen und erkennen. Auch das Material von Zukunftsvisionen ist Vergangenheit. Ich erinnere mich an gezeichnete Zukunftsbilder in einer Jugendzeitschrift der dreißiger Jahre. Ich bekam sie ein oder zwei Jahrzehnte später in die Hand und war erstaunt darüber, wie sehr doch die Autoren ihrem Zeitdenken und -wissen verhaftet geblieben sind und wie die Welt sich ganz anders, auf eine für sie unvorstellbare und unvorhersehbare Weise entwickelt hat.

Wenn ich mich informiere, Nachrichten höre, Zeitung lese, erfahre ich immer Vergangenes. Auch das, was ich mit den Sinnen wahrnehme, ist immer Gewordenes, etwas, was aus der Vergangenheit hereinragt in die Gegenwart, sie berührt, aber nie ganz erreicht. Inbegriff dafür ist die Wahrnehmung des eigenen Körpers. Selbst das, was ich jetzt vor mir sehe oder jetzt höre, gehört, bis es bei mir angekommen und bewußt geworden ist, schon der Vergangenheit an – mögen es auch nur Bruchteile von Sekunden sein.

Wenn ich etwas will, so heißt das, daß ich es noch nicht besitze oder noch nicht realisiert habe. Wollen und Handeln und damit auch das Handlungs-Ich beziehen sich auf die Zeitdimension der Zukunft. Wollen heißt verändern, gestalten wollen. Was vergangen ist, kann ich nicht mehr verändern, auch nicht, was gegenwärtig ist, das muß ich erst einmal annehmen, so, wie es ist.[1]

Das Wollen scheint einen wirklichen Zugang zur Zeitdimension Zukunft zu haben. Denn die Erfahrung zeigt, daß das, was wir wollen, sich verwirklicht, teils durch unser direktes Zutun, aber meist auch mit Hilfe der »Umstände«. Ich bin sicher, daß unser Wollen zukünftiges Geschehen mitgestaltet. Wenn das dem Verstand unverständlich er-

---

[1] Siehe Kap. 4, Der Handlungskreis.

scheint, so deshalb, weil ihm die Zukunft verschlossen bleibt, er kann den Willen nicht begleiten.
Welche Konsequenzen hat dies nun für die Analyse von Skripts? Das *Immer-* und das *Danach-Skript* sind Fixierungen auf das Beziehungsthema. Die bevorzugte Zeitdimension des Beziehungs-Ichs ist die Gegenwart. Diese Beziehungs-Gegenwart wird vom skriptgebundenen Beziehungstyp wenig genossen. Es fehlt ihm die emotionale Sicherheit »Ich werde gemocht und geliebt!«. So streßt er sich mit seinem Antreiberverhalten »Sei stark!« und »Mach's anderen recht!«.
Die psychoanalytische Sichtweise legt nahe, daß es darauf ankomme, sich mit der Vergangenheit zu versöhnen, die unerledigten Geschäfte abzuschließen und frei zu werden für Gegenwart und Zukunft. Das ist richtig für den **Sachtyp**, und es ist in diesem Zusammenhang sicher kein Zufall, daß FREUD vermutlich ein **Sachtyp** war. Für den **Beziehungstyp** kommt es nun überraschenderweise darauf an, sich mit dem Gegenwärtigen zu versöhnen, damit seinen Frieden zu machen, es zu akzeptieren und es so lassen zu können, wie es ist.
Sonst lebt er zwar ein gegenwärtiges Leben, doch angespannt und hektisch: »Ich muß besser sein als alle anderen!«, »Alle müssen mich gerne haben!« Er kann es nicht vertrauensvoll annehmen und sich darauf einlassen. Statt dessen dramatisiert er es, unterdrückt oder übertreibt seine gefühlsmäßigen Reaktionen auf das, was er erlebt, und kann seine liebevollen Gefühle nicht wahrnehmen.
Bezahlt wird in beiden Skripts danach, Ariadne zahlt für ihren Sieg, Damokles für sein Königsein. Das Danach ist die Zeitdimension der Zukunft. Sie bestimmt das Handlungs-Ich. Das macht auch klar, womit bezahlt wird, was der Preis ist: Es ist das eigene Wollen. D.h., skriptgebundene **Beziehungstypen** verhalten sich angepaßt, gestalten ihr Leben nicht nach den eigenen Bedürfnissen, sondern nach dem, was sie annehmen, daß es anderen gefällt.
Doch es fällt bei ihnen wenig auf, da sie sich an die Erwartungen der anderen und an das Gegenwärtige gekonnt anpassen, an das, was zeitgemäß und in ihren Kreisen »in« ist. Sie sind mit ihrer Anpassung auf dem laufenden. Doch sie ist deshalb, wie alles Angepaßte, Nicht-Schöpferische, nicht weniger steril. Der Skriptpreis wird in meinem Modell Fremdbestimmung genannt. Der **Beziehungstyp** handelt nicht nach seinen eigenen Bedürfnissen, sondern übernimmt die Maßstäbe und Erwartungen der anderen oder was er dafür hält.

Und die fehlende Zeitdimension ist die Vergangenheit, die hauptsächliche Dimension des Erkenntnis-Ichs. Dadurch lernt der skriptgebundene **Beziehungstyp** nicht aus seinen Erfahrungen, und es fehlen ihm die Wurzeln, das Gewachsene. Statt einen eigenen Stil zu entwickeln, gestaltet er sein Leben nach dekorativen Gesichtspunkten: Was kommt gut an? Dadurch haben seine Lebensgestaltung und seine Lebensäußerungen oft etwas Künstliches. Er lebt zwar sehr gegenwärtig, aber auf eine etwas abgehobene und oberflächliche Weise.

Das erklärt, warum der **Beziehungstyp 1** nicht aus schlechten Erfahrungen lernt und beispielsweise an einer destruktiven Beziehung, in der er nur ausgenützt wird, festhält. Umgekehrt lernt der **Beziehungstyp 2** nicht aus guten Erfahrungen. Zwar hat er oft genug erlebt, daß aus etwas Schönem wieder etwas Schönes hervorgeht, doch er hält daran fest, daß etwas Schlimmes folgen müsse. So schwanken sie beide zwischen Erlösungshoffnungen und den Erwartungen, weiter oder danach bezahlen zu müssen.

Zu Beginn dieses Kapitels wurde deutlich, daß die Alternative zum Skript die Verwirklichung der Schlüsselfähigkeiten ist. Das ist richtig, doch es berücksichtigt nicht den Prozeß, der die Persönlichkeit ausmacht. Der Einstieg ins Skript erfolgt über den Persönlichkeits-, nicht über den Entwicklungsbereich. Dort entscheidet sich, ob jemand seinen Antreibern folgt oder seinen natürlichen Impulsen.

Für den **Beziehungstyp** heißt das, daß er statt dem *Sei stark!* und dem *Mach's anderen recht!* seinem Gefühl und Gespür vertraut und bei sich selbst bleibt. Dann ist der Weg für ihn frei, seine Schlüsselfähigkeiten im Erkenntnis-Ich zu entfalten und hineinzugehen in die Sinne und das Denken.

Da sich im Persönlichkeitsbereich immer wieder die frühkindlichen Störungen bemerkbar machen, beim **Beziehungstyp** »Ich bin unerwünscht; ich werde nicht geliebt«, sollte er dem gegensteuern und sich immer wieder klarmachen, daß er lebendig ist, d.h., daß er Leben und Lebensenergie in sich spürt und daß er liebenswert ist. Dann kann er seiner Neugierde, seinem Interesse folgen und klar, konsequent und alternativ denken. Das bedeutet für ihn, daß er nicht nur Erfahrungen macht, sondern auch daraus lernt. Was die Zukunft anbelangt, sollte er sich ein positives Denken, eine positive Erwartungshaltung angewöhnen. Und es sich erlauben, sein Leben nach seinem eigenen Willen zu gestalten. Nur dadurch kann er ein schöpferisches Leben führen.

	Beziehungstyp	Sachtyp	Handlungstyp
Fixierung auf leidvoll erlebte Zeitdimension	Gegenwart »Ich werde nicht gemocht, geliebt.«	Vergangenheit »Ich bin häßlich, uninteressant.«	Zukunft »Ich habe Angst, etwas falsch zu machen, ich darf nicht…!«
Persönlichkeitsbereich:	Beziehungs-Ich	Erkenntnis-Ich	Handlungs-Ich
vernachlässigte Zeitdimension	*wenig Gestern*	*wenig Morgen*	*wenig Jetzt*
Entwicklungsbereich:	Erkenntnis-Ich	Handlungs-Ich	Beziehungs-Ich
Folgen	lernt nicht aus Erfahrungen	hat keine Ziele, keine Hoffnungen	versäumt das Jetzt, das lebendige Leben
Lebensgestaltung	nicht gewachsen, künstlich, dekorativ, Traumwelt	anspruchslos, ziellos, Opfer bringen	konventionell, ordentlich, Pflichterfüllung
preisgegebene Zeitdimension (Skriptpreis, Fremdbestimmung)	danach bezahlen mit *eigenem* Wollen	jetzt bezahlen mit *eigenem* Fühlen	schon bezahlt mit *eigenem* Denken
Zielbereich:	Handlungs-Ich	Beziehungs-Ich	Erkenntnis-Ich

Skriptzeiten

d) Häßlichkeit und Bedrückung

Was sind die Folgen, wenn ein **Sachtyp** wichtige Lebensziele »niemals« oder nur »beinahe« erreicht, das heißt immer kurz vor dem Ziel scheitert? Das ist entmutigend und deprimierend. Beide, das *Niemals*- und das *Beinahe-Skript*, haben die Funktion, depressiv zu machen und das Leben zu verdüstern. Er wird unzufrieden sein und in sich und gegen sich gerichtete Wut ansammeln. Denn nie das zu bekommen, was man sich am meisten wünscht, oder immer wieder kurz vor dem Erreichen des Zieles zu scheitern ist äußerst enttäuschend und ärgerlich. Auch hier sind gegenüber dem Mythos Ursache und Wirkung zu vertauschen. Im Skript sind wir selbst Autor, Regisseur und Schauspieler, auch dann, wenn wir einiges davon bewußt nicht mitkriegen. Hier gibt Tantalus selbst die Regieanweisung, daß das Wasser zurückweicht, wenn er trinken, die Früchte ausweichen, wenn er zugreifen will. Oder Sisyphos läßt im entscheidenden Moment den Felsbrocken aus seinen Händen gleiten. Unbewußt frustrieren, quälen und deprimieren sie sich selbst bzw. bringen sich in eine Situation, die eben dazu führt.

Das *Niemals-* und das *Beinahe-Skript* des **Sachtyps** dürften sich auf zwischenmenschliches, auf erotisches und sexuelles Verhalten beziehen.[1] Der dürstende und hungernde Tantalus, der seine Bedürfnisse nicht befriedigen kann, weil sich ihm die Objekte seines Begehrens entziehen. Die verlockenden Früchte erinnern an jenen Typ Frau und Mann, der mehr verspricht, als er zu halten bereit ist, für den das Frustrieren des anderen ein lustvolles Spiel ist. Und der schwitzende Sisyphos erinnert an jemand, der sich angestrengt um den anderen bemüht – und damit in der Regel wenig attraktiv wirkt.

Auch hier ist die Enttäuschung letztlich nicht Folge des Skriptverhaltens, sondern liegt dem zugrunde. Das Skript wird inszeniert, um die Enttäuschung ans Licht zu bringen. Doch worüber sind Tantalus und Sisyphos ursprünglich enttäuscht, worüber täuschen sie sich selbst? Was müssen sie lernen? Die Geschichte von Tantalus spielt sich auf der sinnenhaften Ebene ab. Er setzt den Göttern ein ekelhaftes Mahl vor und wird dafür bestraft, so daß ihm die verlockenden Früchte unzugänglich bleiben. Das Hochwälzen des Felsbrockens durch Sisyphos erinnert an das endlose Grau-in-Grau des grüblerischen Denkens. Tantalus müßte aufhören, das Schöne nur projiziert wahrzunehmen, und entdecken, daß er selbst schön, daß er attraktiv ist und gefällt. Schönheit erleben ist Ausdruck des Erkenntnis-Ichs auf der sinnenhaf-

---

[1] WOOLLAMS und BROWN weisen in ihren Beispielen S. 232/233, »Transactional Analysis«, auch darauf hin.

ten Ebene. Sisyphos müßte erkennen, daß er klug ist und andere begeistern kann. Weisheit und Begeisterung sind der Ausdruck des Erkenntnis-Ichs auf der denkerischen Ebene. Dieses Entdecken heißt zugleich es werden und es anderen vermitteln.

Häufig vernachlässigen **Sachtypen** ihr Äußeres und verunstalten ihre Figur. Oder sie reden zu lange oder am Thema vorbei. Damit langweilen sie andere oder stoßen sie vor den Kopf und geben so ihre eigentliche Qualität preis, Schönheit und Begeisterung. Skriptgebundene **Sachtypen** verbreiten um sich eine Atmosphäre der Häßlichkeit und Entmutigung.

Der Einstieg ins *Niemals-* und *Beinahe-Skript* erfolgt also im Persönlichkeitsbereich des **Sachtyps**, dem Erkenntnis-Ich. Aus einem inneren oder äußeren Anlaß werden die frühen destruktiven Botschaften reaktiviert: »Denke nicht!« oder »Sei nicht du selbst!« Das sind Themen des Erkenntnis-Ichs. Sie werden ergänzt durch Einschränkungen der Sinne, der visuellen und der geistigen Fähigkeiten: »Sei nicht konzentriert, gesammelt und entspannt!«

KAHLER dagegen meint, daß der Einstieg über die Antreiber erfolge. In diesem Fall wäre es der Antreiber »Streng dich an!«, der, wie ich immer wieder betont habe, sich besonders auf das Wahrnehmen und Denken bezieht, auf das angestrengte Sehen, Hören und Denken. Die Antreiber wirken sich so aus, daß sie die Aufmerksamkeit auf den Persönlichkeitsbereich fixieren, dort Streß erzeugen und damit den Energiefluß blockieren.

Und sie unterdrücken die natürliche Spontaneität des Persönlichkeitsbereiches, ersetzen etwa die intuitiven Fähigkeiten des Erkenntnis-Ichs durch angespanntes, grüblerisches Nachdenken. Wenn es bei Belastungssituationen zu Black-outs im Denken kommt, könnte dies die Folge einer krampfartigen Anspannung durch den Antreiber »Streng dich an!« oder der Botschaft »Denke nicht!« sein.

Es ist vermutlich wie bei der Henne und dem Ei. Es spielt keine Rolle, was vorher da war. Denn beide, die frühen destruktiven Botschaften und die Antreiber, spielen zusammen und ergänzen sich. Man könnte auch so sagen: Während die destruktiven Botschaften die Flüche direkt aussprechen – gefühlsmäßig (gegenüber dem **Beziehungstyp**): »Ich will dich nicht haben! Ich hasse dich!« – sinnenhaft-geistig (gegenüber dem **Sachtyp**): »Du bist mir widerlich. Ich will dich nicht sehen, nicht hören, nicht über dich nachdenken!« – willensmäßig (gegenüber dem

Handlungstyp): »Du bist ein böses Kind! Wehe, wenn du noch einmal..., dann...!« – und das Kind schädigen in seinen emotionalen, sinnenhaft-geistigen und energetischen Fähigkeiten, sind die Antreiber Verführungen oder Täuschungen, die indirekt auf das gleiche hinauslaufen.

Die Antreiber *Sei stark!* und *Mach's anderen recht!* (des **Beziehungstyps**) heißen im Klartext: »Vertraue nicht deinen eigenen Bedürfnissen und Gefühlen, folge ihnen nicht! Übergehe sie und richte dich nach den Gefühlen der anderen!« Das mindert das Selbstvertrauen und verstärkt das No-Love-Script, das »Ich bin nicht liebenswert!« des **Beziehungstyps**.

Der Antreiber *Streng dich an!* (des **Sachtyps**) heißt: »Sehe, spüre, denke nicht das, was für dich wesentlich ist, sondern enge deine Wahrnehmung und dein Denken ein und beschäftige sie mit für dich unwesentlichen Dingen!« Das schwächt seine Selbstachtung und sein Selbstbewußtsein und verstärkt das No-Mind-Script, das »Ich bin häßlich, ich bin uninteressant!« des **Sachtyps**.

Und der Antreiber *Sei perfekt!* (des **Handlungstyps**) heißt: »Entfalte dich nicht frei, mach nicht das, was du willst, sondern beschäftige dich mit Nebensächlichkeiten!« Das untergräbt sein Selbstwertgefühl, verstärkt das No-Joy-Script, das Rechts-, Ordnungs- und Sauberkeits-Syndrom des **Handlungstyps**.

Umgekehrt, wenn ein **Beziehungstyp** sich liebenswert und gemocht, ein **Sachtyp** sich attraktiv und anerkannt und ein **Handlungstyp** sich erlaubend und fürsorglich fühlen, sind sie weitgehend immun gegen ihre Antreiber und können frei verfügen über ihre spontanen, intuitiven und kreativen Fähigkeiten. Dann ist der Weg auch offen zu ihren Schlüsselfähigkeiten. Sie können sie in ihrem Leben verwirklichen und sich damit gegen das Skript immunisieren.

Nachdem der Einstieg ins Skript geklärt ist, stellt sich nun die Frage: Wie werden das *Niemals-* und das *Beinahe-Skript* des **Sachtyps** in Gang gehalten? Die Antwort ist die gleiche wie beim **Beziehungstyp**: durch den Mangel und durch die ins Negative gekehrten Energien des Entwicklungsbereiches, also beim **Sachtyp** durch zuwenig und durch destruktive Fähigkeiten des Handlungs-Ichs. Sie schlagen zurück auf seinen Persönlichkeitsbereich Erkenntnis-Ich und unterdrücken seine positive Ausstrahlung, Schönheit und Begeisterung.

Die ständigen Versagungen, die Tantalus, das sich wiederholende Versagen, das Sisyphos erfährt, müßten zunächst einmal wütend machen. Gewöhnlich ist Wut etwas Konstruktives, denn sie hilft, Kräfte zu mobilisieren und Hindernisse zu überwinden. Doch Tantalus und Sisyphos scheinen sehr darauf zu achten, ruhig und gelassen zu bleiben. Und sie machen, trotz ihrer Enttäuschungen, einen harmonischen, gutmütigen, geduldigen und friedfertigen Eindruck – von seltenen cholerischen Wutausbrüchen abgesehen. Ein übergroßes Harmoniebedürfnis oder die Angst vor der Übermacht der Götter läßt sie ihre Wut hinunterschlucken, besänftigen und in Schach halten.

Doch das ist ein Teufelskreis. Genau diese nicht gelebte Wut gibt den »Göttern« ihre bedrohliche Übermacht, führt zu dem, wie es in der Literatur heißt, dämonischen Erleben des **Sachtyps**. Die eigenen nicht gelebten Energien seines Entwicklungsbereiches Handeln, die Willens-, Entscheidungs- und Tatkraft, seine Verantwortlichkeit und Fürsorglichkeit verkehren sich in gegenteilige Energien, die ihn jetzt quälen, bedrohen und bedrücken.

Und das Gefühl, hoffnungslos unterlegen, abhängig und ausgeliefert zu sein, führt zu seinem resignativen und passiv-aggressiven Verhalten. So verkehren sich seine Schlüsselfähigkeiten in Depressionen und Zerstörungswut. Die gefühlsmäßige Seite ist Angst. Das Kraftvolle wendet sich gegen ihn.

Der **Sachtyp** steht in seiner Skriptentscheidung immer wieder vor der Wahl, entweder ein kraftvolles Leben zu führen oder ein depressives bzw. verdeckt-aggressives. Letzteres bezeichnet man auch als psychopathisch. Der Psychopath empfindet selbst wenig Leidensdruck, gibt ihn aber ständig an andere weiter. In abgeschwächterer Form ist der skriptgebundene **Sachtyp** wenig sensibel für gefühlsmäßige Zwischentöne.

Der gefühlsmäßige Zugang zu seinen verdrängten Energien ist Wut. In der Therapie kommt es deshalb darauf an, daß der **Sachtyp** lernt, seine Wut zu spüren und herauszulassen. Man kann den Stand der Persönlichkeitsentwicklung und die Lebensqualität eines Sachtyps daran messen, wieweit er das Kraftvolle seines Handlungs-Ichs verwirklicht hat, ob er weiß, was er will, dazu steht, sich einsetzt und sich auch um andere kümmert.

e) Die Skriptzeiten des Sachtyps

Das *Niemals-* und das *Beinahe-Skript* sind Fixierungen auf das Erkenntnis-Ich und den Bereich Erkennen. Die bevorzugte Zeitdimension des Erkenntnis-Ichs ist die Vergangenheit. Freilich neigt der **Sachtyp** dazu, mehr über das nachzudenken, was schiefgelaufen ist oder was er versäumt hat und warum ihm dieses und jenes mißlungen ist, als über seine Erfolge.
Dieses Warum-Fragen hat sich für die Psychotherapie als unfruchtbar und als Sackgasse erwiesen. Denn es setzt eine Ursache oder einen Verursacher voraus. Der **Sachtyp** kommt dann in der Regel zu dem Schluß, daß er eben wieder einmal Pech gehabt oder versagt habe. Und er bestätigt sich seine Einschärfungen »Schaff es nicht!« und »Sei nicht du selbst!« und seinen Antreiber »Streng dich an!«.
Der **Sachtyp** bezahlt mit dem *Niemals-* und dem *Beinahe-Skript* jetzt, nicht danach wie der **Beziehungstyp**. Er opfert die Gegenwart. Deshalb ist sein Leben eher freud- und farblos. Es ist so, als ob er mit seinen Opferspielen den Groll der mächtigen Götter beschwichtigen oder nicht auf sich lenken wolle. Er lebt vorsichtig, unauffällig, paßt sich an, weicht aus, versteckt sich, macht sich gewissermaßen unsichtbar. Die Gegenwart ist die Zeitdimension des Beziehungs-Ichs. Das macht deutlich, was er opfert. Es ist sein Herz, seine Art zu lieben. Fremdbestimmung heißt für ihn, daß er seine gefühlsmäßigen Neigungen übergeht und sich statt dessen nach den Gefühlen der anderen richtet.
Die fehlende Zeitdimension ist die Zukunft als hauptsächliche Dimension des Handlungs-Ichs. Dadurch fehlen dem **Sachtyp** motivierende Zielsetzungen und ihn beflügelnde Hoffnungen. Das wirkt lähmend auf seine Energien und macht ihn unzufrieden. Es sind dann andere, die ihn vor ihren Karren spannen, um mit seiner Hilfe ihre Ziele zu erreichen. Wenn er es merkt, bricht er aus. Doch er steht dann selbst mit leeren Händen da.
Wie STEWART und JOINES zeigten, sind die Alternativen zum *Niemals-* und zum *Beinahe-Skript* Entscheiden, Wollen, Tun und konsequentes Zu-Ende-Führen. Das sind die Schlüsselfähigkeiten seines Entwicklungsbereiches Handlungs-Ich. Doch der Ausstieg erfolgt besser früher, im Persönlichkeitsbereich. Für den **Sachtyp** gilt es, Ballast abzuwerfen: sich mit dem Vergangenen versöhnen, es positiv sehen und damit einen Schlußstrich ziehen. Das macht ihn frei, die Zukunft zu ge-

	Beziehungstyp	Sachtyp	Handlungstyp
Alternativen im Persönlichkeitsbereich	emotionale Zuwendung (B-I): »Ich werde gemocht.« »Ich bin liebenswert.«	sinnenhaft-geistige Zuwendung (E-I): »Ich bin attraktiv.« »Ich bin interessant.«	wertschätzende-erlaubende Zuwendung (H-I): »Ich bin wertvoll und frei zu tun, was ich will.«
Aufgabe der Antreiber	*Sei stark! Mach's anderen recht!*	*Streng dich an! Sei vorsichtig!*	*Sei wie die anderen! Sei perfekt!*
Zeitdimension	*Gegenwart* sich vertrauensvoll einlassen	*Vergangenheit* selbstbewußt daraus lernen	*Zukunft* zuversichtlich gestalten
Ist der Übergang in den Entwicklungsbereich offen?	Neugierde? Interesse? Bereitschaft zu klarem, konsequentem, alternativem Denken?	Wollen? Engagement? Bereitschaft, sich zu entscheiden, fürsorglich, verantwortlich zu sein?	Gefühle? Bereitschaft zu trauern, zu liebevoller Haltung, sich am Leben zu erfreuen?
Entwicklungsbereich Zeitdimension	Erkenntnis-Ich *Vergangenheit* – aus Erfahrung lernen	Handlungs-Ich *Zukunft* – sich Ziele setzen und handeln	Beziehungs-Ich *Gegenwart* – sich am Hier und Jetzt erfreuen
Zielbereich	Handlungs-Ich	Beziehungs-Ich	Erkenntnis-Ich
Zeitdimension	*Zukunft*	*Gegenwart*	*Vergangenheit*
Selbstbestimmung	»Ich darf *selbst* wollen.«	»Ich darf *selbst* lieben.«	»Ich darf *selbst* denken.«

Skriptzeiten, Alternativen

stalten und die Gegenwart zu lieben, die *er* möchte. Dieses Erbe der Vergangenheit verdichtet sich in seiner eigenen körperlichen Existenz. »Ich bin attraktiv, sehe gut aus, bin schön, gefalle!« – das befreit ihn auf der sinnenhaften Ebene, »Ich bin klug, überzeugend, interessant!« – das befreit ihn auf der geistigen Ebene. Es beseitigt die Selbstzweifel und die negativen Fixierungen auf den Persönlichkeitsbereich, erlaubt ihm, weiterzugehen, hinein in den Entwicklungsbereich mit seinen energetischen Fähigkeiten des Wollens und Tuns, und ermöglicht ihm, seine Liebesfähigkeit im Zielbereich zu entfalten.

f) Der Verlust der Schaffensfreude

Was sind die Folgen, wenn ein **Handlungstyp** seinem *Erst-wenn-* oder seinem *Offenes-Ende-Skript* folgt, nur seinen Pflichten lebt und nur die Arbeit kennt? Das Leben und die Lebensfreude gehen an ihm vorüber, werden ihm fremd. Um nicht neidisch zu werden, muß er sie entwerten, als leichtfertig oder unmoralisch abtun. Seine Erlebnisfähigkeit wird abstumpfen, es wird langweilig und öde in seinem Innern. Und er wird dem Lebendigen gegenüber immer mehr Mißtrauen entwickeln. Im Mythos kommt Herakles vor lauter Arbeit nicht dazu zu leben. Im Skriptverhalten sorgt umgekehrt der **Handlungstyp** dafür, daß er immer genügend Arbeit hat, um dem Leben ausweichen und sein Mißtrauen ihm gegenüber bestärken zu können. Doch ist es wirklich das Leben, das er meidet? Eigentlich kennt er es ja noch gar nicht. Es sind eher seine Vorstellungen oder auch Vorurteile dem Leben gegenüber. Er hat gelernt und meint, daß es so und so funktionieren müsse. Und er vermutet zu Recht, daß es sich nicht nach diesen seinen Regeln richtet, sondern seinen eigenen Gesetzen gehorcht.

Er will es richtig machen, ordentlich, fehlerfrei, doch das Leben erwartet von ihm, daß er sich spontan verhält, lebendig und einfühlsam. Das paßt nicht zusammen, und das Leben wird sich ihm verschließen. Er wird befremdet reagieren, denn er hat sich doch »wie es sich gehört« verhalten, und wird noch mehr darauf achten, korrekt und fehlerfrei vorzugehen. Doch das Leben reagiert unbestechlich, es wird ihn weiterhin auf seine Weise einladen und frustrieren, wenn er ihm seinen Willen aufzwingen will. Und er wird mit immer stärkeren Vorbehalten und mit Verbitterung darauf reagieren.

Das wird so lange so weitergehen, bis sich der **Handlungstyp** von seinem regelhaften Denken befreit: »Ich bin o.k., auch wenn ich Fehler mache.« PERLS erzählt [1]: »Neulich hatte ich ein Gespräch mit einer Freundin. Ich sagte zu ihr: ›Bitteschön, bring *das* in deinen Schädel hinein: Fehler sind keine Sünden‹, und sie war nicht halb so erleichtert, wie ich gedacht hatte. Dann sah ich ein: Wenn Fehler keine Sünden mehr sind, wie kann sie dann noch andere züchtigen, die Fehler machen?« PERLS war nach meiner Einschätzung ein **Handlungstyp**. Daraus ergeben sich zweierlei Konsequenzen. Einmal ist das, was er schreibt, für **Handlungstypen** goldrichtig. Zum anderen kann man, wenn man nicht **Handlungstyp** ist, daraus lernen, wie **Handlungstypen** erleben, was ihnen wertvoll ist und therapeutisch weiterhilft. Es zeigt aber auch, daß die bisherige Psychotherapie fast immer die Therapie des eigenen Persönlichkeitstyps war. Das schränkt natürlich ihre Effektivität erheblich ein.

Das tragische Entweder-Oder der Handlungstyp-Helden ist in der Regel, dem Gesetz oder dem eigenen Gewissen zu gehorchen – meist ist beides nicht besonders erfreulich. Für Herakles war es die Wahl, seinem eigenen Pflichtgefühl zu folgen oder sich in den Dienst seines königlichen Vetters zu stellen. Was sollte er tun? Er kommt nicht darauf, daß die Lösung in eine andere Richtung geht, nämlich seinem Gefühl zu folgen. »Liebe – und tu, was du willst.« Dieser aus dem Mund eines der Kirchenväter erstaunliche Satz meint das gleiche.

In der Realität ist es wiederum umgekehrt. Die Verbitterung darüber, seinen Bedürfnissen nicht folgen zu dürfen, nicht tun zu dürfen, was er will, ist *die* Urerfahrung des **Handlungstyps**. Deshalb hat das Skript auch den Sinn, sie wieder zu erleben und damit wieder zugänglich zu machen. Damit hat er ständig die Chance, sich seines merkwürdigen Verhaltens bewußt zu werden und sich zu fragen, ob wirklich das der Sinn des Lebens ist, Pflichten zu erledigen und die eigenen Bedürfnisse zu unterdrücken.

Auf welche Weise werden das *Erst-wenn-* und das *Offenes-Ende-Skript* des **Handlungstyps** in Gang gehalten? Sie realisieren sich über den Mangel und die ins Negative verwandelten Energien des Beziehungs-Ichs. Aus Lebendigsein wird Strenge, aus Spontaneität wird Disziplin, das Spielerische verwandelt sich in Gehorsam und Pflichterfüllung,

---

[1] FREDERICK S. PERLS: Gestalt-Therapie in Aktion, Stuttgart 1976, S. 27

Freude, Spaß und Vergnügen gelten als liederlich und sündhaft, Unbekümmertsein als leichtfertig, Lachen als ungehörig, Sexualität als schmutzig, Nichtstun als Faulenzen, aus Sympathie wird Vorurteil, aus Liebe wird Abneigung. Die ins Negative gekehrten Energien seines Entwicklungsbereiches schlagen zurück auf den Persönlichkeitsbereich und nehmen ihm seine Freude am Handeln.

Die Persönlichkeitsentwicklung des **Handlungstyps** und die Qualität seines gelebten Lebens zeigen sich daran, wie vertrauensvoll er damit umgeht, wieviel Liebe und Freude er darin findet. Entwickelte **Handlungstypen** haben Sinn für Humor und lachen gerne und herzlich. Sie sind locker, kameradschaftlich und voll Mitgefühl. Sich selbst und anderen gegenüber verhalten sie sich erlaubend. Und sie verwirklichen ihre Bedürfnisse konstruktiv und ohne über die Stränge schlagen zu müssen.

g) Die Skriptzeiten des Handlungstyps

Das *Erst-wenn-* und das *Offenes-Ende-Skript* sind eine Fixierung auf das Handlungs-Ich und den Bereich **Handeln**. Die thematisch bevorzugte Zeit ist die Zukunft. So merkwürdig es klingt, der **Handlungstyp** muß lernen, sich mit der Zukunft zu versöhnen, mit ihr seinen Frieden zu machen. Damit muß er ins reine kommen, dieses Thema abschließen, damit er sich auf das Jetzt einlassen kann. Doch er tut sich schwer, sich nicht ständig über die Zukunft Gedanken zu machen, sie zu verplanen und sich abzusichern.

Bezahlt wurde in beiden Skripts vorweg, d.h. in der Vergangenheit. Die Vergangenheit ist die Zeitdimension des Erkenntnis-Ichs, d.h., der skriptgebundene **Handlungstyp** bezahlt mit dem eigenen Denken. Statt dessen denkt er, wie man denkt. Oder er läßt sich das Denken abnehmen von der Institution, der er sich zugehörig fühlt, z.B. einer Kirche, einer Partei oder einem Unternehmen mit einer eigenen Firmenphilosophie. Das mag ein wesentlicher Grund dafür sein, daß Handlungstypen oft herkömmlich, konservativ oder gar reaktionär denken. Es ist ihre Art, sich fremd zu bestimmen.

Die fehlende Zeitdimension ist die Gegenwart, die hauptsächliche Dimension des Beziehungs-Ichs. Dadurch versäumt er das Jetzt, die Freude am und die Liebe zum Leben, zu den Menschen, den Geschöpfen und zur Natur. Statt dessen zwingt er sein Leben in das Prokrustesbett der Pflichterfüllung. Dann wehrt sich nicht selten das eingezwängte Leben mit einer schweren psychosomatischen Krankheit. Menschen, die ihr ganzes Leben lang gesund waren, erkranken dann plötzlich an Krebs oder erleiden einen Herzinfarkt.

Der Ausstieg aus dem *Erst-wenn-* und dem *Offenes-Ende-Skript* erfolgt wieder im Persönlichkeitsbereich, indem der Antreiber »Sei perfekt!« aufgegeben wird und er sich die Erlaubnisse gibt: »Ich bin o.k. – auch wenn ich einen Fehler mache. Ich bin frei, das zu tun, was ich möchte.« Hier, im Handlungs-Ich, geht es um die Zeitdimension der Zukunft. PERLS sagt dazu: »Es scheint unglaublich, daß wir ohne Ziele leben können, ohne uns Sorgen um die Zukunft zu machen, daß wir offen und bereit sein können für das, was kommen mag... Wir wandeln lieber als halbe Leichen über die Erde, als daß wir in Gefahr leben und erkennen, daß das Leben in der Gefahr viel sicherer ist als dieses Versicherungsdasein aus Sicherheit und Nichts-Riskieren, für das sich die meisten von uns entscheiden.«[1]

Dann ist er frei für die Gegenwart und sein Beziehungs-Ich. PERLS nennt es *Befreiung zur Spontaneität:* »Wenn du im Jetzt lebst, bis du schöpferisch, bist du erfinderisch«, und er vergleicht es mit dem Verhalten eines kleinen Kindes. BERNE, ebenfalls ein **Handlungstyp**, nannte das Beziehungs-Ich das Kind-Ich. Und für manche Schüler BERNEs, besonders wenn sie vom gleichen Strukturtyp sind, wurde die Erlösung des Kind-Ichs zum alleinseligmachenden Weg in der Psychotherapie.

Wenn PERLS die Erfahrungen eines authentischen Erkenntnis-Ichs, den Zielbereich des **Handlungstyps**, beschreibt, so kommt er damit indirekt und auch ausdrücklich in die Nähe der Zen-Erfahrung des Satori. Er spricht davon, daß *Bewußtsein per se* hilfreich und heilsam sei. Es fördere die »organismische Selbstregulierung«. Und er nimmt Bezug auf einen der Samurai in dem japanischen Filmklassiker »Die sieben Samurai«: »Er ist so völlig in seiner Mitte, daß alles, was sich ereignet, augenblicklich und unmittelbar von ihm registriert wird. Dieses Finden der Mitte, in sich selbst gegründet sein, ist so ungefähr der höchste Zustand, den ein Mensch erreichen kann.«[2]

---

[1] ebd. PERLS, S. 53
[2] ebd. PERLS, S. 45

10. Wie sich die Persönlichkeitstypen in Märchen spiegeln

a) Jeder Strukturtyp hat seine eigenen Märchen

Märchen helfen den Kindern, die Welt zu verstehen, in der sie leben. Statt die Wirklichkeit zu verniedlichen und zu verharmlosen, wie das heute viele »wohlmeinende« Kindersendungen tun, damit die Kinder um ihre wirklichen Erfahrungen betrügen und sie ihnen entfremden, behandeln Märchen jene Themen, die die oft schmerzliche Realität des Kindes ausmachen, erwünscht sein und unerwünscht sein, geliebt werden und lästig sein, angenommen und abgewiesen werden, konkurrieren und eifersüchtig sein, neugierig sein und sich ängstigen, etwas ausprobieren, gelingen und scheitern, gehorchen und sich widersetzen, gelobt und geschimpft, gerecht und ungerecht behandelt werden. Fragt man Erwachsene nach ihren Lieblingsmärchen, wie das in der Transaktionsanalyse gemacht wird, um ihr Lebensskript zu ermitteln, so nennen sie meist Märchen, die zu ihrem Strukturtyp passen. Ihnen von der Thematik her fremde Märchen haben sie meist vergessen oder können sich nur noch dunkel an sie erinnern. Jene Märchen, die ihnen heute noch etwas bedeuten, haben entweder das Muster Schneewittchen (lebensbedrohliche und benachteiligte Ausgangs- und Konkurrenzsituation, Erlösung, Hochzeit mit dem Prinzen und grausame Bestrafung der Bösen), Tapferes Schneiderlein (unscheinbarer und unterschätzter Held besteht durch List und Mut allerhand Gefahren und gewinnt schließlich Anerkennung) oder Rapunzel (Verbote werden überschritten, zur Strafe wird jemand verwünscht oder verwandelt und schließlich durch Fürsorge und Liebe befreit).

Man kann die Lieblingsmärchen auch daraufhin untersuchen, ob in ihnen das persönlichkeitstypische Wertesystem sichtbar wird. Beim **Beziehungstyp** wäre es das *erkenntnisgeleitete Wertesystem*, die Entwicklungslinie vom Fühlen zum Denken, beim **Sachtyp** das *erfolgsgeleitete Wertesystem*, der Weg vom Denken zum Handeln, und beim **Handlungstyp** das *sympathiegeleitete Wertesystem*, die Bewegung vom Handeln zum Fühlen. Es muß im Märchen nicht die Heldin oder der Held sein, bei denen diese persönlichkeitstypischen Wertesysteme erkennbar werden. Das ganze Märchen, seine Sprache und seine Welt, die es darstellt, sind entweder erkenntnis-, erfolgs- oder sympathiegeleitet.

Diese drei Arten von Märchen sind so deutlich verschieden im Stil, in den Inhalten und in der Sprache, daß man von drei Gattungen sprechen kann. Ausgehend von den typischen wiederkehrenden Motiven nenne ich die Märchen des

>**Beziehungstyps** *Konkurrenz-* oder *Erlösungs-Märchen,* die des
>**Sachtyps** *Abenteuer-* oder *Versöhnungs-Märchen* und die des
>**Handlungstyps** *Verwandlungs-* oder *Befreiungs-Märchen.*

b) Die Konkurrenz-Märchen des Beziehungstyps

Einige der bekanntesten Märchen wie »Schneewittchen«, ein Teil von »Brüderchen und Schwesterchen«, »Frau Holle« und »Aschenputtel« schildern die Grunderfahrungen des **Beziehungstyps**, die ödipale Konfliktsituation verbunden mit einer existentiellen Bedrohung. Märchen benützen wie Träume die Technik der Verschiebung. Die Auseinandersetzung wird nicht mit den Eltern und Geschwistern geführt, sondern mit einer bösen Schwiegermutter oder mißgünstigen Stiefschwestern, die Liebe gilt nicht dem gegengeschlechtlichen Elternteil, sondern einem Prinzen.

Diese Skriptmärchen des **Beziehungstyps** erzählen von der partiellen Ablehnung oder der bedingten Annahme, die er erfahren hat, dem Konkurrieren um den gegengeschlechtlichen Elternteil, den Antreibern »Sei stark!« und »Mach's anderen recht!« und den Erlösungshoffnungen des **Beziehungstyps**, dem Warten auf den Märchenprinzen. Bei Schneewittchen werden die Ausgangsbedingungen des **Beziehungstyps** besonders deutlich. Die ödipale Konkurrenzsituation: »Spieglein, Spieglein an der Wand, wer ist die Schönste im ganzen Land?« und die Ablehnung sind hier zugespitzt: »Da erschrak die Königin und ward gelb und grün vor Neid. Von Stund an, wenn sie Schneewittchen erblickte, kehrte sich ihr das Herz im Leibe herum, so haßte sie das Mädchen.« Sie befiehlt dem Jäger, das Kind in den Wald zu bringen und zu töten. Doch Schneewittchen bittet den Jäger, ihm sein Leben zu lassen. »Und weil es so schön war, hatte der Jäger Mitleid.«[1]

---

[1] Diese und folgende Zitate aus: »Märchen der Brüder Grimm«, 8. Aufl. 1952, Dr. W. LAMMERS

Hier wird das Gefühl der existentiellen Bedrohung des **Beziehungstyps** deutlich, das Kind erlebt feindselige Botschaften, fühlt sich unerwünscht, abgelehnt, für das Kind eine Frage von Leben oder Tod. Doch es will leben. Es muß für sich selbst sorgen, vorsichtig, auf der Hut sein *(Sei stark!)*, und es muß die anderen für sich gewinnen, liebenswert sein *(Mach's anderen recht!)*.
Die existentielle Bedrohung wird der Erwachsene später zwar »vergessen«. Sie wird nur noch ahnungsweise spürbar hinter dem Streben, hervorragend, brillant, klüger, schöner als alle anderen zu sein, oder in dem Bedürfnis, andere zu »retten«. Doch in Krisensituationen kann der **Beziehungstyp** wieder durchbrechen auf frühe Erfahrungen der Ablehnung. Dann spürt er Impulse, nicht mehr leben zu wollen.
Das Leben hinter den sieben Bergen bei den sieben Zwergen kann als eine Zurücknahme des kindlichen Begehrens und als eine siebenjährige Latenzzeit zwischen der ödipalen Phase und der Pubertät verstanden werden. Das erkenntnisgeleitete Wertesystem des **Beziehungstyps** wird hier negativ sichtbar, nicht Schneewittchen, sondern die böse Stiefmutter denkt und plant: »Und da sann und sann sie aufs neue, wie sie es umbringen wollte ... ›Nun aber‹, sprach sie, ›will ich etwas aussinnen, das dich zugrunde richten soll.‹« Auch der wissende und sprechende Spiegel und der durchsichtige Sarg aus Glas dürften Symbole für das Erkennen sein.
Daß die Schlüsselfähigkeiten Denken und Erkennen bei Schneewittchen selbst kaum sichtbar werden und es sich immer wieder von der Stiefmutter überlisten läßt, dürfte mit dem bürgerlichen Bild der Mädchenerziehung zusammenhängen. So schreibt L. MOUREY über den Märchenautor PERRAULT (1628–1703): »Wie wir gesehen haben, sind die Märchenheldinnen sehr hübsch, loyal, ihren Hausarbeiten zugeneigt, bescheiden und fügsam und manchmal ein wenig dumm, sofern es wahr ist, daß für Perrault Dummheit beinahe eine Qualität von Frauen darstellt. Intelligenz könnte gefährlich sein.«[1] Da sie selbst nicht denken dürfen, müssen sie auf die Erlösung warten. Das war nicht immer so. In einer frühen Fassung des »Rotkäppchens« überlistet dieses den Wolf und kann entkommen.
Auseinandersetzungen zwischen Vater und Sohn wie bei Ödipus finden sich im Volksmärchen kaum. Vermutlich waren sie zu tabuisiert,

---

[1] Nach ZIPES, S. 31, »Rotkäppchens Lust und Leid«, 1982

um vom Märchen aufgegriffen zu werden. Wir finden das Thema in der Dietrich-Sage, dem älteren Hildebrandslied (um 810 bis 820). Dort wird der heimkehrende alte Hildebrand von seinem Sohn Hadubrand zum Zweikampf aufgefordert. Der Vater erkennt ihn und gibt sich zu erkennen. Doch der Sohn glaubt dem Vater nicht. Mitten in der Schilderung des Kampfes bricht die Handschrift ab. Doch kann aus anderen Quellen erschlossen werden, daß der Vater den Sohn erschlägt. Die zahlreichen mittelalterlichen Bilder von Georg dem Drachentöter, der eine Frau befreit, dürften ebenfalls zu diesem Themenkreis gehören.
In »Brüderchen und Schwesterchen« wird die ödipale Konfliktsituation erst gegen Ende des Märchens thematisiert. Der erste Teil des Märchens gehört zu den Verwandlungsmärchen des **Handlungstyps**, wird bestimmt von den Themen »tu es nicht« und »bat so lange, bis es einwilligte« sowie von Fürsorge, Zuneigung und Daseinsfreude: »Nun sprang das Rehchen hinaus, und war ihm so wohl und war so lustig in freier Luft« und endet typisch mit: »... und lebten sie lange Zeit vergnügt zusammen.« Man sollte meinen, daß so oder ähnlich alle Märchen enden. Doch dies trifft nur auf die sympathiegeleiteten Verwandlungsmärchen des **Handlungstyps** zu.
Im zweiten Teil wird es zum Konkurrenz-Märchen des **Beziehungstyps**. Nun taucht auch hier eine neidische Stiefschwester auf, von der im ersten Teil des Märchens noch nicht die Rede war. Die böse Stiefmutter erstickt die schöne junge Königin in der Badestube und legt dem König ihre häßliche einäugige Tochter ins Bett. Die ermordete Königin kann den Betrug aufdecken, indem sie immer um Mitternacht zu ihrem Kind und dem Brüderchen kommt. Als der König sie als seine liebe Frau erkennt, erhält sie ihr Leben wieder. Sie kann sich nicht selbst helfen – das Erkennen des Königs erlöst sie aus dem Tod.
Dieser Teil endet wie alle Konkurrenz-Märchen mit der grausamen Bestrafung der Bösen: »Die Tochter ward in den Wald geführt, wo sie die wilden Tiere zerrissen, die Hexe aber ward ins Feuer gelegt und mußte jammervoll verbrennen.« Dann kehrt das Märchen zum Verwandlungs-Märchen zurück: »Und wie sie zur Asche verbrannt war, verwandelte sich das Rehkälbchen und erhielt seine menschliche Gestalt wieder; Schwesterchen und Brüderchen aber lebten glücklich zusammen bis an ihr Ende.« Hier wird der königliche Gemahl nicht mehr erwähnt. Dies zeigt nochmals, daß hier zwei verschiedene Märchen mit unterschiedlichen Motiven zusammengefügt wurden.

Auch bei »Frau Holle« ist die Ausgangssituation der Konflikt zwischen dem schönen und fleißigen Mädchen und der »bösen Mutter«, der Stiefmutter, und ihrer häßlichen und faulen Tochter. Das arme Mädchen muß so viel spinnen, daß seine Finger wund werden und die Spindel blutig wird. Dieses häufig auftauchende Motiv der Blutstropfen wird als Hinweis auf die beginnende Geschlechtsreife verstanden. Als das Mädchen die Spindel im Brunnen abwaschen will, fällt sie ihm hinab. Die Stiefmutter zwingt es, in den Brunnen zu springen, d.h., auch sie wünscht seinen Tod.

Doch das Mädchen erwacht in einer anderen Welt. Dort bewährt es sich, ähnlich wie Schneewittchen bei den sieben Zwergen, durch Hilfsbereitschaft und Fleiß. Wieder kann man an die Jahre zwischen der ödipalen Phase und dem Erwachsenwerden denken. Das erkenntnisgeleitete Wertesystem wird hier in dem Brunnen mit seinem reinigenden Wasser sichtbar, der in Träumen oft für tiefes Erkennen steht. Auch das Erwachen nach dem Sprung in den Brunnen deutet darauf hin: »...und als es erwachte und wieder zu sich selber kam, war es auf einer schönen Wiese, wo die Sonne schien und viel tausend Blumen standen.«

»Aschenputtel« ist von allen die klügste, weiß am ehesten, sich selbst zu helfen. Sie erreicht es, beim Tanz im Schloß des Königs dabeizusein, das Herz des Königssohns zu gewinnen und ihm listig zu entkommen. Im Erstdruck (1812) des Märchens wird das Konkurrieren noch deutlicher als in der späteren Endfassung: Aschenputtel sieht in der ersten Ballnacht von ferne die Schwestern mit dem Prinzen tanzen, »und es war ihm schwer ums Herz«. Doch am nächsten Abend ist es nicht nur dabei, »als da der Glanz der viel tausend Lichter auf es fiel, da war es so schön, daß jedermann sich darüber verwunderte, und die Schwestern standen auch da und ärgerten sich, daß jemand schöner war wie sie«.[1] Als Aschenputtel am nächsten Morgen die Schwestern trifft, diese »sahen verdrießlich aus und schwiegen still«, bemerkt sie scheinheilig: »Ihr habt wohl gestern abend viel Freude gehabt.« Ihr Ballkleid für den dritten Abend war »noch viel herrlicher und prächtiger als das vorige... und als Aschenputtel damit angekleidet war, da glänzte es recht, wie die Sonne am Mittag...Und waren gestern alle über ihre Schönheit erstaunt, so erstaunten sie heute noch mehr und die Schwestern standen in der Ecke und waren blaß vor Neid...«

[1] Aus H. G. RÖTZER, »Märchen«, 1981

Eigenartigerweise scheint es mehr am Tanzen als am Königssohn interessiert zu sein. Typisch für die Konkurrenz-Märchen, wird bei den BRÜDERN GRIMM auch nichts darüber berichtet, daß sich Aschenputtel gefreut hätte, als sie der Königssohn findet und zu seiner Frau macht, noch, daß die Ehe glücklich geworden wäre. Man denkt gewöhnlich, daß alle Märchen damit enden, daß die Guten glücklich und zufrieden leben – doch das gilt eindeutig nur für die Verwandlungs-Märchen des **Handlungstyps** mit ihrem sympathiegeleiteten Wertesystem. Dort werden Freude, Glück und Liebe immer sehr deutlich ausgesprochen. Statt dessen enden die Konkurrenz-Märchen des **Beziehungstyps** in der Regel mit der Bestrafung der Bösen. Im Erstdruck besteht die Strafe, abgesehen von der abgeschnittenen Ferse und dem abgeschnittenen Zeh darin, daß die Stiefmutter und die beiden stolzen Schwestern erschrecken und bleich werden, als der Prinz »die rechte Braut« erkennt. In der Endfassung werden ihnen noch von den beiden Tauben die Augen ausgepickt. »Und waren sie also für ihre Bosheit und Falschheit mit Blindheit auf ihr Lebtag gestraft.«

Wenn schon die Märchenheldinnen nicht eindeutig klug sind, so ist doch die Welt in den Konkurrenz-Märchen im ganzen erkenntnishaltig. Die Wahrheit kommt ans Licht, ein Stolpern über einen Strauch (Schneewittchen), das traumartige Erscheinen der ermordeten Königin (Brüderchen und Schwesterchen), das Gold und Pech regnende Tor (Frau Holle) oder die beiden Täubchen (Aschenputtel) sorgen für Wahrheit und Gerechtigkeit. Diese Märchen sagen aus, daß die Wirklichkeit selbst erkenntnisgeleitet ist.

c) Die Abenteuer-Märchen des Sachtyps

Die Skriptmärchen des **Sachtyps** sind Abenteuer-Märchen. Es geht hier um die Themen »Wer bin ich?« und »Was kann ich?«, also um Selbsterfahrung, Selbstbewußtsein und Selbstbestätigung, aber auch um Selbstüberschätzung und Selbstzweifel. Dabei werden schwierige Situationen gemeistert, und am Ende stehen zumeist Erfolg, Anerkennung und Belohnung. Sie schildern die Entwicklungslinie vom Denken zum Handeln, die Erprobung der Schlüsselfähigkeiten des **Sachtyps** wie Mut, Entschlossenheit, Durchhalte- und Durchsetzungsvermögen.

Beispiele für solche Märchen sind »Der gestiefelte Kater«, »Daumerlings Wanderschaft«, »Von einem, der auszog, das Fürchten zu lernen«, »Tischlein deck dich, Goldesel und Knüppel aus dem Sack« oder »Das tapfere Schneiderlein«. Die erfolgsgeleiteten Abenteuer-Märchen des **Sachtyps** enden mit dem Erfolg, der Versöhnung mit dem Schicksal und häufig mit einer gewissen Selbstironie. Der Müllersohn wird König und der gestiefelte Kater sein erster Minister. Daumerling überreicht dem Vater den Kreuzer, den er von seiner Wanderschaft erworben hat: »Dafür bring' ich dir auch ein Stück Geld mit.« »Von einem der auszog« weiß endlich, was Gruseln ist. Vom dritten Bruder in »Tischlein deck dich« ist nicht weiter die Rede. Es endet damit, daß der Vater endlich mit seinen drei Söhnen zufrieden ist. Und das tapfere Schneiderlein bleibt sein Lebtag ein König.

In diesen Märchen wird das Glück des Tüchtigen sichtbar, »frisch gewagt ist halb gewonnen«, und die Wirklichkeit selbst ist erfolgsgeleitet. Derjenige, von dem man es am wenigsten erwartet, ist schließlich der Held: »Ich habe es am schlimmsten getroffen; was soll ich mit dem Kater anfangen? Lass' ich mir ein Paar Pelzhandschuhe aus seinem Fell machen, so ist meine Erbschaft auf« (Der gestiefelte Kater), häufig ist es der Kleinste oder Jüngste.

Der Erzählstil ist witzig und reflektiert. Die Themen der Märchenwelt werden teilweise noch verwendet, aber nicht mehr in einer magischzwingenden Form, sondern spielerisch. Die Abenteuer-Märchen haben ähnliche Themen und Figuren wie die Sagen: Riesen, Räuber, Könige, Zauberer, Gespenster. Doch es kommen darin auch die Berufe des Mittelalters vor, Müller, Schreiner, Schneider, Soldaten, Ärzte, Schmiede, Drechsler und Bauern.

Daumerling wird so vorgestellt: »Der hatte aber Courage im Leibe und sagte zu seinem Vater: ›Vater, ich soll und muß in die Welt hinaus.‹« Er scheut sich nicht, seine Frau Meisterin wegen des schlechten Essens zu verspotten. Und als sie böse auf ihn wird, streckt er ihr die Zunge heraus. Sein nächstes Abenteuer erlebt er mit Räubern. Diese wollen den Schatz des Königs stehlen. Daumerling überlistet die Schildwachen und treibt seinen Spott mit ihnen.

Nach dem gelungenen Raub machen ihm die Räuber den Vorschlag: »Du bist ein gewaltiger Held, willst du unser Hauptmann werden?« Bei einem seiner nächsten Abenteuer gerät er dann in bedrohliche Situationen. Er wird von einer Kuh verschluckt und, als man diese schlach-

tet, in eine Wurst gestopft. Schließlich wird er beinahe noch von einem Fuchs gefressen.
Dieser Wechsel vom kleinen Däumling zum gewaltigen Helden und dann wieder zum armen Würstchen ist charakteristisch für das noch nicht gefestigte Selbstgefühl des **Sachtyps**. Durch Selbstüberschätzung und Leichtsinn gerät er in klägliche Opfersituationen. Auf Pechsträhnen folgen glückliche Umstände. Er stolpert in gefährliche Situationen hinein, doch mit Mut und List weiß er sich zu helfen, oder er findet Hilfe durch andere, z.B. bei weisen Frauen.
Im Märchen »Von einem, der auszog, das Fürchten zu lernen« wird der Held als jemand vorgestellt, der recht einfältig ist, nichts begreifen und nichts lernen konnte, während sein älterer Bruder klug und gescheit ist. Dafür kennt der jüngste im Gegensatz zum älteren Bruder keine Angst. Auch dies darf man als zwei Seiten der gleichen Persönlichkeit sehen, das Schwanken zwischen bedenkenlosem Mut und ängstlicher Klugheit.
Der Junge besteht nun allerhand Abenteuer, mit einem Küster, der sich als Gespenst verkleidet, mit sieben Gehenkten, die er am Feuer wärmt, mit schwarzen Katzen und Hunden in einem verwunschenen Schloß, greulichen Männern, mit denen er mit Totenköpfen kegelt, seinem toten Vetter und einem starken, bärtigen Mann, den er überlistet und der ihn dann reich macht.
Doch all diese Erfolge berühren ihn kaum, und er vergißt sie rasch wieder. Diese Selbstvergessenheit ist durchaus typisch für den **Sachtyp**. Er lernt das Gruseln erst, als ihm seine Frau nachts, als er schläft, die Decke wegzieht und einen Eimer voll kalten Wassers mit Grünlingen über ihn herschüttet, daß die kleinen Fische um ihn herumzappeln. Da wachte er auf und rief: »Ach, was gruselt mir, was gruselt mir...«
Ähnlich wie der Vater in »Von einem, der auszog...« von seinem jüngsten Sohn: »aber an dir ist Hopfen und Malz verloren« hält in »Tischlein deck dich, Goldesel und Knüppel aus dem Sack« der Vater wenig von seinen drei Söhnen: »O die Lügenbrut!« rief der Schneider, ›einer so gottlos und pflichtvergessen wie der andere! Ihr sollt mich nicht länger zum Narren haben!« Die drei Söhne lernen jeder ein Handwerk und werden von ihrem Meister belohnt. Doch zwei der Söhne werden von einem Wirt bestohlen, so daß sie mit leeren Händen zurückkommen. Und wieder ist der Vater von seinen Söhnen enttäuscht.
Erst der jüngste Sohn kann die Kostbarkeiten wieder herbeischaffen.

Dieses Motiv des jüngsten Sohnes, »Iwan der jüngste, aber nicht der dümmste«, wie es in einem russischen Märchen heißt, findet man häufig in diesen Abenteuer-Märchen. Auch »Das tapfere Schneiderlein« behandelt in ironischer Form das Thema der richtigen Selbsteinschätzung. Als es »siebene auf einen Streich«, nämlich sieben Fliegen, erschlägt, »mußte es selbst seine Tapferkeit bewundern, ›das soll die ganze Stadt erfahren.‹ – ›Ei, was Stadt!‹ sprach es weiter, ›die ganze Welt soll's erfahren!‹«
Das tapfere Schneiderlein besteht nun erfolgreich Abenteuer auf Abenteuer und wird schließlich König. Die interessanteste Stelle ist die, als das Schneiderlein sich im Traum verrät und seine Frau, die junge Königin, merkte, »in welcher Gasse der junge Herr geboren war«. Ihr Vater tröstet sie und verspricht ihr, ihn außer Landes schaffen zu lassen. Er soll nachts im Schlafe überwältigt werden. Doch das Schneiderlein erfährt rechtzeitig von diesem Anschlag und kann auch diese Gefahr abwenden.
Dabei steht es, als Ausdruck seines gesunden Selbstbewußtseins, zu seiner Herkunft und erinnert sich an seine Erfolge: »Junge, mach mir den Wams und flick mir die Hosen, oder ich will dir die Elle über die Ohren schlagen! Ich habe siebene mit einem Streich getroffen, zwei Riesen getötet, ein Einhorn fortgeführt und ein Wildschwein gefangen und sollte mich vor denen fürchten, die draußen vor der Kammer stehen?«

d) Die Verwandlungs-Märchen des Handlungstyps

Die Skriptmärchen des **Handlungstyps** ziehen die Entwicklungslinie nach vom Handeln zum Fühlen, feiern den Sieg der Lebensfreude und der Zuneigung über Regeln und Verbote. Sie und nur sie sind jene Märchen mit dem typischen Märchenschluß: Und sie freuten und liebten sich von Herzen und lebten ihr Lebtag glücklich und vergnügt, und wenn sie nicht gestorben sind, dann leben sie noch heute.
Doch die Märchen, wie wir sie kennen, wurden den Moralvorstellungen der bürgerlichen Zeit angepaßt, dem Idealbild vom folgsamen und hilfsbereiten Kind. Und an die Stelle von Erlaubnissen traten Verbote. Nun mußte das Kind wie unter einer Zensur lernen, zwischen den Zeilen zu lesen bzw. zu hören. So läßt der König in »Dornröschen«, um sein liebes Kind vor dem drohenden Unglück zu bewahren, alle Spin-

deln im Reich verbrennen. Doch warum sind die so überaus besorgten Eltern ausgerechnet an dem Tag, an dem das Mädchen fünfzehn Jahre alt wird und die Prophezeiung in Erfüllung gehen soll, nicht zu Hause und lassen das Mädchen an seinem Geburtstag ganz allein?

Die Skriptmärchen des **Handlungstyps** sind häufig Verwandlungsmärchen. Die Auswirkungen verbotenen Verhaltens werden bildhaft als Erstarrung oder Einschränkung dargestellt. Kinder werden in Tiere verzaubert oder werden versteinert, in einen tiefen Schlaf versetzt, in einen Turm eingemauert oder eingeschlossen, oder sie werden von einem Tier verschlungen. Die Befreiung geschieht durch die Kraft der Zuneigung, der Liebe und der Lebensfreude.

Diese Themen werden deutlich ausgesprochen, meist zu Beginn des Märchens und wieder am Ende. »Es war einmal eine kleine, süße Dirn, die hatte jeder lieb...« (Rotkäppchen), »daß der König vor Freude sich nicht zu lassen wußte« (Dornröschen), »Da sich aber beide von Herzen liebten« (Jungfrau Maleen), »Sie waren in den Brauttagen, und sie hatten ihr größtes Vergnügen eins am anderen« (Jorinde und Joringel) oder »und hatte sie lieb, wie eine Mutter ihre Kinder liebhat« (Der Wolf und die sieben jungen Geißlein).

Auch die Märchenenden bestätigen das sympathiegeleitete Wertesystem des **Handlungstyps** und die Schlüsselfähigkeiten seines Beziehungs-Ichs: »und sie lebten vergnügt bis an ihr Ende« (Dornröschen), »Da küßten sie einander und waren glücklich für ihr Lebtag« (Jungfrau Maleen), »und sie lebten lange vergnügt zusammen« (Jorinde und Joringel), »und tanzten mit ihrer Mutter vor Freude um den Brunnen herum« (Der Wolf und die sieben jungen Geißlein), »Sie umarmten und küßten sich, und ob sie glückselig waren, braucht keiner zu fragen« (Die Nixe im Teich), »und es waren doch nur die Bande, die vom Herzen des treuen Heinrich absprangen, weil sein Herr erlöst und glücklich war« (Der Froschkönig oder der eiserne Heinrich).

Das Märchen »Rotkäppchen« dürfte aus dem Spätmittelalter stammen (ZIPES) und gehört zur Gattung der Warn-Märchen. Es sollte Kinder davor warnen, allein in den Wald zu gehen, sich Fremden anzuvertrauen und sich auf sexuelle Verführung einzulassen. In der mündlichen Überlieferung wird Rotkäppchen vom Wolf aufgefordert: »Zieh dich aus, mein Kind, und lege dich neben mich.« Rotkäppchen wundert sich dann, wie haarig sein Bettgenosse ist und was er für breite Schultern hat.

In dieser frühen Erzähltradition kann das Mädchen durch eine List entkommen – was pädagogisch viel klüger ist als die lähmende Angst vor dem »Gefressen-Werden«. Dabei besinnt es sich auf sein kindliches Wissen über richtiges Tun. Als es die Gefahr erkennt, sagt es zum Wolf: »Oh, Großmutter, ich muß dringend mal. Laß mich nach draußen gehen.« – »Mach es im Bett, mein Kind!« – »O nein, Omi. Ich möchte nach draußen gehen.«[1)]

Bei PERRAULT (1697) wird Rotkäppchen hübscher, verführerischer, aber auch hilfloser und einfältiger. Auch hier zieht sich Rotkäppchen aus, legt sich aber nicht mehr zum Wolf ins Bett, sondern äußert nur sein Erstaunen: »Großmutter, was hast du denn für große Arme!« – »Die hab' ich, damit ich dich besser umarmen kann, Herzchen.« Rotkäppchen fragt dann in der bekannten Weise weiter, und das Märchen endet damit, daß der böse Wolf über das Rotkäppchen herfällt und es auffrißt.

Die BRÜDER GRIMM (1812) haben dann dem Märchen einen versöhnlichen Schluß gegeben. Der vorbeikommende Jäger befreit die beiden, und wie in »Der Wolf und die sieben jungen Geißlein« wird dem Wolf der Bauch mit großen schweren Steinen gefüllt, an denen er sich zu Tode stürzt. »Da waren alle drei vergnügt.«

Es stellt sich die Frage, warum viele andere Skriptmärchen des **Handlungstyps** der moralischen Zensur entgehen konnten. Vermutlich deshalb, weil es sich um sehr alte Märchen handelt, die rational gar nicht mehr ohne weiteres zu verstehen waren. Sie haben mit ihrer symbolischen Sprache die Zensur unterlaufen.

Für ihr Alter spricht, daß es dort noch die weisen Frauen gibt, daß Hexen nicht böse sein müssen oder, obwohl sich eine aufs Zaubern versteht, der Erzähler versichert: »So viel ist gewiß, daß die Alte keine Hexe war, wie die Leute glaubten, sondern eine weise Frau, die es gut meinte.« (Die Gänsehirtin am Brunnen) Sie müssen aus einer Zeit stammen, in der man an die magische Kraft der Worte glaubte (Rumpelstilzchen) und an sprechende Brunnen und Tiere.

»Rapunzel« zeigt viele Merkmale dieses Märchentyps. Es beginnt damit, daß sich ein Mann und eine Frau ein Kind wünschen, das dann später die Zauberin haben möchte. Dieses »etwas Lebendes ist mir lieber als alle Schätze der Welt« (Rumpelstilzchen) steht für den Entwick-

---

[1)] ZIPES, S. 19

lungsbereich des **Handlungstyps**, das Beziehungs- oder Kind-Ich. Der Mann überschreitet ein Verbot, d.h., er steigt über die Mauer des Gartens der Zauberin und holt für seine Frau, »die er lieb hat«, etwas Rapunzel.

Seine Tochter, die von der Zauberin in einem Turm eingeschlossen ist, macht es später genauso, als der Königssohn zu ihr hereinkommt: »und sie sah, daß er jung und schön war, so dachte sie: ›Der wird mich lieber haben als die alte Frau Gotel‹, und sagte ja und legte ihre Hand in seine Hand.« Sie verabreden, daß er jeden Abend kommt, was zur Folge hat, daß sie schwanger wird.

Auch in diesem Märchen ist die Zauberin nicht nur böse. Sie zeigt ein gewisses Verständnis für die Notlage des Vaters, »da ließ die Zauberin in ihrem Zorn nach«. Sie verlangt zwar das Kind, doch sie verspricht: »Es soll ihm gutgehen, und ich will für es sorgen wie eine Mutter.« Sie hält ihr Versprechen, denn »Rapunzel ward das schönste Kind unter der Sonne«. Erst als es zwölf Jahre alt wird, schließt sie es in einen Turm ein, der in einem Wald liegt, weder Treppe noch Tür, nur ganz oben ein kleines Fenster hat.

Die Gefühle werden lebendig ausgedrückt und beschrieben. Als die Zauberin die Liebesbeziehung der beiden entdeckt, wird sie böse und rachsüchtig. Sie verwünscht Rapunzel in eine Wüstenei und empfängt den Königssohn, der seine »liebste Rapunzel« erwartet, mit giftigen Blicken. »Aha«, rief sie höhnisch, »du willst die Frau Liebste holen, aber der schöne Vogel sitzt nicht mehr im Nest und singt nicht mehr, die Katze hat ihn geholt und wird auch dir noch die Augen auskratzen...« Der Königssohn gerät außer sich vor Schmerz, springt in seiner Verzweiflung den Turm hinab, fällt in eine Dornenhecke, die seinen Sturz zwar mildert, ihm jedoch die Augen zersticht. Er irrt nun blind, jammernd und weinend im Wald umher. Doch die Liebe führt ihn mit Rapunzel und »den Zwillingen, die sie geboren hatte, einem Knaben und einem Mädchen« wieder zusammen.

Auch hier ist die Wirklichkeit selbst sympathiegeleitet, sie führt die Liebenden zueinander. Diese Kraft ist stärker als der Fluch der Zauberin: »Für dich ist Rapunzel verloren, du wirst sie nie wieder erblicken.« Auch der Schluß ist typisch für die Skriptmärchen des **Handlungstyps**. Nochmals wird sein Thema, das sympathiegeleitete Wertesystem, angesprochen. »Er führte sie in sein Reich, wo er mit Freuden empfangen ward, und sie lebten noch lange glücklich und vergnügt.«

11. Persönlichkeitstypische Skripts in Dramen

a) Die tragische Verwirklichung des Wertesystems

Kunstwerke sind immer auch Ausdruck der Persönlichkeit des Künstlers. Es lassen sich das jeweilige Wertesystem und Skript eines Künstlers oder Autors aus dessen Werken ermitteln und aus der Art der Affinität zu diesen Werken Rückschlüsse auf die Persönlichkeit des Lesers, Zuschauers oder Zuhörers ziehen. Es können direkte Übereinstimmung, ein Sich-im-anderen-Wiedererkennen sein oder Herausforderung und Unterstützung in dem, was man selbst anstrebt, oder Botschaften aus einer verheißungsvollen, doch fernen Welt.

Sicher kennt jeder die Erfahrung, daß ein Musikstück zu ihm auf eine ganz innige Weise spricht, so, als ob es ihn mit seinem Namen anreden würde. Diese Erfahrungen der nahen Verwandtschaft, des anstrengungslosen Sich-Wiederfindens, des Vertrauten, Heimatlichen, Bestätigenden, gelten dann auch für die meisten anderen Werke des Künstlers. Sie verweisen auf eine Übereinstimmung des Strukturtyps.

Ich vermute, daß BACH ein **Sachtyp** war. BEETHOVENs Musik hat etwas sehr Kraftvolles, aber auch Lyrisch-Romantisches. Er dürfte ein **Handlungstyp** gewesen sein. Und MOZART als **Beziehungstyp** hat eine gefühlsmäßig sehr differenzierte Musik komponiert. Vom Wertesystem her würden dazu das Streben nach Erkenntnis in MOZARTs »Zauberflöte«, die Verehrung der schöpferischen Kraft in BACHs »Ein feste Burg ist unser Gott« oder die befreiende Liebe in BEETHOVENs »Fidelio« passen.

Nun ist keiner dieser Texte von den Komponisten selbst verfaßt. Deshalb lassen sich in der Literatur die Wertesysteme und das Skript der Dichter besser belegen. Ich möchte dazu den Versuch machen an den Beispielen von GOETHEs »Iphigenie auf Tauris« und »Faust«, SHAKESPEAREs »König Richard III.« und »Hamlet«, SOPHOKLES' »Antigone« und KLEISTs »Der zerbrochene Krug«. Im Vergleich zu den Märchen wird hier eine gebrochene Welt dargestellt, in der die Guten nicht nur gut, die Bösen nicht nur böse sind. Die Wirklichkeit unterstützt zeitweilig das Böse.

Doch auch die Tragödien oder Trauerspiele glauben an die Sinnhaltigkeit der Welt. Gerade deshalb können sie die Helden scheitern lassen, wobei im (drohenden) Untergang der Sieg der Wahrheit über die Lüge, der entschlossenen Tat über feiges Zögern und der Liebe über die Unmenschlichkeit gezeigt wird. Die Helden sterben für ihr Wertesystem, dafür wird es im Erkennen, Wollen oder im Herzen des Zuschauers lebendig.

Dabei heben die Dramen das eigene Wertesystem meist auf Kosten anderer Wertesysteme hervor. So ist der *erkenntnisgeleitete* Faust ein unbestechlicher Wahrheitssucher, doch er handelt verantwortungslos gegenüber Gretchen. Der *erfolgsgeleitete* Hamlet sucht die Gerechtigkeit herzustellen, doch er verhält sich lieblos gegenüber Ophelia. Und die *sympathiegeleitete* Antigone denkt »voreingenommen« und muß sich von Ismene sagen lassen: »doch wisse: verirrt bist du – doch in der Liebe recht.«

b) Das erkenntnisgeleitete Wertesystem in GOETHEs »Iphigenie« und »Faust«

Wie zeigt sich nun das erkenntnisgeleitete Wertesystem des **Beziehungstyps** in GOETHEs Dramen? In der Erinnerung an die Märchenheldinnen in den Konkurrenz-Märchen, bei denen das erkenntnisgeleitete Wertesystem aus »pädagogischer« Absicht kaum sichtbar wurde, entschied ich mich für »Iphigenie« in der Hoffnung, daß die griechische Mythologie den Frauen eher Klugheit zugesteht als die aus dem christlichen Mittelalter stammenden oder damals und später überarbeiteten Märchen. So ist es dann auch Athena, die Göttin der Weisheit, die in EURIPIDES' »Iphigenie bei den Taurern« schließlich Iphigenie und ihren Bruder Orestes rettet.

Die existentielle Todesbedrohung wird im Iphigenie-Stoff deutlich, als sie der Göttin Artemis geopfert werden soll. Ihr Vater Agamemnon gehorcht dem Priesterspruch und dem Druck des Heeres. Als Iphigenie selbst bereit ist, dieses Opfer zu bringen, wird sie von der Göttin gerettet. Doch sie muß nun der Göttin in der Fremde in deren Tempel dienen, ein Leben, das sie mit einem »zweiten Tod« vergleicht. Die ödipale Konfliktsituation stellt sich zwischen Iphigenie und Artemis her.

Schon im ersten Auftritt zeigt sich Iphigenie als jemand, der nachdenkt, über die Situation der Frau und ihr eigenes Verhältnis zur Göttin. Freilich, es ist ein vorsichtiges Nachdenken mit einer starken Tendenz zur Anpassung. »Der Frauen Zustand ist beklagenswert ... schon einem rauhen Gatten zu gehorchen, ist Pflicht und Trost«[1], oder »O wie beschämt gesteh ich, daß ich dir mit stillem Widerwillen diene, Göttin, dir, meiner Retterin!« Jede in ihr aufkommende Kritik erstickt sie sofort wieder mit bürgerlichen Moralvorstellungen.

Als zwei Fremde in Tauris landen, soll der alte Brauch des Menschenopfers wiedereingeführt werden. Iphigenie erkennt in ihnen ihren Bruder Orest und seinen Freund Pylades, und sie bereiten eine gemeinsame Flucht vor. Doch auf die Gefahr hin, daß sie alle drei umkommen, vermag Iphigenie den König nicht zu betrügen: »O weh der Lüge! Sie befreit nicht, wie jedes andere, wahrgesprochene Wort die Brust; sie macht uns nicht getrost, sie ängstigt den, der sie heimlich schmiedet, und sie kehrt, ein losgedruckter Pfeil, von einem Gotte gewendet und versagend, sich zurück und trifft den Schützen.«

War es bei EURIPIDES das Eingreifen der Göttin Athena, das die Rettung bringt, so ist es bei GOETHE die Aufrichtigkeit Iphigenies, die den König überzeugt. Das erkenntnisgeleitete Wertesystem hat Priorität vor dem sympathie- oder erfolgsgeleiteten. Die Geschwisterliebe und die Möglichkeit einer erfolgreichen Flucht müssen ihm gegenüber zurückstehen. »Es schlägt mein Herz, es trübt sich meine Seele, da ich des Mannes Angesicht erblicke, dem ich mit falschem Wort begegnen soll.«

Faust verzweifelt daran, daß alles Studieren ihn nicht weitergebracht hat: »und sehe, daß wir nichts wissen können! Das will mir schier das Herz verbrennen.«[2] Schon hier wird sein Lebensüberdruß spürbar: »Es möcht kein Hund so länger leben!« Seine letzte Karte, auf die er setzt, ist das geheimnisvolle Wissen der Magie. Doch er muß erfahren, daß er diesem nicht gewachsen ist.

Darauf beschließt er, sich das Leben zu nehmen. Doch der Klang der Osterglocken rettet ihn: »Erinnrung hält mich nun mit kindlichem Gefühle vom letzten, ernsten Schritt zurück.« Schon hier zu Beginn wird dreierlei deutlich, das erkenntnisgeleitete Wertesystem des **Beziehungstyps,** sein Gefühl der existentiellen Bedrohung, die nun ganz aus seinem Inneren kommt, und die Erlösungshoffnung des Gerettet-Werdens.

---

[1] Dieses Zitat und die folgenden Zitate aus GOETHEs Werke, Hamburg, 5. Auflage, 1962
[2] Zitiert hier und im folgenden nach GOETHE, »Faust«, Stuttgart 1986

Das erkenntnisgeleitete Wertesystem wird schon im Prolog in der Wette zwischen Gott und dem Teufel angesprochen, der Herr über Faust: »Wenn er mir jetzt auch nur verworren dient, so werd ich ihn bald in die Klarheit führen.« Und es wiederholt sich, als Mephisto Faust einen Pakt vorschlägt und Faust ihm antwortet: »Was willst du, armer Teufel, geben? Ward eines Menschen Geist in seinem hohen Streben von deinesgleichen je gefaßt?«

Doch Faust darf ihn nicht unterschätzen, denn Mephisto [1] ist ein Teufel, der die kritische Intelligenz verkörpert: »Ich bin der Geist, der stets verneint!« Faust kann sich dieser Faszination nicht entziehen, mit den tragischen Folgen für Gretchen und ihre Familie, die an ihm zugrunde gehen. Zuletzt ist es Gretchen, die in ihrem verwirrten Zustand noch die Situation durchschaut, während der Tragödie erster Teil, was Faust betrifft, völlig offen endet.

Die Konkurrenzsituation ist hier die zwischen Faust und Mephisto. In der Szene »Wald und Höhle« beschimpft Faust den Mephisto: »Pfui über dich!«, »Schlange! Schlange!«, »Verruchter! hebe dich von hinnen und nenne nicht das schöne Weib!«, »Entfliehe, Kuppler!« Doch Mephisto gewinnt, weil er Faust immer wieder mit der Realität konfrontiert. In der Szene »Trüber Tag. Feld« wiederholt sich das. Wieder beschimpft Faust den Mephisto: »Verräterischer, nichtswürdiger Geist«, »Hund! abscheuliches Untier!«, »Mir ekelts!... warum an den Schandgesellen mich schmieden, der sich am Schaden weidet und am Verderben sich letzt?«, »Den gräßlichsten Fluch über dich auf Jahrtausende!«

Doch wieder ist Mephisto der Überlegene, hält Faust die grausame Wirklichkeit vor Augen: »Sie ist die erste nicht«, zwingt ihn zum Nachdenken: »Drangen wir uns dir auf, oder du dich uns?«, fragt nach der Verantwortlichkeit: »Wer wars, der sie ins Verderben stürzte? Ich oder du?«, nennt die Grenzen seiner eigenen Möglichkeiten: »Habe ich alle Macht im Himmel und auf Erden?«, warnt Faust vor den Gefahren und informiert ihn genau, was er für ihn tun kann und was nicht.

GOETHE hat in sechzig Jahren immer wieder an dem Stoff und der Dichtung gearbeitet. So ganz andersartig auch der zweite Teil ausge-

---

[1] Griechisch, der Lichthasser. Jede Persönlichkeitsstruktur hat ihren eigenen Teufel und ihren eigenen Gott, der **Beziehungstyp** den nihilistischen Teufel und den »Gott ist Geist« und den mystischen Gott des reinen Erkennens, der **Sachtyp** den bösen Teufel und den Schöpfer- und Beschützergott der Psalmen und der **Handlungstyp** den schmutzigen Teufel und den Gott der Liebe.

fallen ist, die Rollenverteilung und die Beziehung zwischen Faust und Mephisto bleiben sich ähnlich. GOETHE muß von dem zynischen Denken, das Mephisto verkörpert, fasziniert gewesen sein und gleichzeitig darin eine Gefahr gesehen haben. Die in den Märchen übliche Bestrafung der Bösen bleibt aus, Mephisto, der bei Fausts Tod meint, die Wette gewonnen zu haben, wird um seinen Lohn betrogen, mehr nicht. Wieder durchschaut er, Mephisto, die Situation, diesmal hat der Himmel gemogelt: »Bei wem soll ich mich nun beklagen? Wer schafft mir mein erworbenes Recht? Du bist getäuscht in deinen alten Tagen, du hasts verdient...« Die Tragödie endet versöhnlich, ironisch, wie sie im »Prolog im Himmel« beginnt. Der Herr: »Ich habe deinesgleichen nie gehaßt.« Mephisto: »und hüte mich, mit ihm zu brechen.«

In einem Nachgedicht zu Faust spricht GOETHE vom bösen Geist, »den ich so früh als Freund und Feind gekannt«. Jetzt, im hohen Alter, möchte er ihn hinter sich lassen. Nochmals spricht er sein erkenntnisgeleitetes Wertesystem aus: »O glücklich, wen die holde Kunst in Frieden mit jedem Frühling lockt auf neue Flur! Vergnügt mit dem, was ihm ein Gott beschieden, zeigt ihm die Welt des eignen Geistes Spur.«

c) Die Skriptzeiten in »Iphigenie« und »Faust«

Aus der Sicht der Skriptzeiten leidet Iphigenie an einer unbefriedigenden Gegenwart: »mich trennt das Meer von den Geliebten.« Ihr Skriptpreis ist, daß sie nicht ihr eigenes Wollen verwirklicht, zu Beginn: »So manches Jahr bewahrt mich hier verborgen ein hoher Wille, dem ich mich ergebe.« Und am Ende: »... mein kindlich Herz hat unser ganz Geschick in seine Hand gelegt.« Statt selbst ihr Schicksal zu gestalten, hofft sie auf Erlösung durch die Göttin: »Und rette mich, die du vom Tod errettet, auch von dem Leben hier, dem zweiten Tode!« Auch wenn dieser Edelmut von GOETHEs Iphigenie uns heute eher widersteht, so zeigt sie doch um so deutlicher die Elemente des Skripts des **Beziehungstyps.** Sie werden schon beim ersten Auftritt Iphigenies ausgesprochen.

Was die Vergangenheit betrifft, so zieht sie keine Schlüsse daraus, daß ihr Vater bereit war, sie zu opfern. Er bleibt für sie »der größte König«, der »göttergleiche Agamemnon«, und sie hält daran fest, »sein Liebstes« zu sein. Wie anders und ehrlicher spricht Iphigenie bei EURIPIDES über

ihren Vater: »Und es verläßt der Vater mich, Mutter, weh! Der mir das Leben gab, gibt mich dem Tode preis!... Es tötet, schlachtet, würgt mich des frevelhaften Vaters frevelhafter Mord!«
GOETHEs Iphigenie wirkt vergleichsweise unwirklich, künstlich. SCHILLER hat dies in einem Brief an KÖRNER so ausgedrückt: »Sie ist ganz nur sittlich; aber die sinnliche Kraft, das Leben, die Bewegung und alles, was ein Werk zu einem echten dramatischen specificiert, geht ihr sehr ab.« Auch dies entspricht der skriptgebundenen Lebensgestaltung des **Beziehungstyps,** die nicht gewachsen ist, sondern entworfen wird und dadurch etwas von einer Traumwelt an sich hat.
Untersucht man die Skriptzeiten im Faust, so wird deutlich, daß Faust intensiv die Gegenwart erlebt und erleidet: »so ist mir das Dasein eine Last, der Tod erwünscht, das Leben mir verhaßt.« Er glaubt nicht an ein erfülltes Leben in der Gegenwart, er verflucht es und alles, was ihn daran bindet: »Fluch jener höchsten Liebeshuld! Fluch sei der Hoffnung! Fluch dem Glauben, und Fluch vor allem der Geduld!« So kann er den Pakt mit Mephisto schließen: »Werd ich zum Augenblicke sagen: Verweile doch! du bist so schön! Dann magst du mich in Fesseln schlagen, dann will ich gern zugrunde gehn!«
Er ist bereit, *danach,* zukünftig zu bezahlen: »Aus dieser Erde quillen meine Freuden, und diese Sonne scheinet meinen Leiden; Kann ich mich erst von ihnen scheiden, dann mag, was will und kann geschehn. Davon will ich nichts weiter hören...« Man hat, zumindest im ersten Teil, nicht den Eindruck, daß Faust sein Leben planvoll gestaltet, etwa Verantwortung für Gretchen übernimmt. Er folgt seinen Bedürfnissen und Gefühlen und lebt von Situation zu Situation, lebenshungrig und erkenntnisstrebend. Wie ein Kind will er das, was er begehrt, sofort haben: »Wenn nicht das süße junge Blut heut nacht in meinen Armen ruht, so sind wir um Mitternacht geschieden.«
Was die Vergangenheit anbelangt, hat Faust aus seinem ganzen Studieren und Unterrichten nichts »Rechtes« gelernt: »Da steh ich nun, ich armer Tor! Und bin so klug als wie zuvor.« Beim Osterspaziergang kommt er in Andeutungen auf seine Herkunft und Vergangenheit zu sprechen. Er beschreibt den Vater als dunklen Ehrenmann, der als Arzt Zaubermixturen hergestellt hat. Und meint, sie hätten mehr Menschen den Tod gebracht als die Pest: »Ich habe selbst das Gift an Tausende gegeben: sie welkten hin, ich muß erleben, daß man die frechen Mörder lobt.«

Statt aus der Vergangenheit zu lernen, hofft er auf Erlösung, meint, man könne ohnehin nichts erkennen, deklariert das Nachdenken als Trübsinn und wendet sich wieder der Gegenwart zu: »O glücklich, wer noch hoffen kann, aus diesem Meer des Irrtums aufzutauchen! Was man nicht weiß, das eben brauchte man, und was man weiß, kann man nicht brauchen. Doch laß uns dieser Stunde schönes Gut durch solchen Trübsinn nicht verkümmern!«
So hat auch seine Lebensgestaltung etwas Künstliches, Manipulatives. Von seiner Lehrtätigkeit meint er, daß er seine Schüler an der Nase herumführe, er sie nichts lehren könne. Seine Umgebung verflucht er als Kerker und dumpfes Mauerloch, beschränkt von Bücherhaufen, umstellt von Gläsern und Instrumenten und angehäuftem Urväter-Hausrat. Als er es mit Magie versucht, wird ihm deutlich, daß seine Erfahrungen unwirklich sind: »Welch Schauspiel! Aber ach! ein Schauspiel nur!« Später übernimmt Mephisto seine Lebensgestaltung, will ihm des Lebens Freuden zugänglich machen. Doch es endet für Faust an einem trüben Tag auf dem Feld mit: »Mir ekelt's!«

d) Das erfolgsgeleitete Wertesystem in SHAKESPEAREs »Richard III.« und »Hamlet«

SHAKESPEAREs Dramen folgen dem erfolgsgeleiteten Wertesystem des **Sachtyps**. Sie handeln von den Themen Macht und Machtmißbrauch. So, wie von Mephisto die Faszination des mitleidlosen Denkens ausgeht, ist es bei Richard III. die des rücksichtslosen Wollens. Von Natur aus häßlich und mißgestaltet, »und zwar so lahm und ungeziemend, daß Hunde bellen, hink' ich wo vorbei«, ist Richard entschlossen, »ein Bösewicht zu werden«. Tiefenpsychologisch gesehen wird hier der sachtypische Mangel an sinnenhaft-geistiger Zuwendung, »Ich bin häßlich, uninteressant«, wie auch bei anderen Helden SHAKESPEAREs dem Zuschauer vor Augen geführt.
Ohne Skrupel läßt Richard morden, um sich den Weg frei zu machen ins Brautbett der schönen Prinzessin Anna und zum Königsthron. Heuchelei und Verführung setzt er gezielt und gekonnt ein. Es macht ihm Freude, den Erwartungen von Anstand, Sitte und menschlichen Rücksichten ins Gesicht zu schlagen. Die gewonnenen Frauen verachtet und verhöhnt er: »Ich will sie haben, doch nicht lang behalten. Wie?

Ich, der Mörder ihres Manns und Vaters, in ihres Herzens Abscheu sie zu fangen.«

Doch bei all seinen Erfolgen bleibt er der Mißgestaltete, Gezeichnete, für den Zuschauer eindrücklich dargestellt auf der Bühne. Dies erinnert an die Helden der Abenteuer-Märchen des **Sachtyps**. Die Ambivalenzen zwischen klein und groß sein, schwach und stark, unterschätzt und überschätzt sind ständig in der Erinnerung des Zuhörers oder Lesers, einfach dadurch, daß der Held besonders klein (Daumeling), besonders einfältig (Von einem, der auszog), der Jüngste (Tischlein deck dich), nur ein Kater (Der gestiefelte Kater) oder nur ein Schneiderlein ist (Das tapfere Schneiderlein).

In seinen schrankenlosen Erfolgen bleibt bei Richard immer seine Ausgangssituation sichtbar, so wie bei Othello, daß er ein Farbiger, ein Mohr ist. Und als sich schließlich das Gemeinsame, das Richard so lange mißachtet und verhöhnt hat, gegen ihn wendet und er im mutigen Verzweiflungskampf untergeht, »Ich setzt' auf einen Wurf mein Leben«, ist dies wie eine Rückkehr zu seinem Anfang.

Bei allem Abscheu bleibt eine Faszination, die von Richards entschlossener Haltung, seinem Mut und taktischen Geschick ausgeht und seinem von keinen menschlichen Rücksichten beschränkten Wollen, nach SCHILLER »die reine Form des tragisch Furchtbaren, was man genießt«. SHAKESPEARE hat hier die negative Seite des erfolgsgeleiteten Wertesystems dargestellt. Der scheinbar illusionslose Richard täuscht sich darin, daß er meint, im Bereich **Handeln** könne der einzelne dauerhaft stärker sein als das gemeinsame Wollen.

Wie im Erkennen liegt auch im Wollen etwas ursprünglich Gutes, auch wenn es vorübergehend zum Schlechten gebraucht wird. Das meint Mephisto, der sich selbst beschreibt als: »Ein Teil von jener Kraft, die stets das Böse will und stets das Gute schafft.« Mit Richards Untergang ist zugleich der langwährende und mörderische Krieg zwischen den Häusern Lancaster und York beendet, und eine segensreiche Zeit des Friedens kann beginnen.

In »Hamlet, Prinz von Dänemark« wird der Weg des **Sachtyps** vom Denken zum Handeln besonders eindrucksvoll dargestellt – mit seinen Schwierigkeiten, die im grüblerischen und melancholischen Wesen Hamlets liegen, aber auch mit seiner mangelnden Fürsorglichkeit und Sensibilität Ophelia gegenüber, die er mit seinem abweisenden und kränkenden Pessimismus überfordert und in Wahnsinn und Tod treibt. Das Mitleiden des Zuschauers an Hamlets innerem Kampf, seinem Zögern und Ausweichen vor der Entscheidung und seiner depressiven Todessehnsucht: »Sterben – schlafen – nichts weiter!«[1] ist deshalb tief, weil dieses Erleben so stimmig dargestellt ist. Wie alle überzeugende Dichtung kann sie nur aus dem Material der eigenen Freuden und Leiden des Autors geschaffen sein.

Wie wenig berühren dagegen die Gegenfiguren zum zögernden Hamlet, der tatendurstige junge Prinz Fortinbras von Norwegen, der mit seinen Truppen in einen zweck- und sinnlosen Kampf zieht, oder der empörte Laertes, der einen Aufruhr entfacht, um den Tod seines Vaters zu rächen: »Mag kommen, was da kommt! Nur Rache will ich vollauf für meinen Vater.«, »Wer wird euch hindern?«, »Mein Wille, nicht der ganzen Welt Gebot, und meine Mittel will ich so verwalten, daß wenig weit soll reichen.« Hamlet dagegen muß sich eingestehen, daß sein Grübeln »ein Viertel Weisheit nur und stets drei Viertel Feigheit hat«.

Obwohl sein Herz von schlimmen Vorahnungen erfüllt ist, stellt sich Hamlet dem Duell mit Laertes: »In Bereitschaft sein ist alles.« Dies erinnert an eine Aussage aus dem alten Japan: »Die Kunst des Samurai ist dies allein, im Angesicht des Tods bereit zu sein.« Nun überstürzen sich die Ereignisse, Laertes fällt, Hamlets Mutter stirbt an dem ihm zugedachten Gifttrunk, er tötet den König und stirbt selbst. Der siegreich zurückkehrende Fortinbras ordnet an, daß Hamlet wie ein Krieger mit königlichen Ehren aufgebahrt und bestattet wird: »denn er hätte, wär' er hinaufgelangt, unfehlbar sich höchst königlich bewährt.«

Hamlet ist lange seinem erfolgsorientierten Wertesystem nicht gerecht geworden, erfolgsorientiert nicht in dem banalen Sinne des Erfolges um des Erfolges willen wie bei Fortinbras, sondern um das zu tun, was ihm Gewissen und Ehre auftragen: »ich weiß nicht, weswegen ich noch lebe, um zu sagen: ›Dies muß geschehn‹; da ich doch Grund und Willen und Kraft und Mittel hab', um es zu tun.« Dieses lange Scheitern hat ihm seine Selbstachtung und seine Fähigkeit zu lieben genommen. Sein »wunderliches Wesen«, das er angenommen hat, ist nicht nur Verstellung. Ophelia hat recht, wenn sie sagt: »Oh, welch ein edler Geist ist hier zerstört!« Erst zum Schluß gewinnt er die Kraft, »mittendurch« zu gehen und nicht mehr bloß »drumherum« (IBSEN).

---

[1] Zitiert nach SHAKESPEARE, Hamlet und König Richard III., Hamburg

e) Die Skriptzeiten bei »Richard III.« und »Hamlet«

Aus der Sicht der Skriptzeiten ist der **Sachtyp** meist negativ auf die Vergangenheit fixiert, die sich für ihn im eigenen Körper verdichtet. Richard III. beschäftigt sich mit seinem häßlichen Äußeren, das ihn, wie er meint, untauglich macht für Geselligkeit und Liebe: »Ich nun, in dieser schlaffen Friedenszeit, weiß keine Lust, die Zeit mir zu vertreiben, als meinen Schatten in der Sonne späh'n und meine eigne Mißgestalt erörtern.« Hamlet spricht von sich als einem Gegenstück zu Herkules. Sein Denken kreist um den vermuteten Mord an seinem Vater und den Verrat seiner Mutter.

Auch die Todessehnsucht Hamlets hat einen ganz anderen Charakter als die von Faust. Hamlet spielt nur mit dem Gedanken an den Tod, Faust ist entschlossen dazu, schon bereit, in ein neues Leben einzutreten: »Zu neuen Ufern lockt ein neuer Tag ... Auf neuer Bahn den Äther zu durchdringen, zu neuen Sphären reiner Tätigkeit«, als ihn Osterglockenklang und -chorgesang vom »letzten, ernsten Schritt« zurückhalten.

Hamlet sehnt sich nach einem tiefen, traumlosen Schlaf: »Sterben – schlafen – nichts weiter! – und zu wissen, daß ein Schlaf das Herzweh und die tausend Stöße endet, die unseres Fleisches Erbteil – 's ist ein Ziel aufs innigste zu wünschen. Sterben – schlafen – schlafen!« Es ist das »kein Morgen« des skriptgebundenen **Sachtyps**, der seine Zukunft nicht tatkräftig gestalten kann.

Beide erleben wieder die alte, destruktive Botschaft. Faust spürt: »Ich bin hier unerwünscht, nicht geliebt«, die Existenzgrundlage des Beziehungs-Ichs. Bei Hamlet geht es darum, zu sein oder nicht zu sein, die Existenzgrundlage des Erkenntnis-Ichs. Bei Faust ist es eine Entscheidung zwischen zwei Leben, diesem, das ihn schmerzt, und einem anderen, höheren. Für ihn ist Leben oder Sterben ein Beziehungsthema. Für Hamlet ist es die Entscheidung zwischen Bewußtsein und Bewußtlosigkeit, zwischen Wahrnehmen und Empfinden und Empfindungslosigkeit, ein Erkenntnisthema.

Den Preis, den der **Sachtyp** bezahlt, ist die eigene Liebe. Richard III. entscheidet sich für Haß und Rache: »Und darum, weil ich nicht als ein Verliebter kann kürzen diese fein beredten Tage, bin ich gewillt, ein Bösewicht zu werden und Feind den eitlen Freuden dieser Tage.« Hamlet zerstört seine Liebe zu Ophelia und ihre Liebe zu ihm. Dies ist grau-

sam und sinnlos, wie der Tod ihres Vaters, ihres Bruders, ihr eigenes Ende, denn sie hat mit dem Verbrechen nichts zu tun.
Warum stößt Hamlet Ophelia zurück? Die Handlung folgt dem Sprichwort, daß ein Unglück selten allein komme. Hamlet ist seit dem Tod seines Vaters in einem verstörten Zustand. Der König formuliert es zutreffend: »Ihm ist was im Gemüt, worüber seine Schwermut brütend sitzt.« Dann lehnt Ophelia auf Geheiß ihres Vaters seine Liebesbriefe ab und verweigerte ihm den Zutritt. Obwohl der Vater seine Anweisungen bedauert, gibt Ophelia beim nächsten Zusammentreffen Hamlet seine Geschenke, die er ihr gemacht hat, zurück. Welche Botschaft bei ihm ankommt, zeigt, wie er in der Folge Ophelia behandelt, verletzend, häßlich, abstoßend.
Die vernachlässigte Zeitdimension Zukunft zeigt sich bei Hamlet darin, daß er sich keine Zukunftshoffnungen macht, sich keine Lebensziele setzt: »Geh in ein Kloster!« sagt er immer wieder zu Ophelia. Der König sorgt sich zu Recht, daß die Ausgeburt seines dumpfen Brütens gefährlich sein wird, ein zerstörerischer Ausbruch seiner gestauten Lebensenergien. Das Drama Richard III. beschreibt von Beginn bis zum Ende: »Das Feld ist unser und der Bluthund tot« nichts anderes als dieses blinde Wüten, den aus der Angst des Nichtseins geborenen Zorn.
So ist dann auch Hamlets Lebensgestaltung ziellos und anspruchslos. Ein Zeichen dafür ist, daß er sein Äußeres vernachlässigt: »… mit ganz aufgerissenem Wams, kein Hut auf seinem Kopf, die Strümpfe schmutzig und losgebunden auf den Knöcheln hängend.« Er begegnet Ophelia wie ein Ertrinkender, erfaßt vom Sog der Sinnlosigkeit[1]. Er ergreift sie bei der Hand und hält sie fest. Er schaut sie lange, lange an, ohne etwas zu sagen. Es entringt sich ihm ein banger, tiefer Seufzer: »Als sollt er seinen ganzen Bau zertrümmern und endigen sein Dasein.« Auch als er stumm geht, schaut er sie unverwandt an.
Ophelia ist für ihn Inbegriff des Greifbaren, Sichtbaren, des Seins geworden, er sich selbst unbegreiflich. Doch sie versteht seine Notsituation nicht, reagiert erschrocken und hilflos. Richard III. kämpft gegen das Nichtsein an, indem er sich als häßlich, um das Ebenmaß betrogen und als Bösewicht definiert, seine Intelligenz nützt, um blindwütend zu

---

[1] In dem Wort Sinn ist noch eine Erinnerung an die Gesamtheit der Fähigkeiten des Erkenntnis-Ichs enthalten, die Sinne, das Sinnen und der Sinn – das Wissen.

morden, zu lügen und zu betrügen. Auch dies ist eine Art, sein Leben und seinen Lebenssinn zu vernachlässigen und zu verfehlen.

f) das sympathiegeleitete Wertesystem in SOPHOKLES' »Antigone« und KLEISTs »Der zerbrochene Krug«

Das sympathiegeleitete Wertesystem des **Handlungstyps,** die Bewegung vom Handeln zum Fühlen, wird deutlich in den Werken SOPHOKLES' oder KLEISTs. Antigone verkörpert die schrankenlose Liebe. Die Liebe zu ihrem toten Bruder Polyneikes ist stärker als die zu ihrem eigenen Leben. König Kreon hat bei Todesstrafe verboten, Polyneikes zu beerdigen. Doch Antigone ist fest entschlossen: »Doch ihn begrab ich! Dann zu sterben, ist nur schön! Dann lieg ich ihm zur Seite, lieb dem Lieben.«[1)]
Als ihre Schwester Ismene sich um sie ängstigt und sie von ihrem Vorhaben abbringen will oder ihr rät, über ihr Tun zu schweigen und sich zu verstecken, fährt Antigone sie an: »Ich haß dich nur noch mehr, schweigst du« und »Wenn du so redest, so haß ich dich, haß dich noch übers Grab«. Verglichen mit Hamlet zeigt sie von Anfang an äußerste Entschlossenheit, ebenso wie ihr Gegenspieler Kreon.
Als Antigone von den Wächtern gefaßt und vor Kreon geführt wird, tritt sie ihm herausfordernd entgegen. Nicht nur, daß sie zu ihrer Tat steht, sie nennt Kreon einen Toren und einen Tyrannen. Sie ist bereit zu sterben, und sie fragt Kreon fast spöttisch: »Was also zögerst du?« Kreon läßt sich provozieren: »Hinunter denn! Lieb, wenn du lieben mußt, die drunten! Noch gehorch ich keinem Weibe!« Doch sie bringt nicht nur sich ins Grab, sie zieht auch Kreons Sohn, mit dem sie verlobt ist, und Kreons Frau Euridyke mit sich hinab.
Die eigentlich tragische Figur in diesem Stück ist Kreon. Seine Verhärtung liegt über ihm wie ein Fluch. Sein autoritäres Rechts- und Ordnungsdenken läßt kein Mitgefühl zu. Zu spät kommt er zur Besinnung, zu spät ändert er seine Meinung. »Kreons Starrsinn wirkt um so tragischer, als er von vollendeter Verblendung diktiert erscheint und mit zwingender Notwendigkeit zum Abgrund führen muß.« (NEDDEN)
So kann sich die Verhärtung Kreons nur noch in Schmerz und Klage

---

[1)] Zitiert nach Griechische Tragiker, Aischylos, Sophokles, Euripides, Stuttgart auflösen: »O Irren, o Verstandes Unverstand... o meiner Klugheit Fluch... oh, oh, Menschenqual, o der Qual«. »Wohin? Weiß nicht ein noch aus, in lauter Leeres greift die Hand.« Wohl ist das sympathiegeleitete Wertesystem Thema dieses Werkes, doch die Liebe Antigones gehört den Toten, und die Liebe der anderen kann Kreons Herz nicht erweichen. So muß der Konflikt zwischen Kreons Befehl, der den Bereich der Götter mißachtet, und Antigones Bruderliebe verhängnisvoll enden.

In KLEISTs Lustspiel »Der zerbrochene Krug« ist der Dorfrichter Adam die tragikomische Figur. Gerichtsrat Walter kommt zur Revision. Richter Adam soll eine Verhandlung führen, in der er, ohne daß dies die Klägerin ahnt, selbst der Schuldige ist. Dabei geht es vordergründig um einen zerbrochenen Krug, in Wirklichkeit aber um die Liebe zwischen zwei jungen Leuten, die ebenfalls beschädigt wurde.

Mit Bauernschläue und autoritären Methoden der Einschüchterung sucht sich Richter Adam bis zuletzt aus der Schlinge zu ziehen. Doch gerade damit demonstriert er dem Gerichtsrat, wie ungeeignet er, Adam, für die Aufgabe eines Richters ist. Als die Wahrheit ans Licht kommt, daß er den Krug zerbrochen hat, rennt er kopflos aus der Gerichtsstube hinaus aufs Feld. Der Gerichtsrat schickt ihm den Schreiber nach: »Holt ihn zurück! Daß er nicht Übel rettend ärger mache.« Richter Adam macht fortgesetzt das, was man heute manchmal verschlechtbessern nennt. Bei aller Schlauheit wirkt er wie vernagelt. Im Grunde versteht er überhaupt nicht, was der Gerichtsrat Walter erwartet, nämlich ein faires und gerechtes Verhalten gegenüber den Parteien. Daß er dazu noch selbst in den Prozeß verwickelt ist, den er führen muß, macht dies alles für ihn noch undurchsichtiger. Es ist wie bei SOPHOKLES der Konflikt zwischen Macht, Gesetz und Ordnung auf der einen und Liebe, Gefühl und Menschlichkeit auf der anderen Seite. Daß es in beiden Fällen eine willkürliche Gesetzgebung und Rechtsprechung ist – Kreon verstößt gegen geheiligtes Brauchtum, der Dorfrichter Adam gegen das bürgerliche Rechtsempfinden der Gleichheit vor dem Recht –, soll darauf hinweisen, daß zwischen Menschlichkeit und Rechtsprechung kein Widerspruch bestehen müßte. In beiden Fällen wird der Konflikt verschärft durch autoritäres, starrsinniges Eltern-Ich-Verhalten, die strukturtypische Falle für den **Handlungstyp.** KLEIST selbst hat auf die Verwandtschaft seines Stückes zum »König Ödipus« des SOPHOKLES hingewiesen.

Dieses Festgelegtsein durch eine Rolle entspricht den Verwünschungen in den Verwandlungs-Märchen. Eine Erlösung findet für Richter Adam nicht statt, jedenfalls nicht auf der Bühne, vielleicht in den Herzen der Zuschauer, die diesen gerissenen Querkopf doch irgendwie sympathisch finden, der ihnen trotz seiner üblen Machenschaften am Ende des Stückes leid tut. Auf der Bühne wird es dadurch angedeutet, daß Richter Adam zwar sein Amt verliert, doch will der Gerichtsrat auf eine weiter gehende Bestrafung verzichten. Im Stück selbst zeigt sich das sympathiegeleitete Wertesystem darin, daß schließlich das Recht der Liebe hilft und die Liebenden wieder zusammenfinden.

Auch bei Antigone werden schon in den ersten Sätzen die Skriptzeiten des **Handlungstyps** bestätigt. Sie möchte das Problem handelnd, also zukunftsbezogen »Und guter Ordnung folgend« lösen. Den Skriptpreis hat sie schon bezahlt: »Denn«, so beginnt das Drama, »nichts Bejammernswertes, nichts Abscheuliches, nichts Schnödes, nichts Ehrloses bleibt, das nicht bereits ich ganz in meiner und in deiner Not gesehn!« Und sie versäumt die Gegenwart. Das Leben und die Liebe der Lebenden bedeuten ihr weniger als das, was sie für ihre Pflicht hält: »den Untern muß ich längre Zeit gefallen als den Hiesigen... Ich will genugtun, wem ich meist gefallen muß.« Zwar folgt sie ihrem sympathiegeleiteten Wertesystem: »Nicht mitzuhassen, mitzulieben bin ich da!« – doch ihre Tragik ist, daß sie meint, sie könne es nicht lebend, sondern nur sterbend verwirklichen.

Teil III

Konsequenzen für psychologische Beratung und Psychotherapie

12. Persönlichkeitsdiagnostische Therapie

a) Zur Entwicklung der Kurzzeittherapie

Die Kurzzeittherapie geht von einem neuen Verständnis aus, wie Heilung in der Psychotherapie funktioniert. Sie unterscheidet sich sowohl in ihrem Menschenbild wie in ihren Methoden. Sie glaubt, daß man mit dem Unbewußten kollegial zusammenarbeiten kann und daß es dabei auf eine genaue Sprache ankommt, verbal, bildhaft und körpersprachlich. Sie glaubt, daß das Unbewußte in jedem Fall an Heilung interessiert ist und diese viel rascher und auf eine wohltuendere und »ökologischere« Weise eintreten kann, als man es nach bisherigen Erfahrungen für möglich hielt.
Verglichen mit der Psychoanalyse hat sie ihre Leistungsfähigkeit und ihren Wirkungsgrad ähnlich erhöht wie die Automobile in den letzten 90 Jahren oder die Computer im letzten Jahrzehnt. Das klingt respektlos und ist auch so gemeint, denn ich halte es nicht für verantwortbar, Menschen mit den wenig wirksamen Methoden von vorgestern zu behandeln. Gegenüber den Methoden der humanistischen Psychologie ist die Kurztherapie genauer und handwerklicher. Der Psychotherapeut ist weniger der einfühlsame Freund und Weggefährte als der kompetente Fachmann für Veränderungen.
Die Kurztherapie ist erneut einfacher, wohltuender und wirksamer geworden. Wie ist das möglich? Dazu elf Punkte, in denen sie sich von früheren Therapiemethoden unterscheidet. Sie sind freilich nur dann verständlich, wenn man auch scheinbar gesichertes Wissen in Frage stellt, etwa was eine Neurose ausmacht. Kurztherapeuten würden in ihr z.B. einen ressourcearmen Zustand und einen Mangel an Wahl-

möglichkeiten sehen. Dann braucht man die Neurose nicht zu heilen, sondern es genügt, neue Ressourcen und Wahlmöglichkeiten zu erschließen.

Was machen Kurztherapeuten anders?

1. Sie schließen nicht mehr von sich auf andere, sondern arbeiten *paßgenau*, verbal[1], körpersprachlich[2] oder persönlichkeitsdiagnostisch[3].

2. Sie bekämpfen nicht den »inneren Schweinehund«[4], versuchen nicht, neurotische Verhaltensweisen zu »reparieren«[5], sondern arbeiten *ressourceorientiert*, stellen neue, gesunde bereit, die dann benützt werden können[6].

3. Sie arbeiten wesentlich genauer, etwa wenn Fähigkeiten anderer *elizitiert* und *modelliert*[7] werden. Damit knüpfen sie an der erfolgreichen Methode an, wie Kinder lernen.

4. Statt kritisch zu konfrontieren, arbeiten sie *anerkennend*, stellen z.B. das Gute vom Schlechten heraus.

5. Sie arbeiten *erfolgsorientiert*, beschäftigen sich weniger mit dem, was schiefgelaufen ist, als mit dem, was gelungen ist.

6. Sie arbeiten *lösungsorientiert* und wenig problemorientiert. Sie kümmern sich nicht viel um die Probleme und ihre Ursachen, sondern arbeiten von Anfang an an Lösungsmöglichkeiten und Alternativen.

7. Sie sehen in den *Glaubenssätzen*[8] einen der wesentlichen Faktoren für Mißlingen oder Gelingen. Erfolgreichem Verhalten geht fast immer ein fast irrationaler Glaube voraus, daß es gelingen wird.

[1] Z.B. BANDLER, GRINDER: »Metasprache und Psychotherapie«
[2] Z.B. DE SHAZER, TIT FOR TAT in: »Wege der erfolgreichen Kurztherapie«
[3] Mein eigenes Modell
[4] C. STEINER nennt es das Schweine-Eltern-Ich.
[5] Z.B. Nicht-o.k.-Positionen, Rollen im Drama-Dreieck, Spiele und Skripts in der Transaktionsanalyse
[6] Z.B. die Schlüsselfähigkeiten
[7] NLP
[8] Z.B. was ich glaube, was ich kann oder nicht kann – ich werde fast immer recht behalten.

8. Sie betrachten das *Unbewußte* als kompetenten Kotherapeuten, der 24 Stunden pro Tag für den Klienten arbeiten kann.
9. Sie arbeiten bewußt auf der Ebene der *Körpersprache*[1] und beziehen die *Physiologie* des Klienten als einen der wesentlichen Faktoren in die Therapie mit ein[2].
10. Sie denken systemisch[3], machen sich nicht die Sichtweise der Klienten zu eigen, sondern sehen die »andere Seite«, stehen ihnen nicht als Vorbild im Weg herum, sondern machen ihn frei.
11. Sie benützen Methoden, die bisher als unwissenschaftlich galten und z.B. im Positiven Denken behandelt wurden, wie die Arbeit mit vorgestellten *Zielen* und *Ergebnisvorwegnahmen*.

Die Bezeichnungen Kurzzeittherapie oder Kurztherapie sind mißverständlich. Sie erwecken den Eindruck von Not- oder Erste-Hilfe-Maßnahmen, erinnern an Kurzlehrgänge etwa in Fremdsprachen, die ein gründliches Studium nicht ersetzen können. Sie betonen zu sehr den quantitativen Aspekt der Zeit und zuwenig den qualitativen der wünschenswerten Veränderungen. Vielleicht sollte man Intensivtherapie sagen.

Denn es handelt sich von ihrem Selbstverständnis und ihrem Anspruch her um eigenständige und vollwertige Therapien, die effektiver sind als bisherige Ansätze und deshalb weniger Therapiestunden brauchen. Will man sie richtig einschätzen und nicht nur vorurteilshaft abqualifizieren, so darf man sie nicht an den alten Modellen messen, was psychische Krankheiten und wie sie zu heilen seien. Etwas Neues an den alten Maßstäben zu messen kann nur zu Mißverständnissen führen.

Wie sind diese rascheren Erfolge zu erklären? Während sich die bisherigen Therapieschulen intensiv mit den Problemen der Patienten oder Klienten beschäftigt haben, um daraus Lösungsansätze zu entwickeln, gehen die Kurzzeittherapien von möglichen Lösungen aus, die sie die Klienten erfinden und finden lassen, und kümmern sich wenig um die jetzigen Probleme. Sind ältere Therapieformen an den In-

---

[1] Z.B. Pacing
[2] Z.B. Körperhaltung, Gesichtsausdruck, Augenbewegungen, Atmung, Ernährung, Sport
[3] Die systemischen Therapien des Mailänder Modells, der Palo Alto Gruppe und des Milwaukee-Teams

halten interessiert, wo wenden die Kurzzeittherapien konsequent ihre Aufmerksamkeit auf die Prozesse: Welche Fähigkeiten und Vorgehensweisen können zur Problemlösung eingesetzt werden?
Die Vergangenheit interessiert nur soweit, wie dort schon erfolgreiche Lösungsansätze zu erkennen sind und für die jetzige Problemsituation genützt werden können. Das eigentliche therapeutische Erfahrungsfeld ist die Zukunft. Die therapeutisch wirksamen Veränderungen werden weniger in der Therapiesitzung als im Leben der Klienten erwartet. Es wird nicht versucht, Fehlhaltungen zu beseitigen, sondern bereits vorhandene Fähigkeiten zu gebrauchen und auszubauen.
Das therapeutische Vorgehen soll für den Klienten nicht vorhersehbar und berechenbar werden, sondern überraschend neu bleiben. Das verhindert, daß sich der Klient an das therapeutische Modell anpassen und es damit weitgehend unwirksam machen kann. Jeder Widerstand wird als eine Form eines Kooperationsangebotes interpretiert und für die therapeutische Arbeit genützt. Schließlich werden Symptome nicht eliminiert, sondern zunächst einmal positiv umgedeutet.
Weniger beachtet, doch auch ein wichtiges Merkmal moderner Kurztherapien ist die größere Genauigkeit, mit der gearbeitet wird. Etwa die genaue Beobachtung der Sprache und der Reaktionen der Klienten bei BANDLER und GRINDER. Oder das genaue Formulieren der Mitteilungen an die Klienten bei DE SHAZER und das, was er Paßgenauigkeit nennt, wie das Therapeutenverhalten auf das des Klienten abgestimmt wird. Die Kurzzeittherapie beginnt mit einem wissenden Nicht-Wissen, daß wir das Problem des Klienten weder verstehen noch zu verstehen brauchen.
Als Vater der modernen Kurzzeittherapie gilt MILTON ERICKSON. In seiner Hypnotherapie finden sich alle diese Merkmale. Therapeuten wie HALEY, BANDLER, GRINDER, ROBBINS und DE SHAZER haben von ihm gelernt, eigene Modelle entwickelt und sie erstmals Ende der sechziger bis Mitte der siebziger Jahre veröffentlicht. Bei uns wurde die Kurzzeittherapie, mit einer Zeitverzögerung von etwa einem Jahrzehnt, besonders über die Familientherapie (Mailänder Schule und Palo-Alto-Gruppe) bekannt. Als ein Höhepunkt erscheint mir STEVE DE SHAZERs »Wege der erfolgreichen Kurztherapie« von 1989.[1]

---

[1] Eine gute Einführung geben: WEISS/HAERTEL-WEISS, Familientherapie ohne Familie, Piper.

b) Der persönlichkeitsdiagnostische Ansatz

Seit Ende der siebziger Jahre suchte ich nach eigenen Wegen, die psychotherapeutische Arbeit effektiver zu machen. Ich arbeitete damals nach dem transaktionsanalytischen Konzept. Die dort verwendeten Modelle sind zwar recht plausibel, doch sie erschienen mir zu ungenau. Ich vermutete, daß ein persönlichkeitsdiagnostisches Vorgehen genauer und effektiver sein müßte.

Nun gab es ja persönlichkeitsdiagnostische Modelle, ich denke hier besonders an das neopsychoanalytische Modell (FREUD/SCHULTZ-HENCKE/RIEMANN u.a.). Es wurde und wird vor allem in psychosomatischen Kliniken benützt, dort wo psychotherapeutische Schwerstarbeit zu leisten ist und rasche und spürbare Heilungserfolge erzielt werden müssen. Doch ich sah zunächst keine Möglichkeit, es in eine transaktionsanalytische Therapie zu integrieren.

Dann kam mir die Idee, daß es beim sogenannten Drama-Dreieck, einem Modell der Transaktionsanalyse, persönlichkeitstypische Einstiege, Vermeidungstendenzen und Endpunkte geben könnte. Beobachtungen bestätigten diese Vermutung. Wessen Lieblings- und Einstiegsposition die sentimentale Retterrolle ist, der vermeidet in der Regel die hilflose Opferposition, delegiert sie an die Mitspieler und

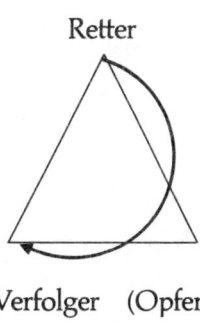
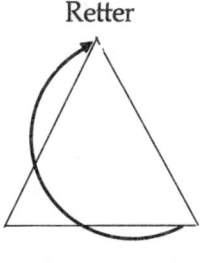
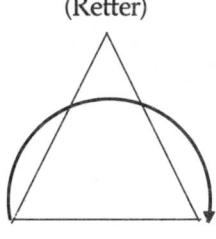

Retter   Retter   (Retter)

Verfolger (Opfer)   (Verfolger) Opfer   Verfolger Opfer

Beziehungstyp 1 und 2
(schizoider und hysterischer Strukturtyp)

Sachtyp 1 und 2
(narzißtischer und depressiver Strukturtyp)

Handlungstyp 1 und 2
(phobischer und zwanghafter Strukturtyp)

endet gewöhnlich als aggressiver Verfolger. Das Opfer meidet und delegiert die kraftvolle Verfolgerrolle und endet in Selbstmitleid als Retter. Und der Verfolger tut sich schwer mit der mitleidvollen Retterrolle und endet irgendwann selbst als verbittertes Opfer.

Die Weiterentwicklung dieses Modells ermöglichte eine exakte Analyse der von BERNE beschriebenen Spiele.[1] Freilich mußten dazu einige Begriffe genauer definiert werden, etwa der Unterschied zwischen Macht- und Verfolgerspielen. Die TA-Lehrbücher erwiesen sich dabei als wenig hilfreich, wohl aber die konkreten und zutreffenden Beschreibungen BERNEs, u.a. in seinem Buch »Spiele der Erwachsenen«. Die wichtigste Entdeckung dabei war, daß der einzelne Persönlichkeitstyp nun als Prozeß beschrieben und deutlich gemacht werden konnte, wie diese Prozesse negativ oder positiv ablaufen, also krank- oder gesundmachend.

Bei der weiteren Ausarbeitung dieses Ansatzes zeigte sich, daß ein Spielablauf nur ein Sonderfall des Prozesses ist, der die Persönlichkeit strukturiert. Als Stationen oder Bausteine boten sich dafür BERNEs Ich-Zustände an, das Eltern-, Erwachsenen- und Kind-Ich. Hatte schon BERNE gesagt: »Wenn Sie etwas nicht auf Ich-Zustände zurückführen können, ist es nicht Transaktionsanalyse«, so muß ich inzwischen auch über mein eigenes Modell sagen, es steht und fällt mit der Existenz der drei Ich-Zustände oder, wie ich sie nenne, der drei Ichs, des Handlungs-, Erkenntnis- und Beziehungs-Ichs.

Das BERNEsche und mein eigenes Modell sind nicht ganz deckungsgleich, sondern jeweils ineinander enthalten. So hat jedes Ich einen elternhaften, einen erwachsenen und einen kindlichen Anteil und jeder Ich-Zustand einen Handlungs-, einen Erkenntnis- und einen Beziehungsaspekt. Und doch sind es nicht zwei verschiedene oder nur verwandte Modelle. Ich sehe es so, daß mein Modell in dem BERNEs nicht nur schon immer enthalten war, sondern daß es seine Existenzgrundlage bildet. Nur das ontologische Modell rechtfertigt die Dreiheit der Ich-Zustände oder Ichs.

Daß im persönlichkeitsdiagnostischen Modell die drei Ichs als Bausteine die Persönlichkeitstypen und ihren Prozeß strukturieren, erscheint nicht ganz unproblematisch, denn die Ich-Zustände sind nicht einmal in der Transaktionsanalyse unumstritten. LEONHARD SCHLE-

---

[1] Siehe Spielanalysen in: DIETMAR FRIEDMANN, »Der andere«.

Ich-Zustände (BERNE)	die drei Ichs (FRIEDMANN)	eigengesetzliche Lebensbereiche
Eltern-Ich	Handlungs-Ich	Bereich Handeln
Erwachsenen-Ich	Erkenntnis-Ich	Bereich Erkennen
Kind-Ich	Beziehungs-Ich	Bereich Beziehung

Ich-Zustände, Ichs und Lebensbereiche

GEL möchte sie in »Die Transaktionale Analyse« am liebsten durch unverbindliche »Haltungen« ersetzen. Und WARTENBERG kommt in einer wissenschaftlichen Untersuchung [1] zu dem vernichtenden Urteil, »das Bernesche Modell der Ich-Zustände ist logisch nicht haltbar« und deshalb die gesamte Transaktionsanalyse »im Lichte heutiger Kommunikationstheorie unbrauchbar«.
Tatsächlich ist das BERNEsche Ich-Modell doppelbödig. Es sind, wie andere Kritiker und ich selbst meinen, zwei Modelle in einem. BERNEs Bezeichnungen beschreiben einen psychotherapeutischen Aspekt des Modells, meine Bezeichnungen den ontologischen, die Tiefenstruktur des BERNEschen Modells. Glücklicherweise läßt sich eindeutig zeigen [2], daß die drei Ichs sich auf eigengesetzliche Bereiche unserer Lebenswirklichkeit beziehen und sich darauf spezialisiert haben.
Mit diesem ontologischen Nachweis der Zweckmäßigkeit eines dreifachen Ichs läßt sich nun auch in der Theorie bestätigen, was die TA-Praktiker schon immer gesagt haben, unsere Psyche ist organisiert in drei deutlich unterscheidbaren Einheiten. Und ich meine auch, daß das ontologische Modell mehr Klarheit und Eindeutigkeit in die Transaktionsanalyse bringt, egal, um welches Thema es sich handelt – das Strukturmodell, die Kommunikationsregeln, die Einschärfungen, die Antreiber, das Drama-Dreieck, die Spiele, die Skriptmuster –, und zwar sowohl was die Diagnostik als auch die Therapie betrifft.
Ich gehe also davon aus, daß die menschliche Psyche durch die drei

[1] WARTENBERG, ROLF: Das Strukturmodell der Ich-Zustände, Diss. Oldenburg 1989
[2] DIETMAR FRIEDMANN, »Die Entdeckung der eigenen Persönlichkeit«

	Persönlichkeits-bereich	Entwicklungs-bereich	Ziel-bereich
Beziehungstyp (BT)	Beziehungs-Ich *Fühlen*	Erkenntnis-Ich *Erkennen*	Handlungs-Ich *Wollen*
Sachtyp (ST)	Erkenntnis-Ich *Erkennen*	Handlungs-Ich *Wollen*	Beziehungs-Ich *Fühlen*
Handlungstyp (HT)	Handlungs-Ich *Wollen*	Beziehungs-Ich *Fühlen*	Erkenntnis-Ich *Erkennen*

Ichs klar strukturiert wird und sich die verschiedenen Strukturtypen beschreiben lassen als unterschiedliche Prozeßmuster. Um diese Prozesse unterscheiden zu können, nannte ich die erste Station dieses Prozesses *Persönlichkeitsbereich*. Er ist der Ausgangspunkt der Persönlichkeitsbildung und jeweils am stärksten ausgeprägt. Die mittlere Station dieses Prozesses ist der *Entwicklungsbereich*. Er ist vergleichsweise schwach ausgebildet. Das erklärt sich aus der Entstehungsgeschichte bzw. den Entstehungsbedingungen der Persönlichkeit, die zu einer Fixierung auf den ersten Bereich führen. Endstation des Energieflusses ist der *Zielbereich*.

c) Der therapeutische Nutzen dieses Modells

Ich vergleiche das pragmatische Vorgehen der Kurztherapien und das diagnostische in meinem Modell gerne mit Kompaß und Landkarte. Man kann sich in einer fremden Gegend allein mit einem Kompaß zurechtfinden oder nur eine Landkarte benützen. Doch zweckmäßiger ist es, von beiden Gebrauch zu machen. Man kann dann direkt mit dem diagnostischen Modell arbeiten, etwa die Fähigkeiten des Persönlichkeitsbereiches durch Anerkennen stabilisieren, die des Entwicklungsbereiches durch Fragen aktivieren und die des Zielbereiches durch Erlaubnisse unterstützen. Oder man kann beim pragmatischen Vorgehen nach NLP oder DE SHAZER das diagnostische Modell als Kontrollinstrument einsetzen, um zu sehen, was man erreicht hat und was noch zu tun ist.

Wenn jemand Probleme hat, so kann dies drei verschiedene Ursachen haben oder eine Mischung dieser Ursachen sein. Es ist möglich, daß alte Wunden aufgebrochen sind, daß jemand aus aktuellem Anlaß sein Kindheitstrauma wiedererlebt. Tatsächlich ist es ja so, daß viele Menschen in einer Art Wiederholungszwang alte, frühkindliche Situationen in ihrem Leben nachstellen und dann wiedererleben. So kann man z.B. immer wieder beobachten, wie Menschen, die als Kinder vom gegengeschlechtlichen Elternteil abgelehnt worden sind, sich später in Partner verlieben, die sie ebenfalls ablehnen.

	Persönlichkeitsbereich	Entwicklungsbereich	Zielbereich
Störungen, Schwächen, Fehlhaltungen	*frühkindliche Störungen* als Herausforderung für die Entstehung der Persönlichkeitsstruktur	*Entwicklungsdefizite* durch Fixierung auf den vorausgegangenen Persönlichkeitsbereich	anfällig für *Fremdbestimmung* durch andere und anderen gegenüber (Spiele und Skriptpreis)
Alternativen und Therapie	*Erlaubnisse* als emotionale (für BT), sinnenhaftgeistige (für ST) oder anerkennende (für HT) *Zuwendung*	Aktivierung, Training und Bestärkung der *Schlüsselfähigkeiten*, beim BT bewußtes und intuitives Erkennen, beim ST geplantes und kreatives Handeln, beim HT emotionales Geben und Nehmen	*Selbstbestimmung* und andere gewähren lassen: Ich bin frei und unabhängig in meinem Wollen (BT), Fühlen (ST) und Denken (HT), und ich lasse auch anderen diese Freiheit

BT = **Beziehungstyp**
ST = **Sachtyp**
HT = **Handlungstyp**

Diese frühkindlichen Störungen sind das bevorzugte Arbeitsgebiet der tiefenpsychologisch orientierten Psychotherapie. Das führt oft zu langen Therapien mit ungewissem Ausgang. Die Arbeit an den Kindheitstraumata erinnert an das bekannte Faß ohne Boden. Diese frühen Störungen lassen sich im Persönlichkeitsbereich lokalisieren, denn sie waren ja ursprünglich die Herausforderung, die zu seiner Bildung und zur Fixierung und Konzentration der Energie auf diesen Bereich und dieses Lebensthema geführt hat.

Der zweithäufigste Ansatzpunkt ist der Zielbereich. Er wird dadurch auffällig, daß er der bevorzugte Ort der Fehlhaltungen oder Spiele ist. Hier, im Zielbereich, neigen wir dazu, uns fremdbestimmen zu lassen oder andere fremdzubestimmen, d.h. zu manipulieren. Der schizoide oder hysterische Strukturtyp (**Beziehungstyp**) verhält sich so, wie er denkt, daß andere erwarten, daß er sich verhält. Da er den Preis, den er selbst bezahlt, auch bereit ist, anderen zuzumuten, neigt er dazu, andere im Verhalten zu manipulieren.

Der narzißtische oder depressive Strukturtyp (**Sachtyp**) reagiert im Beziehungsverhalten fremdbestimmt. In seinem Erleben spiegelt er oft nur die Gefühle des anderen wider und steht nicht zu seinen eigenen Bedürfnissen. Auf der anderen Seite manipuliert er andere durch sein Es-sich-schlecht-gehen-Lassen, setzt sie unter Druck und macht ihnen ein schlechtes Gewissen (wenn sie es mit sich machen lassen). Der phobische oder zwanghafte Strukturtyp (**Handlungstyp**) denkt, wie er denkt, daß man von ihm erwartet, daß er denkt. Das erwartet er dann auch von den anderen.

Richtet man seine Aufmerksamkeit auf den Persönlichkeits- oder den Zielbereich, so wird man eher problem- als lösungsorientiert arbeiten. Der lösungsorientierte Ansatz, der in der Regel zu schnelleren Heilungserfolgen führt, liegt im Entwicklungsbereich. Gelingt es, bei den Klienten diese Fähigkeiten, ich nenne sie Schlüsselfähigkeiten, zu aktivieren, lösen sie meist erstaunlich rasch ihre Probleme. Zwar werden manche nach einiger Zeit wieder rückfällig, weil sie erneut ihre Schlüsselfähigkeiten vernachlässigen. Doch nun können sie schon bewußt aus Fehlern lernen und sich erneut auf das besinnen, was ihnen guttut und sich in ihrer Lebenspraxis bewährt.

Für die schwierigen und tiefsitzenden Störungen im Persönlichkeitsbereich gilt bei diesem Ansatz: stabilisieren und ausheilen lassen durch viel Anerkennung im Persönlichkeitsbereich. Sie ist typspezifisch und gilt relativ unabhängig von den konkreten Problemen der Klienten, für den **Beziehungstyp** z.B. emotionale und liebevolle Zuwendung aus dem Beziehungs-Ich, für den **Sachtyp** sinnenhaft-geistige aus dem Erkenntnis-Ich. Dieser Unterschied wird deutlich, wenn jemand sagt: »Ich mag dich!« oder »Du gefällst mir!« Der Persönlichkeitsbereich des **Handlungstyps** wird durch anerkennend-erlaubende Zuwendung aus dem Handlungs-Ich stabilisiert.

Man wird einwenden, das sei ein ziemlich schematisches Vorgehen. Das ist richtig. Doch wer längere Zeit therapeutisch arbeitet, weiß, daß auch Neurosen ziemlich schematische Angelegenheiten sind, daß hier wenige Grundmuster variiert werden. Psychotherapie braucht nicht dem ganzen Reichtum menschlicher Möglichkeiten zu entsprechen, sondern nur den Weg dahin zu bahnen. Dazu sollte sie zuverlässig und wirksam arbeiten, so daß sich die Klienten rasch besser fühlen. Das leistet die diagnostische Kurzzeittherapie.

Auch die Fehlhaltungen im Zielbereich verlieren an Bedeutung. Wenn jemand in Kontakt mit seinen Schlüsselfähigkeiten ist, genügt es zu durchschauen, daß man sich oder andere fremdbestimmt. Dann kann man es lassen, wenn man will. Doch eben nur unter der Voraussetzung, daß man seine Schlüsselfähigkeiten lebt. Das wußte BERNE noch nicht, deshalb hat seine Spielanalyse nicht das gehalten, was er sich von ihr versprochen hat: Spiele erkennen und aufgeben bzw. sie durch menschlich wertvollere Verhaltensweisen ersetzen. Ohne die Verwirklichung der Schlüsselfähigkeiten sind Spiele zäh und anhänglich wie Süchte.

d) Ein praktisches Beispiel einer persönlichkeitsdiagnostischen Kurztherapie-Intervention zum Thema Widerstand

Folgendes Beispiel nützt einige der eingangs genannten Methoden der Kurztherapie und ist zugleich persönlichkeitsdiagnostisch. Damit will ich auch deutlich machen, daß es sich beim diagnostischen Ansatz um ein ergänzendes Modell handelt, nicht um eine neue Therapierichtung. Das Vorgehen ist lösungs- und nicht problembezogen, zukunfts- und nicht vergangenheitsorientiert, ist für die Klientin überraschend, also kein vorhersehbares Verhalten, kümmert sich kaum um die aktuellen Probleme der Klientin und arbeitet mit dem und nicht gegen den Widerstand.

Um den persönlichkeitstypischen Aspekt deutlich zu machen, möchte ich dazu noch etwas ausführen. Es werden drei Quellen der heilsamen Veränderungen genannt. Der **Handlungstyp** (Ich bin o.k. – du bist nicht o.k.) muß lernen, daß er andere braucht, gelten läßt und Hilfe von anderen, in diesem Fall von der Therapeutin, annimmt. Sie zeigt ihm gefühlsmäßiges Verständnis und hilft ihm, einen Zugang zu den eigenen Gefühlen zu finden. Der **Sachtyp** (Ich bin nicht o.k. – du bist o.k.) muß lernen, aktiv zu werden, sich selbst zu helfen. Zuviel Hilfe und Verständnis von der Therapeutin würden seine Neigungen zu passivem Verhalten verstärken.

Bei **Beziehungstypen** habe ich beobachtet, daß sich die Veränderungen oft wie von selbst in ihrem Leben einstellen. Voraussetzung ist wiederum, daß sie ihre Schlüsselfähigkeiten im Erkenntnis-Ich verwirklichen. Dieses »wie von selbst« hängt mit den Eigenschaften und Fähigkeiten des Erkenntnis-Ichs zusammen, das heißt: gelassen sein, loslassen können, Situationen betrachten, und es heißt umgekehrt: aufhören, es anderen recht machen zu wollen und sich und sie zu manipulieren. Der **Beziehungstyp** (unterschwellig: Ich bin nicht o.k. – du bist nicht o.k.) muß lernen, die Dinge sich entwickeln zu lassen und dem Leben zu vertrauen.

Diese Klientin, von der Charakterstruktur her hysterisch bzw. **Beziehungstyp 2**, eine junge, attraktive Frau, litt unter starken Ängsten, sie könne plötzlich sterben, sei es ohne Vorankündigung, sei es durch eine schwere Krankheit. Deshalb verbrachte sie regelmäßig ihre Freizeit zu Hause und verließ die Wohnung kaum noch. Sie hatte zu diesem Zeitpunkt keinen Partner. Eine Beziehung war etwa ein halbes Jahr vorher in die Brüche gegangen. Unter der ganzen Situation litt sie sehr, dachte wiederholt daran, sich das Leben zu nehmen, und wirkte verzweifelt. Zur ersten Sitzung kam sie eine halbe Stunde zu spät, ohne telefonisch Bescheid zu sagen, bei der zweiten Sitzung rief sie an, sie sei aufgehalten worden, und kam dann etwa zwanzig Minuten später. Die dritte Sitzung vergaß sie ganz, ohne hinterher anzurufen. Da ich annahm, daß ich nie wieder etwas von ihr hören würde, ich aber wissen wollte, wie es ihr ging, rief ich sie nach etwa drei Wochen an. Sie vereinbarte von sich aus einen vierten Termin, den sie dann wieder vergaß, ohne etwas von sich hören zu lassen.

Ich war enttäuscht, verärgert und niedergeschlagen, denn ich hatte sie gerne und wollte ihr helfen. Ich meinte, sie als Klientin endgültig »ab-

schreiben« zu müssen. Doch dann überlegte ich mir, daß aus der Sicht moderner Kurztherapie es auch in diesem Fall möglich sein müßte, therapeutisch wirksam zu werden. Daß ich noch nichts darüber gelesen hatte, wie man mit Klienten, die nicht zur Therapie kommen, therapeutisch arbeiten kann, empfand ich als zusätzliche Herausforderung.
Ich entschloß mich, ihr folgenden Brief zu schreiben. Über meine anfängliche Enttäuschung schrieb ich bewußt nicht, weil das bei ihr vielleicht ein schlechtes Gewissen ausgelöst hätte, was ich auf jeden Fall vermeiden wollte.

Liebe Frau A...,
ich habe Sie zu unserem vereinbarten Termin, ... tag um ... Uhr erwartet. Sie sind weder gekommen, noch haben Sie abgesagt. Ich habe die Zeit benützt, um mir Gedanken über die Lösung Ihres Problems zu machen und sie Ihnen zu schreiben. Mir liegt daran, daß Sie gesund werden und Ihr Leben so gestalten können, wie Sie es wollen.
Ein anderer Therapeut würde vielleicht sagen, das ist hoffnungslos mit der Frau..., wie soll ich ihr helfen, wenn sie nicht zu den vereinbarten Sitzungen kommt? Doch ich denke, daß Menschen, ob ihnen das bewußt ist oder nicht, selten etwas Sinnloses tun. Daß Sie nicht gekommen sind, war möglicherweise genau das Richtige.
Es deckt sich mit meinen Vermutungen, wie die Heilung bei Ihnen zustande kommen wird. Grundsätzlich gibt es ja drei Möglichkeiten:
1. Die heilsamen Veränderungen gehen von Maßnahmen des Therapeuten aus.
2. Die heilsamen Veränderungen gehen von Aktivitäten der Klientin aus.
3. Die heilsamen Veränderungen stellen sich von selbst ein (ohne daß der Therapeut oder Klient viel dazu tut).
Ich denke, daß für Sie der dritte Weg zutrifft. Ich erwarte, daß die heilsamen Veränderungen spontan auftreten (nachdem es lange genug schlechter geworden ist). Bitte achten Sie auch auf kleine Anzeichen für positive Veränderungen. Ich würde mich freuen, wenn Sie mir darüber berichten, wenn es soweit ist. Sie können mir schreiben, mich anrufen oder einen Termin vereinbaren (den Sie dann nicht unbedingt einhalten, aber natürlich bezahlen müssen).
Ich möchte, daß Sie gesund werden. Ich denke, Sie haben es verdient, und ich glaube, daß Sie viel aus Ihrer Krankheit gelernt und für sich gewonnen haben – wenn auch auf einem leidvollen Weg. Jedenfalls wird es Ihnen, da bin ich sicher, später deutlich zugute kommen.

Mit freundlichen Grüßen

Sie hat mir weder geschrieben noch mich angerufen, sondern einen dritten Weg gefunden. Sie traf mich in der Stadt. Ich saß in einem Straßencafé, und sie kam, schon von weitem strahlend, auf mich zu. Sie erzählte mir, daß sie sich sehr über den Brief gefreut habe, es ihr schon deutlich bessergehe, sie jetzt wieder täglich Jogging mache usw. Ich dachte an DE SHAZERs Vorgehen bei Fortschritten und machte sie darauf aufmerksam, daß sie mit Rückschlägen rechnen müsse.

f) Genauigkeit, Effektivität und neue Erkenntnisse

Ich hatte mir von dem persönlichkeitsdiagnostischen Ansatz ein genaueres und effektiveres therapeutisches Arbeiten erhofft. Diese Erwartungen haben sich früh erfüllt. Darüber hinaus ist er zu einer Art Selbstläufer geworden, d.h., es stellten sich eine Fülle neuer Erkenntnisse ein, mit denen ich überhaupt nicht gerechnet hatte. Dabei kamen mir einige äußere Umstände zur Hilfe: Ich konnte jede neue Idee in der Praxis ausprobieren, in therapeutischen oder in Trainingssituationen. Eine vielseitige Dozenten-, Fort- und Ausbildungstätigkeit mit unterschiedlichen Zielgruppen forderte mich dazu heraus, diese Erkenntnisse verständlich zu formulieren und sie für andere anwendbar zu machen. Auch das Schreiben der Bücher war eine ständige Herausforderung, weiterzuforschen und Zusammenhänge zu klären.
Was ist nun dabei herausgekommen? Auf der einen Seite ein genaues und detailliertes Modell einer anwendungsbezogenen Persönlichkeitsdiagnostik, das sich in der praktischen Arbeit sehr gut bewährt. Auf der anderen Seite werden die klassischen Themen der Transaktionsanalyse persönlichkeitsdiagnostisch durchgearbeitet und damit zugleich präzisiert. Diese Weiterentwicklung könnte der Transaktionsanalyse zugute kommen, wenn sie sich dieser Herausforderung stellt und sie nicht nach einem ihrer eigenen Modelle [1] ignoriert oder abwertet.
In den Jahren, in denen ich an dem diagnostischen Modell gearbeitet habe, kümmerte ich mich kaum um andere Therapierichtungen. Im nachhinein sehe ich, daß es alle Merkmale moderner Kurztherapien aufweist. Und ich denke, daß es ein brauchbarer und typisch europäi-

---

[1] Etwa dem SCHIFFschen Discounting Modell

scher Beitrag sein wird, der der Reflexion einen höheren Stellenwert beimißt als die eher pragmatischen Modelle aus Amerika. Es kann fast jede andere Therapierichtung ergänzen und damit wirksamer machen, ist also voll kompatibel.

Weniger gut vertragen wird sich dieser Ansatz mit Therapieformen, die ganz auf das Erleben setzen und vom Denken und Erkennen wenig halten, die es gerne geheimnisvoll haben oder die sich allein auf die Intuition und das Einfühlungsvermögen verlassen. Auch wer sich lange hinziehende Therapien liebt und die Klienten nur ganz behutsam in die Selbständigkeit entlassen möchte, wird an diesem Ansatz vermutlich weniger interessiert sein.

Auch wenn mir dieses Modell heute schon recht ausgereift und abgerundet erscheint, wird es sicher in alle möglichen Richtungen weiterentwickelt werden, denn es beschreibt nichts anderes als menschliche Wirklichkeiten, die jedem zugänglich sind. Ich habe mehrfach die Genauigkeit betont, an ihr liegt mir viel, und sie ist der Grund, warum ich einige neue Begriffe eingeführt und gebräuchliche neu definiert habe. Genauigkeit ist in diesem Themenbereich der persönlichkeitsdiagnostischen Menschenkenntnis möglich, und ich meine, sie ist eine wesentliche Voraussetzung für psychologische und psychotherapeutische Fachkompetenz.

13. Drei Generationen in der Psychotherapie

a) Grenzüberschreitungen als Regelverstöße

In der Geschichte der Psychotherapie kann man deutlich drei Generationen unterscheiden. Die erste Generation ließ sich von der Fragestellung »*Warum?*« leiten. Sie war vergangenheitsbezogen und vermutete die Ursachen der jetzigen Probleme in unbewußten Reaktionen auf frühkindliche Traumata. Die Hoffnung dabei war, daß durch bewußtes Wiedererleben und durch Erkennen deren krankmachende Wirkungen aufgelöst würden.

Gemessen an den heutigen Behandlungsergebnissen, sind die Erfolge der ersten Generation in der Psychotherapie bescheiden, und ihren Vertretern blieb oft nicht viel mehr, als sich in tapferer Resignation zu üben: wenn sie schon kein glückliches und erfülltes Leben in Aussicht stellen konnten, so hofften sie doch, neurotisches in menschliches Leid verwandeln zu können. Gefährlich werden sie, wenn sie ihre resignative Haltung zum gültigen Maßstab machen und ihre gesellschaftlichen Macht- und Einflußpositionen dazu benützen, neuere Entwicklungen zu diskreditieren.

Die analytische tiefenpsychologische Methode gilt bei vielen noch immer als die anspruchsvollste Richtung innerhalb der Psychotherapie. Das FREUDsche Modell von der Psyche und die Psychoanalyse bestimmen heute, nachdem sie zu seinen Lebzeiten bekämpft wurden, immer noch Bild und Meinung der Öffentlichkeit über Psychotherapie. Doch allein gemessen an ihren langen Behandlungszeiträumen, erscheint die Psychoanalyse nicht geeignet, das zu leisten, was heute ansteht: Weil Probleme nicht dort gelöst werden, wo sie gelöst gehören, nämlich in der Psyche und im Verantwortungsbereich des einzelnen, entstehen ungeheure Folgekosten auf medizinischem und sozialem Gebiet – allein in der BRD dürften es jährlich mehr als hundert Milliarden DM sein.

Die zweite Generation in der Psychotherapie hat sich kritisch von ihren »Vätern« und der psychoanalytischen Denkweise und Behandlungsmethode abgesetzt. So schrieb PERLS:

»Wir haben lange Zeit gebraucht, um das ganze Freudsche Zeug zu entlarven... Wenigstens ist der Schaden, den wir durch die Psycho-

analyse erlitten haben, für den Patienten nicht allzu schwerwiegend – außer, daß er tot und töter gemacht wird... Der große Irrtum der Psychoanalyse besteht darin, daß sie die Erinnerung als Wirklichkeit gelten läßt. All die sogenannten »Traumata«, von denen man annimmt, sie seien die Wurzel der Neurose, sind eine Erfindung des Patienten, um seine Selbstachtung zu retten... Ich habe noch keinen einzigen Fall von Kindheitstraumata gesehen, der keine Fälschung war...
Die Psychoanalyse begünstigt den infantilen Zustand, indem sie die Vergangenheit als für die Krankheit verantwortlich ansieht. Der Patient ist nicht verantwortlich – nein, das Trauma ist verantwortlich oder der Ödipuskomplex ist verantwortlich und so weiter... Kein Wunder, daß dieser ganze »Lärm um Nichts« des Psychoanalytikers, herauszufinden, *warum* ich jetzt so bin, zu keinem Ende kommen kann, niemals ein wirkliches Sich-Öffnen des Menschen erbringen kann.«[1]

Ich habe diese Unterscheidung der drei Generationen in der Psychotherapie zunächst eher intuitiv getroffen. Doch nachträglich ist mir deutlich geworden, daß zwischen den drei Generationen Grenzlinien bestehen, die kaum überschritten werden können. Eigentlich sollte man meinen: Warum haben die Psychoanalytiker nicht dazugelernt und neue Methoden und Erkenntnisse aus der Gesprächs-, Gestalt-, Verhaltens- und Familientherapie oder der Transaktionsanalyse und den Körpertherapien übernommen – um nur einige der bekanntesten Therapiemethoden der zweiten Generation zu nennen? Oder warum entwickeln sich letztere nicht weiter und arbeiten heute nach den Methoden der Kurztherapie?
Das Sich-Abschotten gegen neue Entwicklungen hat sicher auch berufspolitische, ökonomische und organisatorische Gründe. Solange es finanziell belohnt wird und für den einzelnen wesentlich wirtschaftlicher ist, mit weniger wirksamen Methoden zu arbeiten, werden, so fürchte ich, die Patienten weiterhin nach Konzepten von gestern und vorgestern behandelt werden. Doch es gibt noch einen anderen Grund, warum in der Psychotherapie kein geradliniger Fortschritt möglich scheint.

[1] FREDERICK S. PERLS: »Gestalt-Therapie in Aktion«, S. 14 und 50

Der Übergang von einer zur anderen Generation ist jedesmal mit einem Regelverstoß verbunden. Für die Psychoanalytiker galt die Regel, nicht in den Prozeß der Patienten einzugreifen. Sie haben sich ganz bewußt herausgehalten. Doch die Therapeuten der zweiten Generation mischen sich ein, verbalisieren, stellen Fragen, konfrontieren die Klienten, geben ihnen Interpretationshilfen, lassen Verhaltensweisen trainieren und sprechen deutliche Anerkennung aus für nach ihrer Einschätzung konstruktives Verhalten.

Wer anfängt, sich einzumischen, wird die Erfahrung machen, daß seine Arbeit als Therapeut wesentlich lebendiger und interessanter wird, daß er seine Klienten aktiver unterstützen und mehr fördern kann, und er bekommt auch von ihnen mehr zurück. Er wird kaum mehr zu der asketischen Haltung der psychoanalytischen Methode zurückkehren wollen und sich eher dafür entscheiden: Wenn schon einmischen, dann richtig! Ich kenne manchen, der sich entschlossen hat, sich nochmals entsprechend aus- oder weiterzubilden, obwohl er möglicherweise fast ein Lebensjahrzehnt und ein kleines Vermögen in seine psychoanalytische Ausbildung investiert hatte.

1. Generation
    (analytische tiefenpsychologische Methoden, FREUD und die Psychoanalyse)
    problem- und vergangenheitsbezogener Ansatz: »*Warum* so?«

2. Generation
    (erlebnis- und prozeßorientierte Methoden, ROGERS, PERLS, BERNE u.a.)
    problem- und gegenwartsbezogener Ansatz: »*Wie* jetzt?«

3. Generation
    (generierende Methoden, M. ERICKSON, BANDLER, GRINDER, DE SHAZER u.a.)
    lösungs- und zukunftsbezogener Ansatz: »*Wie* anders?«

Drei Generationen in der Psychotherapie

Gegen welche Regel wird beim Übergang von der zweiten zur dritten Generation verstoßen? Der gemeinsame Boden, auf dem die erste und zweite Generation stehen, ist die Analyse. Das dokumentieren sie schon in ihren Namen, Psychoanalyse, Transaktionsanalyse und dort wiederum die Spielanalyse und die Skriptanalyse. Der Unterschied war nur, die Psychoanalytiker haben die Vergangenheit analysiert, die humanistischen Psychologen das Gegenwärtige.

Die Kurzzeittherapeuten verlassen diesen gemeinsamen und scheinbar sicheren Boden der Analyse, etwa mit dem Argument, daß sich die Lösungen ohnehin ähnlicher seien als die Probleme bzw. daß ein Schlüssel nicht so kompliziert sein muß wie das Schloß, das er aufschließen soll, ja, daß für das Öffnen meist ein Dietrich genügt (DE SHAZER). Das ist eine Erfahrung, die ich aus der Sicht der diagnostischen Therapie bestätigen kann. Egal, mit welchem Problem ein Klient kommt, in den meisten Fällen ist ihm geholfen, wenn er seine Schlüsselfähigkeiten einsetzt.

Aufgrund dieser gemeinsamen Regeln lassen sich Psychotherapiemethoden der gleichen Generation gut kombinieren, das gilt für die psychoanalytischen Schulen, für die der humanistischen Psychologie oder für Kurztherapien. Anfang der achtziger Jahre habe ich unter Transaktionsanalytikern eine Befragung durchgeführt, welche anderen Methoden und in welchem Umfang sie diese mit benützten. Der Anteil anderer Methoden lag etwa bei einem Drittel. Am häufigsten wurde die Gestalttherapie genannt.

Versucht jemand Methoden der verschiedenen Generationen zu mischen, so muß er sich entscheiden, nach welchen Regeln er arbeiten will. Versucht ein Therapeut der zweiten Generation Elemente der Kurztherapie in seine Arbeit zu integrieren, so macht dies meist einen willkürlichen und unsoliden Eindruck. Aus der Sicht eines Kurztherapeuten bietet er das Bild eines Drachenseglers, der sich nicht entscheiden kann zu fliegen und statt dessen mit seinem Fluggerät den Berg hinabläuft.

b) Wie? statt Warum?

Die zweite Generation in der Psychotherapie ersetzt die Frage nach dem »*Warum so?*« durch die des »*Wie jetzt?*«. Wenn beispielsweise ein Klient in die Therapie kommt und darüber klagt, wie schlecht es ihm geht, so denkt der Therapeut nicht zuerst: »Warum geht es ihm schlecht? Was sind die Ursachen seiner Neurose?«, sondern: »Wie läßt

er es sich schlechtgehen? Wie hält er heute seine Neurose in Gang?«
Auf die Frage nach dem *Wie* wird er auf Faktoren stoßen, die dem Bewußtsein des Klienten zugänglich sind, und solche, die sich ihm entziehen.
So kritisieren die meisten Klienten sich fortwährend selbst und werten sich ab. Ein beliebtes Thema dazu ist: »Ich bin zu dick!« Oder sie tyrannisieren ihre Umwelt mit: »Ich bin zu dünn!« Damit führen sie ihrer Neurose ständig neue Nahrung zu. Weniger bewußt, doch immer noch relativ gut zugänglich ist das »Antreiber-Verhalten« – »Ich muß immer stark... immer perfekt sein... es anderen immer recht machen... mich immer anstrengen!«
So, wie das Sich-Abwerten zu einer langen Gewohnheit geworden ist, wurde das Antreiber-Verhalten fast zur zweiten Natur. Auch wenn diese selbstschädigenden Verhaltensweisen leichter erkannt als aufgegeben werden, wird dem Klienten doch meist rasch klar, daß er nicht an einer geheimnisvollen psychischen Krankheit leidet, sondern selbst dafür sorgt, daß es ihm schlechtgeht. Wenn manche Psychiater endogene Depressionen diagnostizieren und ihre Patienten mit Psychopharmaka behandeln, dann häufig deshalb, weil sie nicht wissen, *wie* man sich depressiv machen kann, was man glauben, denken, was man wie zu sich sagen muß und mit was für einem Gesichtsausdruck und mit welcher Körperhaltung man dies nachhaltig unterstützen kann. Wüßten sie das, könnten sie ihren Patienten wirklich helfen, statt sie noch kränker zu machen.
Noch schwieriger sind die eigenen Fehlhaltungen zu erkennen, wenn der liebenswürdige Retter als Macht-, der genügsame Weise als Opferspieler und der »in bescheidener Pflichterfüllung für das gemeinsame Wohl« Wirkende als Identitätsspieler entlarvt werden. Hier wird nicht nur das eigene Selbstbild in Frage gestellt mit seinen Neigungen, sich etwas vor und aus jeder Not eine Tugend zu machen. Noch viel kränkender ist, daß man diese Spiele, einmal durchschaut, nicht einfach aufgeben kann, sondern sie, wie in einer Suchtabhängigkeit, wieder und wieder inszeniert.
Hier wird eine Grenze der Psychotherapie der zweiten Generation sichtbar: wenn das *Wie* im *Jetzt* erfahren und erkannt wird, folgt daraus nicht, daß es nicht weiterhin wiederholt wird, vielleicht raffinierter und in modifizierten Varianten. Das nagt am Selbstwertgefühl, denn man glaubt nun zu wissen, was gesundes Verhalten ist. Es führt dazu, daß

viele Vertreter der zweiten Generation so tun als ob, sie geben sich meist etwas ausgeglichener, toleranter, schöpferischer, als sie es wirklich sind. Lebt die Psychoanalyse vom Dünkel des Besserwissens, so die humanistische Psychologie von unerfüllten Hoffnungen.

Obwohl Neurosen ganz sicher zusammenhängen mit der frühen Kindheitssituation, könnte PERLS recht haben, daß die Traumata Erfindungen sind. Ich vermute, daß diese frühkindlichen Schädigungen weniger traumatischer Natur sind oder, wie in der Transaktionsanalyse angenommen wird, auf Einschärfungen[1] zurückgehen, sondern die Folgen einer andauernden zu geringen liebevoll emotionalen, sinnenhaft-geistigen oder energetisch-erlaubenden Zuwendung sind zwischen dem elterlichen und dem kindlichen Beziehungs-Ich, dem Erkenntnis-Ich der Eltern und dem des Kindes oder zwischen den beiden Handlungs-Ichs.

Sie sind also nicht das Ergebnis einzelner verletzender Erfahrungen, sondern einer fortgesetzten psychischen Unterernährung. Das Schlimme daran sind die damit unmerklich einhergehenden Entwicklungsdefizite. Sie verhindern, daß die Menschen wirklich leben. Statt dessen sind sie ihr ganzes Leben und meist vergeblich auf der Suche nach dem, was sie in ihrer Kindheit nicht bekommen haben.

Da man etwas, was nicht da ist, nicht finden kann, produziert die Psyche etwas, was einerseits vom Therapeuten erwartet wird, andererseits mit dem Mangel zu tun hat. Die Kindheitstraumata sind dann nicht Ursachen, sondern Symptome, also Reaktionen auf das Zuwenig. Damit, daß sie bewußtgemacht werden, ist das Defizit nicht ausgeglichen, genausowenig, wie jemand dadurch satt wird, daß er feststellt, daß er Hunger hat.

c) Wie anders arbeiten Kurztherapien?

Worin unterscheidet sich die dritte Generation? Ich habe sie als *generierende* Methoden bezeichnet. Damit ist nicht die Tätigkeit des Therapeuten, sondern die des Klienten gemeint. Der Klient bringt etwas Neues hervor. Das können schöpferische Prozesse seines Unbewußten

---

[1] Frühe destruktive Botschaften wie: »Sei nicht!«, »Sei nicht du selbst!«, »Fühle nicht!«, »Denke nicht!«, »Tu's nicht!« usw.

sein (BANDLER und GRINDER), neue Sicht- und Verhaltensweisen (DE SHAZER) oder in meinem Modell die persönlichkeitsspezifischen Schlüsselfähigkeiten. Diese neuen Ansätze sind voll kompatibel, d.h. zwar verschiedene, doch gerade deshalb sich ergänzende Aspekte einer neuen Psychotherapie, die die Erkenntnisse der ersten beiden Generationen nicht aus-, sondern einschließen.

So sind BANDLER und GRINDER nicht mit dem Anspruch angetreten, eine eigene Therapierichtung zu kreieren: »Dieses Buch beabsichtigt, Ihnen ein explizites Rüstzeug zu liefern, das Ihnen helfen soll, ein effektiver Therapeut zu werden... Dieses Rüstzeug ist mit jeder uns bekannten Therapieform zu vereinbaren.«[1] Und im Vorwort zu DE SHAZER ist zu lesen: »Wer es hinnehmen kann, daß wir in der Entwicklung der Psychotherapie noch immer am Anfang stehen, der findet in diesem Buch eine Reihe sehr interessanter – und potentiell brauchbarer – Wegweiser und Anregungen für seine Arbeit.«[2]

Dabei handelt es sich nicht einfach um ein paar neue Techniken, sondern um ein Umdenken. Es geht bei DE SHAZER in drei Richtungen: Das Interesse gilt den möglichen und schon realisierten Lösungsansätzen (und weit weniger den Problemen) – einfache Formel-Interventionen können wie Dietriche viele Türen öffnen (und sind bei weitem nicht so kompliziert wie die Schlösser, sprich die Probleme) –, und Widerstände werden als bestimmte Formen der Kooperation verstanden und genützt.

Die Rolle des Therapeuten ist nun die eines Fachmannes, der lediglich Anstöße gibt. Sein persönlicher oder menschlicher Einfluß auf die Klienten ist gering. Das ergibt sich schon aus den wesentlich kürzeren Behandlungszeiten, die zwischen einem und maximal sieben Gesprächen liegen. Tatsächlich geschieht in dieser Behandlungsform das Entscheidende fast immer im ersten Gespräch. Eine Therapieform, die diese Chance der ersten Begegnung vergibt, bringt sich um einen großen Teil ihrer Wirksamkeit, denn spätestens in der zweiten Sitzung beginnt der Klient die Methoden des Therapeuten in seine Neurose zu integrieren und damit zunehmend unwirksam zu machen.

DE SHAZER schreibt über die Rolle des Therapeuten und des Klienten: »Die Formel-Interventionen... werfen Licht auf die Kreativität der

---

[1] BANDLER und GRINDER: »Metasprache und Psychotherapie«, S. 22
[2] J. H. WEAKLAND in DE SHAZER: »Wege der erfolgreichen Kurztherapie«, S. 8

Klienten und die Ressourcen, über die sie bereits verfügen, bevor sie zur Therapie kommen. In gewisser Hinsicht leistet die Therapie eigentlich gar keinen eigenen Beitrag:... Der Therapeut sagt dem Klienten nicht, *was* dieser anders machen soll, und lehrt den Klienten nicht etwa irgendwelche neuen Techniken. Diese Formel-Interventionen stellen nur eine minimale Einmischung dar und sind doch von ganz außerordentlicher Wirkung.«[1]

Ein weiteres Unterscheidungsmerkmal der dritten Generation ist das, was DE SHAZER *Paßgenauigkeit* nennt. Liest man, was PERLS als ein typischer Vertreter der zweiten Generation über Psychotherapie schreibt, so sind das zu neunzig Prozent Problemlage und Lösungswege des **Handlungstyps**. D.h., man kann eine Menge über diesen Strukturtyp und seine Therapie lernen. Ähnliches gilt für die Transaktionsanalyse, die von der Befreiung des Kind-Ichs das Heil erwartet.

In der therapeutischen Praxis jedoch kommt es häufiger vor, daß Klienten lernen müssen, ihr Erkenntnis-Ich oder ihr Handlungs-Ich zu entwickeln und zu gebrauchen. Das beinhaltet mehr, als sich Transaktionsanalytiker unter dem Erwachsenen- oder Eltern-Ich vorstellen. Es geht *nicht* nur darum, besser mit sich und anderen umzugehen, sondern sich neue Erlebnisweisen und Lebensbereiche zu erschließen.

DE SHAZER erreicht die Paßgenauigkeit u.a. durch die Formel-Interventionen, die einerseits so offen gehalten sind, daß jeder Klient sein Eigenes daraus machen kann, und die andererseits mit dem, was der Klient vorgibt, kooperieren. Sie sind Formen genau kalkulierter Ungenauigkeit. BANDLER und GRINDER realisieren diese Paßgenauigkeit durch eine genaue Beobachtung der verbalen und nonverbalen Sprache der Klienten oder durch den Dialog mit ihrem Unbewußten. In meinem Modell wird sie durch das persönlichkeitsdiagnostische Vorgehen erreicht.

Ein weiteres Unterscheidungsmerkmal der dritten Generation ist die Verlagerung des Interesses von den Problemen zu den Lösungen. Während sich die erste Generation hauptsächlich mit den Katastrophen in der Kindheit beschäftigt, hat auch die zweite Generation eine kritisch aufdeckende und entlarvende Tendenz. Beispiele sind die Spiel- und Skriptanalyse, die krankes Verhalten beschreiben und untersuchen. Das hat die unangenehme Nebenwirkung, daß man den

---

[1] DE SHAZER: »Wege der erfolgreichen Kurztherapie«, S. 183

kranken Anteilen Zuwendung gibt und sie damit ungewollt verstärkt. BANDLER und GRINDER lösen dieses Problem, indem sie z.B. am Bewußtsein des Klienten vorbei mit den schöpferischen Fähigkeiten seines Unbewußten zusammenarbeiten. Das kann zur Folge haben, daß der Klient weder begreift, was das, was der Therapeut macht, mit Therapie zu tun hat, noch, warum er gesund geworden ist. Das kann, wie das Beispiel der Heilung eines Pseudohomosexuellen zeigt, in Absprache und mit Zustimmung des Unbewußten geschehen.[1]
Manchen Vertretern der ersten oder zweiten Generation muß dies als ein schwerwiegender Mangel erscheinen. Doch was hier wieder deutlich wird: es wird nicht nur etwas anderes gemacht, sondern zuerst anders gedacht. Anders als früher wird das Unbewußte als Kommunikationspartner gesehen, der verantwortlich und kreativ mitarbeitet. Anders ist auch die Sicht des Lebens des einzelnen. Nicht das Ergebnis »*So* sieht mein Leben aus« ist interessant, sondern »*Wie* sieht jemand das an, was er sein Leben nennt, damit für ihn das herauskommt, was er für sein Leben hält?« – d.h. der Zusammenhang zwischen Entwerfen/Interpretieren und Erleben.
DE SHAZER und seine Mitarbeiter heben das Gute am Schlechten hervor, trennen es vom Kontext des Schlechten und bestätigen es. Wenn jemand es sich jahrelang schlecht hat gehen lassen, so anerkennen sie seine Fähigkeit zur Ausdauer, wenn jemand biestig ist, daß er viel Energie zeigt. Dann lenken sie die Aufmerksamkeit der Klienten auf positive Erwartungen, Erfahrungen und Veränderungen.
In meinem Modell kümmere ich mich in der psychotherapeutischen Praxis nur soweit um die Störungen im Persönlichkeits- und die Fehlhaltungen im Zielbereich, daß z.B. durch Erlaubnisse oder Uminterpretationen die Klienten frei werden, ihre Schlüsselfähigkeiten zu entfalten. In jedem Fall sind sich dann, wie DE SHAZER beobachtet hat, die Lösungen ähnlicher als die Probleme.
Welchen Stellenwert hat das »Negative« in der Psychotherapie der dritten Generation? Die erste Generation setzt sich mit dem Negativen in der Vergangenheit auseinander. Das ist deprimierend, denn es ist nicht mehr zu ändern. Die zweite Generation lenkt die Aufmerksamkeit auf das Negative in der Gegenwart. Das macht das Leben schwierig und verdüstert es, denn das gegenwärtige Leben ist nun mal das erlebte Le-

---

[1] BANDLER und GRINDER: »Neue Wege der Kurzzeit-Therapie«, S. 183 f.

ben. DE SHAZER und seine Mitarbeiter verlegen dosiert das Negative in die Zukunft. Dann wirkt es als Herausforderung und aktiviert die Kräfte der Klienten.

»Tatsächlich geschah eben dies: Bereits in der zweiten Sitzung *sahen* die Therapeuten eine Veränderung, und das sagte ihnen, daß der Erfolg auf ihrer Seite war. Daraufhin hatten sie lauthals die Befürchtung zu äußern, daß es zu einem Rückfall kommen könnte, oder sie sahen sich in der dritten Sitzung enttäuschten Klienten gegenüber... Sobald es von diesen ersten Veränderungen heißt, daß sie innerhalb des problematischen Bereichs ›auftreten‹, kann man sagen, daß das Ziel der Kurztherapie erreicht ist: die Veränderung ist eingeleitet, die Lösung ist ›auf dem Weg‹...«

Gewisse ERICKSONsche Techniken – die Befürchtung, die Voraussage, die Verschreibung, ja sogar das »Gebot« eines Rückfalls zum Beispiel – sind speziell für diese Situation entwickelt worden. Die therapeutische Aufgabe wandelt sich – wenn zunächst Veränderung in Gang gebracht werden sollte, so lautet die Aufgabe jetzt, einen Rückfall zu verhindern und/oder den Welleneffekt zu unterstützen. [1]

d) Konsequenzen für die Psychotherapie

Leider tendieren auch die neueren Therapieformen wieder dazu, kompliziert zu werden. Das hängt vermutlich damit zusammen, daß sie wieder eigene Schulen bilden und ihren Ansatz immer mehr differenzieren. Dabei ist das, was sie an wesentlich Neuem bringen, meist einfach lern- und anwendbar. DE SHAZER bildet da (bis jetzt) eine lobenswerte Ausnahme, wenn er sich und andere auffordert: »Halten wir's einfach!« [2] Die Anstrengungen sollten nicht darauf gerichtet werden, immer artistischer zu werden und sich innerhalb der Schulen mit neuen Theoriemodellen zu überbieten, sondern, sich auf das Wesentliche zu beschränken und voneinander zu lernen.

WYNNEs Kritik geht in eine ähnliche Richtung: »Als Familientherapeut, der sich der Identifikation mit irgendwelchen ›Schulen‹ immer widersetzt hatte, empfand ich den Gedanken, die Familientherapie könnte

---

[1] DE SHAZER: »Wege der erfolgreichen Kurztherapie«, S. 210 f.
[2] ebd. S. 146

möglicherweise den gleichen Gang nehmen wie die Psychoanalyse, allmählich als beunruhigend. In den zahllosen Workshops und der Fülle der Veröffentlichungen meinte ich die Tendenz der Anhänger, wenn nicht gar der führenden Vertreter der Familientherapie zu erkennen, immer wieder die eigenen Ansichten zu bekräftigen. Repetition und Abschottung nach außen – statt Innovation – drohten zum Kennzeichen dieser Bereiche zu werden.«[1)]

Die neuen Ansätze in der Psychotherapie sind einfach und hochwirksam. Freilich muß man sich ihnen gegenüber von dem Vorurteil befreien, daß nur das Komplizierte helfen könne. Sie werden längerfristig nicht nur das Gesundheitswesen verändern, sondern auch die psychotherapeutische Ausbildung. Obwohl, wie man heute weiß, der größte Teil aller Krankheiten psychosomatischer Natur ist, werden sie noch ganz überwiegend nur körperlich behandelt. Das hängt damit zusammen, daß die alte Psychotherapie von der Ausbildungs- und Behandlungsseite her höchst zeit- und kostenintensiv und ihre Heilungsquote relativ niedrig war.

Jetzt kann schon ein Gespräch von 20 Minuten hilfreich sein und einen problemlösenden Veränderungsprozeß in Gang setzen. Oder eine Therapie von drei, fünf oder sieben Sitzungen kann dazu führen, daß so viel anderes im Leben eines Klienten oder Patienten entsteht, daß krankmachende Verhaltensweisen überflüssig werden, mit denen er sich und andere jahrelang gequält hat. Damit wird Psychotherapie für jedermann möglich und bezahlbar und bleibt nicht einem kleinen privilegierten Kreis vorbehalten.

Die neue Psychotherapie wird zuerst das Denken über Gesundheit und Krankheit verändern: Es ist nicht notwendig, krank zu werden – man kann seine Probleme einfacher und angenehmer lösen! Und es wird eine Zeit kommen, in der die psychotherapeutische Beratung zu jedem ärztlichen oder naturheilkundlichen Gespräch gehört. Vermutlich wird dann unser krankmachendes Gesundheitswesen wieder gesundschrumpfen.

Was dabei noch wenig beachtet wird, ist, daß auch die Ausbildungszeiten für eine psychotherapeutische Aus- oder Fortbildung wesentlich kürzer und die Kosten geringer werden. Damit kann und sollte es selbstverständlich werden, daß sie ein Teil jeder naturheilkundlichen

---

[1)] ebd. S. 9

oder medizinischen Ausbildung sein wird. Die jetzige Arbeitsteilung zwischen Medizin und Psychotherapie entspricht schon lange nicht mehr unserem Wissen über die Zusammenhänge und Wechselwirkungen von Psyche und Körper.

Wenn BANDLER und GRINDER therapeutische Aufgaben an das Unbewußte delegieren, so brauchen sie nicht zu wissen, wie das Unbewußte das erledigt. Sie wissen, daß sie es nicht wissen, und sprechen es auch ungeniert aus. Was sie von den Therapeuten früherer Generationen unterscheidet, ist, daß sie viel mehr Vertrauen haben zum Unbewußten, Respekt und die Erfahrung, daß das Unbewußte kooperativ und schöpferisch mit ihnen zusammenarbeitet.

Ähnlich behandeln DE SHAZER und seine Mitarbeiter ihre Klienten. Sie kümmern sich weder allzuviel um die Probleme noch um die Lösungswege ihrer Klienten. Doch sie trauen ihnen viel mehr zu. Und nehmen jedes Verhalten eines Klienten als kooperativ und auf Heilung abzielend. Das ist für sie möglich, weil sie gelernt haben, damit konstruktiv umzugehen. Vergleicht man das mit der Haltung BERNEs oder PERLS', so wird deutlich, mit wieviel mehr Distanz und Mißtrauen diese ihren Klienten begegnet sind, immer darauf bedacht, sich zu schützen und nicht in Spiele hineingezogen zu werden. Noch mißtrauischer, noch distanzierter war der Umgang der Psychoanalytiker mit ihren Patienten.

Natürlich wird man auch diesen neueren Richtungen eine Menge vorzuwerfen haben, sie seien oberflächlich, manipulativ, würden nicht heilen, sondern nur anpassen, die Symptome nur verschieben usw. Soweit diese Kritik von den alten Sichtweisen und Erfahrungen ausgeht, erreicht sie ihren Gegenstand nicht. Wenn ihr nichts anderes mehr einfällt, argumentiert sie, daß die Menschen ein Recht auf ihre Leiden hätten. Damit meint sie in der Regel einen Leidens-Zeitraum, der etwa der Zeitdauer ihrer Therapie entspricht.

14. Was macht gute Therapie aus?

a) Enttäuschungen als Herausforderungen

Während meiner psychotherapeutischen Lehrjahre machte ich widersprüchliche Erfahrungen. Viele meiner Klienten entwickelten sich recht gut und wurden gesund, ohne daß es zu größeren Rückfällen kam. Doch die Rückmeldungen, die ich von meinen TA-Ausbildern bekam, wenn ich Tonbandaufnahmen meiner Arbeit vorstellte, waren damals nicht gerade ermutigend.

Da ich mich entschloß, beide Seiten ernst zu nehmen, die negativen Kritiken von Kollegen, die ich als Fachleute schätzte, und die positiven Erfahrungen in meiner Arbeit mit den Klienten, mußte ich herausfinden, wie es zu diesen Widersprüchen kam. Es war für mich zugleich eine Herausforderung zu erforschen, wie Psychotherapie funktioniert. Heute verstehe ich, wie ich meinen Klienten helfen konnte. Es waren meist **Beziehungstypen**. Ihnen tat das gut, was ich von meiner Persönlichkeitsstruktur her in die Gespräche einbringen konnte – viel Erkenntnis-Ich-Energie. Zum Glück hatte ich damals wenig **Sach-** und **Handlungstypen** als Klienten.

Da mir die Transaktionsanalyse bei der Lösung meiner eigenen Probleme wenig geholfen hatte und ich zudem aus den oben genannten Gründen nicht gut auf sie zu sprechen war, war ich skeptisch und unabhängig ihren »Heilsversprechungen« gegenüber. Und ich war motiviert, weiter nach effektiven Wegen in der Psychotherapie zu suchen. Ich vermutete, daß ein persönlichkeitsdiagnostisches Vorgehen die psychotherapeutische Arbeit erfolgreicher machen könnte.

In jenen Anfangsjahren machte ich noch eine weitere Erfahrung. Ich hatte mir ein Arsenal transaktionsanalytischer und gestalttherapeutischer Techniken angeeignet. Mit ihnen »behandelte« ich meine Klienten. Es war wie beim Tischtennis, sie sagten etwas, und ich schlug mit einer bestimmten Frage oder Technik zurück. »Mir ging's in der letzten Woche schlecht.« – »Wie haben Sie es sich schlechtgehen lassen?« – zack! Doch allmählich merkte ich, daß das ziemlich mechanisch war. Dann erlebte ich eine Phase, in der mir die Klienten ihr Problem schilderten und ich als direkte Reaktion darauf deutlich erfuhr, daß ich nicht wußte, wo der Lösungsansatz liegen könnte. Auch wenn diese

Phase nur wenige Minuten dauerte, so fiel es mir anfangs nicht leicht, abzuwarten und nicht irgend etwas mit ihnen zu »machen«.
Doch ich gewöhnte mich daran, bewußt und zunehmend gelassen dieses Nicht-Wissen auszuhalten und das, was ich gehört hatte, auf mich und in mir wirken zu lassen und mich nicht anzustrengen, sofort einen Lösungsweg zu finden. Nach einiger Zeit fiel mir dann immer etwas ein oder auf, was sich im nachhinein als hilfreich erwies. Ich lernte, meiner Intuition zu vertrauen.
BANDLER und GRINDER haben aus dieser Haltung, die man als offen, interessiert und unvoreingenommen beschreiben kann, eine Technik gemacht: »Wir versetzen uns in etwas, was wir ›Jetzt-Zeit‹ nennen, in der wir total in sinnlicher Erfahrung aufgehen und keinerlei Bewußtsein haben.«[1] Mit kein Bewußtsein, nehme ich an, meinen sie nicht nachdenken, sich nicht sorgen, nicht spekulieren und damit innerlich frei bleiben für Beobachtungen und intuitive Einfälle.
Heute denke ich, daß ein guter Therapeut über dreierlei Fähigkeiten verfügen muß:

>handwerkliches Können,
>kontrollierte Intuition und eine
>therapeutische Haltung.

b) Hilfe zur Selbsthilfe

Die »therapeutische Haltung« ist dabei das wichtigste. Ein Laie möchte meist direkt helfen, ein guter Therapeut wird nur Hilfe zur Selbsthilfe leisten. Ich vermute, daß jeder, der diese Haltung einnehmen kann und durchhält und sonst nicht viel Ahnung von Psychotherapie hat, anderen wirklich hilfreich sein kann in der Lösung ihrer Probleme. Diese Haltung wird negativ so beschrieben, daß sie keine Verfolger-, keine Opfer- oder keine Retterhaltung ist.
Als Therapeut nicht in eine der Rollen des Drama-Dreiecks zu gehen ist gar nicht so einfach, denn die Klienten laden den Berater oder Therapeuten automatisch dazu ein, eine dieser Rollen einzunehmen. Der

---

[1] BANDLER und GRINDER: »Neue Wege der Kurzzeit-Therapie«, S. 74

Handlungstyp neigt dann zur Verfolgerrolle (um dann früher oder später als Opfer zu enden), der **Sachtyp** zur Opferrolle (und endet dann als Retter), und der **Beziehungstyp** beginnt mit der Retterrolle (und endet schließlich als Verfolger).
Die Verfolgerrolle scheint mir am leichtesten zu durchschauen. Sie hat moralische Züge und versucht den anderen auf den rechten Weg zu bringen. Nun fällt es dem **Handlungstyp** nicht ganz leicht, den anderen wirklich freizugeben und ihn seine Erfahrungen selbst machen zu lassen – und zu akzeptieren, daß jede Erfahrung schon deshalb eine gute Erfahrung ist, weil sie eine eigene ist.
Allerdings lernen viele Leute deshalb wenig aus ihren Erfahrungen, weil sie die Erfahrungen sich nicht zueigen machen. Der **Beziehungstyp** denkt oft nicht realistisch und konsequent über sie nach, und der **Sachtyp** übernimmt für sie zuwenig Verantwortung, er meint, daß die anderen oder die Umstände schuld daran sind. Der **Handlungstyp** neigt dazu, seine Erfahrungen zu bewerten – als gute oder schlechte. Damit bringt er sich in die Verfolgerhaltung.
Statt dessen tut es dem **Handlungstyp** als Therapeut gut, den anderen seine Erfahrungen auskosten, ihn sie spüren, anschauen und fühlen zu lassen und ihn nicht auf irgendwelche Lösungswege zu drängen. Das wird deutlich, wenn man die alte und die neue Pädagogik vergleicht. Die alte Pädagogik hat die Kinder und Schüler diszipliniert. Sie meinte zu wissen, was gut für sie ist. Sie hat die Lösungswege vorgegeben und die Kinder mit autoritärem Druck, mit Belohnung und Bestrafung gezwungen, sich anzupassen. Die neue Pädagogik geht den Weg des entdeckenden Lernens, ist vertrauensvoller und erlaubender.
Therapie aus der Opferrolle ist etwas schwieriger zu durchschauen. Es ist der verständnisvolle, aber schwache Therapeut. Der Klient kommt gewissermaßen mit seinem lecken Boot daher, und der Therapeut steigt zu ihm ein. Das Beste, was passieren kann, ist, daß sich die Klienten verstanden fühlen, merken, daß sie keine Hilfe erwarten können, und beschließen, sich selbst zu helfen.

c) Die Gefahr des Rettens

Am schwierigsten zu durchschauen und am gefährlichsten ist die Retterrolle in der Psychotherapie, denn sie scheint der therapeutischen

Aufgabe am ähnlichsten zu sein. Dabei wirken die Retter meist sehr freundlich, sehr liebenswürdig und sehr gewinnend. Sie machen es angenehm und komfortabel, Klient zu sein – und es lange zu bleiben. Denn als **Beziehungstypen** haben sie beides früh gelernt, zu retten und zu verführen.

Viele Retter-Therapeuten der zweiten Generation täuschen sich selbst, indem sie relativ früh in die Verfolgerhaltung gehen. Das ist um nichts besser. Beide sind daran zu erkennen, daß sie die starke Position einnehmen, als Retter hilfreich, als Verfolger konfrontierend (wie sie meinen). In jedem Fall fühlen sich die Klienten in die schwache Position gedrängt.

Was zeichnet den Retter (Verfolger)-Therapeuten aus? Es scheinen drei Dinge zu sein. Er meint:

> Der andere ist *hilfsbedürftig!*
> *Ich* weiß, was ihm fehlt!
> Er braucht *mich!*

Dadurch, daß er den anderen als hilfsbedürftig »wahrnimmt«, teilt er ihm unausgesprochen oder ausgesprochen mit, daß jener krank, unfähig oder gefährdet sei, daß es schlimm um ihn stehe. Solche Zuschreibungen wirken suggestiv, und nur wenige Menschen können sich ihnen ganz entziehen.[1] Die meisten werden in ihrer eigenen schlechten Meinung über sich selbst bestätigt, denn sie konnten sich ja selbst nicht helfen, sonst wären sie nicht in die Therapie gekommen.

Um so schlimmer und wirksamer ist es, wenn diese negativen Denk- und Sichtweisen von »Fachleuten« gegenüber Hilfesuchenden gehegt und geäußert werden. Sie machen die Klienten schwächer und lähmen die Selbstheilungskräfte in ihnen. Wie FANITA ENGLISH gezeigt hat, sind es die eigenen unbewußten Ängste, verrückt zu werden oder sterben zu müssen, die solche Therapeuten auf ihre Klienten projizieren.[2] Dadurch glauben sie zu wissen, was dem Klienten fehlt. Sie bilden sich ein, sie hätten eine besonders gute Intuition anderen gegenüber, und halten sich für den Beruf des Therapeuten für besonders berufen und begabt. Die Klienten spüren zwar, daß sie in eine bestimmte Ecke ge-

---

[1] ROSENTHAL-Effekt
[2] Sie nennt es »heiße Kartoffeln«.

drängt werden. Doch der wenig erfahrene Klient wird meinen, daß dies zur Therapie gehöre, und der erfahrene annehmen, daß er mit einem »blinden Fleck« seiner Persönlichkeit konfrontiert wird. Beobachter freilich merken, daß hier Macht ausgeübt und mißbraucht wird.
Solche Therapeuten denken: »Der andere braucht mich.« Das rechtfertigt für sie, daß sie Klienten lange behandeln. Unterstützt wird das durch langwierige Therapiemethoden. Ein Psychoanalytiker der alten Schule kann alle Viertel- bis Halbjahr einen neuen Patienten annehmen, ein Vertreter der zweiten Generation alle zwei bis drei Monate und ein Kurzzeittherapeut mehrere pro Woche. Und das heißt nicht, daß die Chancen eines Kurztherapie-Klienten, gesund zu werden, schlechter sind als die eines »Mittel-« oder »Langzeit-Patienten« – nach heutigen Erkenntnissen kann man eher vom Gegenteil ausgehen.

d) Nicht-Wissen und Loslassen

Was sind die Alternativen zum Retter (Verfolger)-Verhalten in der Therapie? Sie sind als erstes das Zutrauen:

> Der andere kann sich *selbst* helfen!

Von Heilungen wird meist mehr Aufhebens gemacht als von Erkrankungen. So spricht man von Wunderheilungen, nicht aber von Wunderkrankheiten. Dabei ist doch das Gesunde das Natürliche – es müßte also leichter sein, gesund zu werden, als, sich krank zu machen. Wenn jemand psychosomatisch erkrankt, so ist das eine zwar negative, aber nichtsdestoweniger kreative Leistung unserer Psyche.
Wir müßten uns daran gewöhnen, die Mehrzahl aller schweren Krankheiten als »Wunderkrankheiten« (im negativen Sinne) zu betrachten. Damit würde uns bewußt, welche Macht, welchen Einfluß die Psyche hat und daß diese Krankheiten heilbar sind. Denn wenn die Psyche krank machen kann, kann sie auch gesund machen. Wir müssen dann nur noch herausfinden, wie man die Richtung ihrer »Absichten« ändern kann.
Gleiches gilt für psychische Probleme. Der Klient ist in der Regel nicht krank gemacht worden, sondern hat sich krank gemacht bzw. macht

sich weiterhin krank. Wenn ihm dies gelungen ist und weiterhin gelingt, hat er auch die Fähigkeiten, sich gesund zu machen. Daß man ihm das zutraut, ist in zweierlei Hinsicht wichtig: für den Klienten, damit er Mut faßt und etwas anderes tut als bisher, für den Therapeuten, daß er diese Möglichkeiten des anderen überhaupt sieht.
Der Therapeut sollte sich gegenüber dem Klienten bewußt sein:

Ich weiß nicht, was ihm fehlt!

Übt man sich in dieser therapeutischen Tugend des wissenden Nicht-Wissens, so wird man genauer beobachten, genauer zuhören und unvoreingenommen auf die Äußerungen des Klienten reagieren. Ich vermute, daß dieses geduldige Nicht-Wissen des Therapeuten das Unbewußte des Klienten veranlaßt, ihm einen Wink zu geben oder eine Botschaft zu vermitteln. Zumindest merkt der Therapeut, wo etwas an den Äußerungen des Patienten merkwürdig ist. Hinter diesem »Merkwürdigen« sind oft die Lösungsansätze verborgen.
Eine weitere Regel zum therapeutischen Verhalten lautet:

Als Therapeut *nicht* das Problem *für* den Klienten lösen wollen!

Wenn ein Klient ein Problem vorstellt, so empfinden die meisten Menschen den natürlichen Impuls, ihm direkt helfen zu wollen, sein Problem zu lösen. Leute, die sehr heftig an solchen Impulsen leiden, ergreifen häufig Pflegeberufe oder werden Therapeuten. Nun müssen sie lernen, diesen Impulsen zu widerstehen (ohne in die Verfolgerrolle zu gehen). Wenn sie das nicht lernen, werden sie früher oder später emotional »ausbrennen«.
In der Psychotherapie betrügt die »direkte Hilfe« den Klienten um seine eigenen Möglichkeiten. Das gilt auch in den meisten Fällen für das Verordnen von Psychopharmaka. PERLS warnt: »Jeder Therapeut, der nur hilfreich sein will, ist von allem Anfang an verloren... Also verlangt der Patient immer mehr Hilfe vom Therapeuten... Er wird den Therapeuten immer mehr in seine Neurose hineinziehen, und der Therapie wird kein Ende sein.«
So, wie ein Therapeut nicht zu gutmütig sein darf, sollte er auch nicht zu gutgläubig sein:

> Das, was der Klient als Problem beschreibt,
> ist meist *nicht* sein wirkliches Problem.

MILTON ERICKSON äußert sich dazu unmißverständlich: »... daß die Patienten, die uns aufsuchen, uns deshalb aufsuchen, weil sie nicht genau *wissen, warum* sie eigentlich kommen. Sie haben Probleme, und wenn diese Probleme ihnen wirklich bekannt *wären*, dann wären sie nicht erst *gekommen*. Da sie nicht wissen, was es mit ihrem Problem *wirklich* auf sich hat, können sie uns das auch nicht sagen. Sie können uns nur eine ziemlich wirre Schilderung dessen geben, was sie denken. Und wir hören sie mit *unserem* Hintergrund an und wissen nicht, was sie uns sagen, aber wir wissen immerhin besser, *daß* wir nicht wissen.« Wenn Klienten in Therapie kommen, haben sie meist schon viele gescheiterte Versuche hinter sich, ihr Problem zu lösen. Häufig gingen diese Versuche in die immer gleiche Richtung, sie haben sich selbst kritisiert, angetrieben und viel darüber gegrübelt, warum sie ihr Problem nicht lösen können. Das schließt nicht aus, daß sie vom Therapeuten erwarten, daß er mit ihnen in die gleiche Richtung arbeitet, in der sie die Lösung des Problems vermuten. Doch eines ist sicher: Wie der Klient bisher mit seinem Problem umging und es lösen wollte, hat sich nicht bewährt – sonst hätte er das Problem längst gelöst.

BANDLER und GRINDER bemerken zu diesem Thema: »Wir haben einen merkwürdigen Wesenszug an Menschen bemerkt. Wenn sie irgend etwas tun und es funktioniert nicht, tun sie es *wieder*.« Daraus folgt eine weitere »Regel« zum wissenden Nicht-Wissen:

> Während die Klienten zu wissen meinen, wo die Lösung
> ihres Problems liegt, weiß der Therapeut, daß sie dort meist
> nicht liegt.

In der Therapie steht fast immer an, die Richtung zu ändern, den Blickpunkt zu verschieben oder den Schwerpunkt zu verlagern, die Situation anders zu sehen oder/und etwas anders zu machen. Im diagnostischen Modell geht man weg von dem mühseligen und oft vergeblichen Bemühen, Störungen im Persönlichkeits- und Fehlhaltungen im Zielbereich zu therapieren. Es ist leichter und erfolgversprechender, die Schlüsselfähigkeiten im Entwicklungsbereich zu fördern. Dann können die Störungen im Persönlichkeitsbereich ausheilen und die Fehlhaltungen im Zielbereich aufgegeben werden.

DE SHAZER und seine Mitarbeiter bewerkstelligen diese Richtungsveränderung so, daß sie dem Klienten reichlich Anerkennung geben für das mit dem bisherigen Weg verbundene Bemühen. Und sie vermeiden jeden Anschein, als wüßten sie besser als er, wo die Lösung liegen könnte. Damit umgehen sie das Spiel »Meins ist besser als deins«. Der Klient braucht sein bisheriges Vorgehen nicht zu verteidigen und kann sich auf anderes einlassen, z.B. eine neue Sichtweise, die dann auch Verhaltensänderungen nachzieht.

Es bleibt noch die Alternative zum »Er/sie braucht mich!« der Retter- (Verfolger)-Therapie, die den Klienten abhängig macht von der Person des Therapeuten, seiner Heilslehre oder seinen Heilmitteln. Sie heißt:

Den Klienten ins Leben hineinschicken.

So, wie Klienten bestimmte Fähigkeiten nicht benützen, vermeiden sie auch bestimmte Lebensaspekte. Das kann handeln oder nichts tun sein, sich mit anderen gedanklich auseinandersetzen oder sich üben in Nicht-Denken, sich gefühlsmäßig engagieren oder sich emotional heraushalten. Bei diesem Hinein ins Leben helfen Hausaufgaben, von den Vermeidungsängsten abzulenken. In Abwandlung des alten Spruchs »Die Medizin kuriert, die Natur heilt« kann man dann sagen: »Die Therapie unterstützt, das Leben macht gesund.«

Wenn man Ausbildungsteilnehmern die Frage stellt: »Ist der Klient für den Therapeuten da oder der Therapeut für den Klienten?«, antworten sie meist edelgesinnt: »Der Therapeut für den Klienten!« Doch tatsächlich begegnen sich in der Therapie zwei autonome Menschen. Der Klient hat seine Autonomie teilweise preisgegeben. Der Therapeut sollte sich der eigenen Autonomie bewußt sein und sie leben. Dann erweist sich die obige Fragestellung als eine Fangfrage.

e) Sich nicht von Worten gefangennehmen lassen

Wenn die Klienten ihre Problemlage schildern, kann es leicht geschehen, daß der Therapeut sich von ihren Erzählungen gefangennehmen läßt und darüber hinaus kaum etwas anderes registriert. Das ist zwar nichts Außergewöhnliches, denn so reagieren die meisten Leute, wenn ihnen jemand sein Herz ausschüttet. Doch gerade darin unterscheidet sich der psychotherapeutische Fachmann vom psychologisierenden Laien.

PERLS warnt eindringlich: »Ein guter Therapeut hört nicht auf den Inhalt von dem Geschwätz, das der Patient hervorbringt, sondern auf den Klang, die Musik, das Zögern... Hört nicht auf die Worte ... Ihr braucht nicht auf das zu hören, *was* dieser Mensch sagt ... Alles, was ein Mensch ausdrücken will, ist *da* – nicht in den Worten...

Aber die Stimme ist da, die Geste, die Haltung, der Gesichtsausdruck, die psychosomatische Sprache. Wenn du Augen und Ohren hast, ist die Welt offen ... es ist so viel unschätzbares Material vorhanden, daß wir nichts anderes zu tun brauchen, als zu Offensichtlichkeiten, zur äußersten Oberfläche zu greifen...«[1]

Warum ist das schwierig zu lernen? In jeder Kommunikation liegt etwas Hypnotisierendes, auch darauf hat PERLS hingewiesen. Die Klienten haben jahrzehntelange Übung darin, andere Menschen auf eine bestimmte Weise zu beeindrucken. Sie möchten geliebt, beachtet und geschätzt werden. Da sie das als Kind oft nicht auf direktem und gesundem Weg erreichen konnten, lernten sie, andere zu manipulieren.

Darum schmeicheln sie dem Selbstwertgefühl des Therapeuten, wenden sich an sein »gutes Herz«, nützen seine Vorurteile, machen ihm ein schlechtes Gewissen, ärgern, frustrieren und bezaubern ihn. Je mehr ein Therapeut sich von dem beeindrucken läßt, was ihm die Klienten erzählen, desto leichter ist er in diesem Sinne verführbar, und desto mehr gerät er in den Bann ihres neurotischen Systems.

Vielleicht kann man sich als Therapeut diesen Spielen nicht ganz entziehen, doch sicher so weit, daß gute Therapie möglich ist. Ich verspreche mir nicht viel davon, sich vorzunehmen, auf die Körpersprache der Klienten zu achten. Solche Vorsätze werden immer wieder vergessen. Besser ist es, als Therapeut selbst auf die Ebene der Körpersprache zu wechseln und von dort aus zu arbeiten. Denn wenn sie die wirksamere Sprache ist, warum sollte man dann nicht Therapie auf der Ebene der Körpersprache machen?

Ein guter Zugang dazu ist Pacing, den anderen begleiten, mitgehen auf der nonverbalen Ebene, d.h. die eigene Mimik, Stimme, Körperhaltung der des Klienten anpassen. Damit löst man das ein, was PERLS gefor-

---

[1] PERLS: »Gestalttherapie in Aktion«, S. 61

dert hat. Pacing ist eine starke Form der Anerkennung und Anerkennen eines der wirksamsten Mittel der Psychotherapie.
Jedes Ich hat seine eigene Körpersprache. **Beziehungstypen** zeigen häufig die Körpersprache des Beziehungs-Ichs, bewegen sich elegant, graziös, sind lebendig und kommunikativ in ihrer Mimik und Gestik, zeigen Gefühle, sprechen melodisch. **Sachtypen** vermitteln oft die Körpersprache des Erkenntnis-Ichs, bewegen sich ruhig, entspannt, zeigen wenig Ausdruck in ihrer Mimik, sind wenig kommunikativ in ihrer Gestik und sprechen monoton. Und **Handlungstypen** verkörpern häufig die Körpersprache des Handlungs-Ichs, bewegen sich tatkräftig und zupackend, zeigen einen entschlossenen Gesichtsausdruck, sprechen mit kräftiger und bestimmender Stimme.
Da jedes Ich seine eigene Aufgabenstellung hat, die nicht durch ein anderes Ich gelöst werden kann, sind auch die Ausdrucksformen der drei Ichs im Vergleich weder besser noch schlechter, sondern ihrer Aufgabenstellung angemessen. Das Beziehungsverhalten wird dadurch unterstützt, daß man Gefühle zeigt, kommunikativ ist in Mimik und Gestik und melodisch spricht, das Erkennen durch eine entspannte, zurückgenommene Haltung (sine ira et studio) und das Handeln durch eine entschlossene und tatkräftige Mimik und Körpersprache. Das kann man sich als Therapeut zunutze machen.
Setzte man früher auf die Vorbildwirkung des Therapeuten, so hat die systemische Psychotherapie herausgefunden, daß dadurch statische Rollenverteilungen hergestellt werden, die keine Veränderungen provozieren. Ist der Therapeut stark, so kann der Klient schwach bleiben, ist jener entschlossen, kann sich dieser unentschlossen verhalten, zeigt der Therapeut viel Gefühl, kann der Klient sich vernünftig geben und umgekehrt.
Das wird bestätigt durch langjährige Partnerbeziehungen, in denen solche Rollenverteilungen eher stärker werden als sich angleichen. Die häufigste ist die, daß die Frauen für das Gefühl und die Männer für das Denken zuständig sind. Dadurch leben sich die Partner immer mehr auseinander. Kommt es dann nach vielen Jahren zu einer Trennung, entdecken Frauen oft regelrecht die befreiende Wirkung des eigenen Denkens, während sich Männer häufig möglichst rasch wieder in einer anderen Partnerin einen Gefühlsersatz suchen.
Die Entdeckung der systemischen Therapie, daß ähnliches Therapeutenverhalten den Klienten viel stärker zu Veränderungen stimuliert als

gegensätzliches, entspricht einer alten Maxime der Heilkunst: similia similibus curentur – das Heilmittel soll der Krankheit ähnlich sein! Die Konsequenz für die Psychotherapie ist das Pacing. Es ist mehr als nur Kontaktaufnahme, es ist selbst schon eigenständige und wirksame Therapie.

Deshalb wird man zweckmäßigerweise nicht irgendeine »therapeutische Idealhaltung« einnehmen, wie das viele machen, z.B. eine entspannte, zugewandte, offene Sitzhaltung, verbunden mit einem freundlichen Lächeln und einer beruhigenden Stimme. Pacing heißt, dem Klienten dort zu begegnen, wo er ist. Wenn dem Klienten so zumute wäre, wie es die obige Haltung des Therapeuten demonstriert, brauchte er vermutlich keine Therapie mehr.

Wenn man den Klienten lange genug gepaced hat, wird er in der Regel selbst in den Entwicklungsbereich gehen. Nun sollte man ihn möglichst nicht überholen – sonst läßt er sich wieder in den Persönlichkeitsbereich zurückfallen –, sondern hinter ihm bleiben. Wenn er etwa körpersprachlich im Persönlichkeitsbereich bleibt, kann man verbal in den Entwicklungsbereich gehen. Wenn er dann körpersprachlich und verbal in den Entwicklungsbereich geht, hat man gewonnen. Einem **Beziehungstyp** als Klienten gegenüber hieße dies, nonverbal auf der Beziehungsebene zu bleiben, doch verbal sein Erkenntnis-Ich anzusprechen, bei einem **Sachtyp** als Klient, nonverbal das Erkenntnis-Ich auszudrücken, doch verbal sein Wollen und Handeln anzusprechen, und einem **Handlungstyp** als Klient gegenüber, nonverbal im Handlungs-Ich zu bleiben, doch verbal seine Gefühle anzusprechen.

Es ist das systemische Prinzip des »Den-Weg-Freimachens« beziehungsweise »Nicht-im-Weg-Herumstehens«. Das bewährt sich auch beim Anerkennen, der positiven Konnotation beziehungsweise der Umdeutung im Sinne des »Guten vom Schlechten« sowie der Intervention.[1] Anerkennungen sollten im Persönlichkeitsbereich kräftig, direkt und nachdrücklich sein. Hier kann man ruhig starke Formulierungen wählen wie »hervorragend«, »sehr beeindruckend«, »großartig« und etwas übertreiben. Natürlich müssen sie trotzdem genau sein und glaubhaft.

Im Entwicklungsbereich sollte man jedoch vorsichtig formulieren, mit einer Spur von Skepsis und dabei stimmlich und energiemäßig im Per-

---

[1] Dazu: WEISS/HAERTEL-WEISS: Familientherapie ohne Familie, Piper

sönlichkeitsbereich bleiben, spielerisch beim **Beziehungstyp,** nachdenklich beim **Sachtyp** und energisch beim **Handlungstyp.** Ihre Schlüsselfähigkeiten werden eher zögernd anerkannt oder angesprochen mit zurückhaltenden Formulierungen wie »Ich vermute...«, »Ich könnte mir vorstellen, daß ...«, »Ich bin nicht sicher, doch es scheint mir...«, »Ich habe den Eindruck ...«. Das fordert den Klienten heraus, diese für ihn so wichtige Position selbst mit Energie zu besetzen.

15. Psychodiagnostik und Therapieplanung in der Psychotherapie

a) Pragmatisches Vorgehen

Die neueren Richtungen in der Psychotherapie sind weltanschaulich dem Pragmatismus verpflichtet: gut ist, was nützt – wer heilt, hat recht! Sie folgen dem Prozeß des Klienten, arbeiten am Detail und sind mehr daran interessiert, daß und wie etwas funktioniert, als, warum es funktioniert. Ihre Stärken liegen in den Methoden, nicht in der Theorie.
So schreibt DE SHAZER über seine »Wege der erfolgreichen Kurztherapie«: »Dieses Buch befaßt sich auf einer allgemeinen Ebene mit Lösungen und *damit, wie sie funktionieren*[1], sowie mit den einschlägigen spezifischen *Vorgehensweisen*, wie sie sich in 15 Jahren theoretischer und praktischer Beschäftigung mit der Form der Kurztherapie entwickelt haben.«
BANDLER und GRINDER haben damit begonnen, zu beobachten, wie erfolgreiche Therapeuten arbeiten, wie sie das machen, was man Therapie nennt. Von Theorien halten sie nicht viel: »Wenn man Erfahrungen mit Theorien vermischt und alles zusammen in einen Topf tut, dann ergibt sich eine Psychotheologie.« Ihre Aussagen klingen wie ein Glaubensbekenntnis zum pragmatischen Vorgehen: »Wir bieten euch nicht etwas an, was wahr ist, sondern nur Dinge, die *nützlich* sind.«
Doch die Frage ist unbeantwortet: Wann tue ich was? Denn einmal abgesehen von bestimmten therapeutischen Holzhammermethoden, die in jeder Situation immer das gleiche tun, z.B. immer distanziert zuhören oder immer Gefühle verbalisieren oder so vorgehen, wie ich es bei einem Kollegen beobachtet habe, der stereotyp die drei Fragen wiederholte: »Was fühlen Sie? Was wollen Sie? Was tun Sie?«, wachsen mit einer gründlichen und umfassenderen Ausbildung die Wahlmöglichkeiten. Dann hat man in jeder therapeutischen Situation viele alternative Möglichkeiten, das zu tun oder jenes oder etwas ganz anderes.
DE SHAZER versucht dieses Problem so zu lösen, daß er entweder mit standardisierten Formel-Interventionen arbeitet, die für alle Klienten in gleicher Weise gültig sind, oder sich in seinem Therapeutenverhalten

---

[1] Hervorhebungen von mir

paßgenau an dem des Klienten orientiert, nach dem Prinzip des TIT FOR TAT, wie du mir, so ich dir. Doch das letztere hilft mehr für das Pacing, das Mitgehen, als das Leading, das Verändern (BANDLER/ GRINDER).

Hier beginnt das Problem des nur pragmatischen Vorgehens. Solange die therapeutischen Methoden relativ unwirksam sind, spielt es keine große Rolle, welche ich wann einsetze. Doch wie sieht es mit den wirksamen oder hochwirksamen Methoden der neueren Psychotherapie aus? Ist hier nicht zu vermuten, daß sie, falsch eingesetzt, auch deutlich schaden können? Es wäre sicher naiv, anzunehmen, daß sie schlimmstenfalls nur nichts nützen.

Ich denke, daß die pragmatischen Methoden auf eine Fähigkeit angewiesen sind, die sie selbst nicht thematisieren: Intuition. Sie unterscheidet einen guten von einem mittelmäßigen oder schlechten Therapeuten. Mit Sicherheit verfügen Leute wie DE SHAZER, BANDLER oder GRINDER in hohem Maße über diese Fähigkeit. Doch wie sieht es bei ihren Schülern aus, die ihre Methoden anwenden? Zwar läßt sich auch diese Fähigkeit entwickeln, doch sicher nicht dadurch, daß sie ignoriert wird.

Was Intuition ist und wie sie entwickelt werden kann, soll hier nicht Thema sein, sondern Psychodiagnostik und Therapieplanung. Dennoch ein paar Hinweise: Intuition ist eine oder die grundlegende Fähigkeit unseres Bewußtseins. Jeder verfügt darüber mehr oder weniger. Verglichen mit dem rationalen Denken, ist sie eine leise Fähigkeit. Und sie ist störbar durch Fehlhaltungen oder die Projektion eigener Probleme und Lösungen auf die Klienten. Man kann sie also überhören oder verwechseln. Was Intuition wirklich ist, wissen wir nicht. Vielleicht ist sie eine sehr umfassende Theoriebildung auf einer unbewußten Ebene. Trotz dieser Schwierigkeiten können wir Intuition in der Psychotherapie nicht durch Methoden oder Theorien ersetzen. Hier erwecken manche Therapieausbildungen falsche Hoffnungen. PETZOLD spricht warnend von der »Faszination der scheinbar grenzenlosen Machbarkeit dieser für den therapeutisch tätigen Praktiker äußerst hilfreichen ›Technologie‹«. Ein Therapeut ohne Intuition ist wie ein Musiker ohne Musikalität. Gerade die pragmatischen Therapieformen sind in hohem Maße abhängig von einer gut funktionierenden Intuition des Therapeuten. Denn er kann seine therapeutischen Interventionen nicht aus einem übergreifenden Therapieplan ableiten.

b) Landkarten und Reiseplanung

Um sich irgendwo auf der Erde zurechtzufinden, gibt es zwei Möglichkeiten: Man orientiert sich nach Längen- und Breitengraden, Himmelsrichtungen und zurückgelegten Wegstrecken. So machen es meines Wissens die Seefahrer auf dem Meer, wo es keine anderen Anhaltspunkte gibt. Bei Landreisen richtet man sich nach Straßen, Städten, Bergen und Flüssen, Wäldern und Seen, also vorhandenen Orientierungsmerkmalen.

Wie ist das mit der Psyche? Ist sie unbegrenzt wie das offene Meer, etwas Unstrukturiertes, sich ständig Veränderndes wie die Wolken am Himmel, oder hat sie feste Strukturen, ähnlich wie die Sinnesorgane, wo sich die Nase aufs Riechen, die Augen aufs Sehen, die Ohren aufs Hören spezialisiert haben?

Diese Frage ist nicht mit einem Entweder-Oder zu beantworten. Die Erfahrungen der Gestalttherapie oder des Neurolinguistischen Programmierens sprechen für die schöpferische Flexibilität der Psyche. Sie nimmt bereitwillig »Gestalten« an, die eigenständige und eigenverantwortliche Funktionen erfüllen. Der Zen-Buddhismus kennt darüber hinaus einen »Ort« oder »Zustand« grenzenloser Freiheit.

Auf der anderen Seite hat die Transaktionsanalyse von Anfang an darauf bestanden, daß unsere Psyche in drei Ich-Zustände differenziert ist. Und BERNE und die meisten seiner Schüler hielten sie für beobachtbare und erfahrbare psychische Realitäten. Gelten die Ich-Zustände, wie manche NLP-Leute meinen, nur für Transaktionsanalytiker als ein bereitwilliges Entgegenkommen ihrer Psyche auf das transaktionsanalytische Theoriemodell, oder werden hier schon immer vorhandene Grundstrukturen unserer Psyche beschrieben?

Ich bin sicher, daß BERNE mit den drei Ich-Zuständen eine der wichtigsten Entdeckungen in der Geschichte der Psychotherapie gelungen ist. Ich sage dies nicht deshalb, weil ich ein gläubiger Anhänger der Transaktionsanalyse bin. Im Gegenteil, ich meine, daß BERNE und seine Schüler die Möglichkeiten, die in dieser Entdeckung liegen, noch keineswegs voll ausgeschöpft haben. Sie haben zwar den psychologischen, doch nicht den ontologischen Aspekt des dreifachen Ichs entdeckt.

Das BERNEsche Ich-Modell ist mehrdeutig oder doppelbödig. Die Bezeichnungen Eltern-, Erwachsenen- oder Kind-Ich beschreiben, wie

SCHLEGEL zu Recht betont, Haltungen. Doch Haltungen gibt es sehr viel mehr als nur drei. Da könnte man zwischen einem Kleinkind, einem Kindergartenkind und einem Schulkind unterscheiden. Auch die Großeltern sollte man nicht vergessen. Sie alle nehmen deutlich unterschiedliche Haltungen ein. Daß es jedoch drei Ich-Zustände oder drei Ichs gibt, läßt sich von daher nicht rechtfertigen.

Tatsächlich handelt es sich dabei um »psychische Organe«, wie dies schon BERNE angenommen hatte. Ihre Existenzgrundlage und -berechtigung läßt sich besser ontologisch als psychologisch oder biologisch aufzeigen. Organe sind immer ausgerichtet auf einen Aspekt der Lebenswirklichkeit. Nun konnte ich schon in einer früheren Arbeit zeigen[1], daß diese unsere Lebenswirklichkeit, ontologisch gesehen, aus drei eigengesetzlichen Bereichen besteht.

Ich nenne sie heute Handeln, Erkennen und Beziehung. Die drei Ichs sind äußerst zweckmäßige und sinnvolle Spezialisierungen auf diese Eigengesetzlichkeiten: das Handlungs-Ich (Eltern-Ich) ist ausgerichtet auf den Bereich Handeln, das Erkenntnis-Ich (Erwachsenen-Ich) auf den Bereich Erkennen und das Beziehungs-Ich (Kind-Ich) auf den Bereich Beziehung.

Diese drei Ichs sind *die* Strukturen unserer inneren Wirklichkeit. Und ich möchte behaupten, daß eine Psychologie, die darüber nichts weiß, geradezu abenteuerlich unwissend ist. Sie gleicht einer Medizin, die noch nicht unterscheiden kann zwischen Blutkreislauf, Verdauung und dem Stütz- und Bewegungsapparat. Zugleich sind die drei Ichs die Bausteine unserer Persönlichkeit oder, wenn man sie zutreffender als Prozeß versteht, die Stationen des Energieflusses.

Je nach Anordnung oder Reihenfolge dieser drei Ichs entstehen unterschiedliche Charakterstrukturen oder Persönlichkeitstypen. Sie bilden so etwas wie einen psychologischen Code. Dieses Wissen[2] ist sowohl die Grundlage für die Psychodiagnostik als auch für die Therapieplanung, ermöglicht, persönlichkeitsdiagnostische Landkarten anzufertigen und therapeutische Wegbeschreibungen.

---

[1] FRIEDMANN: Emanzipation, Identität und Erkenntnis, Diss. Heidelberg 1976
[2] Siehe Kapitel 3.

c) Persönlichkeitsdiagnostik

Ausgehend von FREUDs drei libidinösen Typen haben SCHULTZ-HENCKE, RIEMANN, BRÄUTIGAM u.a. vier Strukturtypen beschrieben, den schizoiden, den depressiven, den zwanghaften und den hysterischen, sowie KÖNIG zusätzlich den narzißtischen und den phobischen. Dabei handelt es sich teils um entwicklungspsychologische Konstrukte, teils um Verhaltensbeobachtungen neurotisch Erkrankter. HAU etwa spricht von der »Funktionsphänomenologie der vier Hauptneurosestrukturen« (1986).
Nachdem FREUD zunächst von drei Phasen ausging, der oralen, der analen und der genital-ödipalen, kam dann später die frühe intentionale Phase dazu. Doch bleibt es eigentlich bei drei Phasen oder Strukturtypen, denn, was von RIEMANN u.a. nicht erkannt wurde, weil sie von der Beschreibung kranker Persönlichkeiten ausgingen: der schizoide und hysterische, der narzißtische und depressive und der phobische und zwanghafte Charaktertyp sind eng verwandt.
Ich bin einen anderen Weg gegangen. Statt phänomenologisch vorzugehen, also beobachtend und beschreibend, ging ich von den Prozessen aus, die die unterschiedlichen Persönlichkeitstypen ausmachen. Dabei konnte ich mich auf die drei Ichs stützen, die in diesen Prozessen unterschiedliche Funktionen haben.
Findet die Persönlichkeitsbildung in der intentionalen (und ödipalen) Phase statt, steht das Beziehungsthema und damit das Beziehungs-Ich im Vordergrund: die schizoide und die hysterische Persönlichkeit (**Beziehungstyp 1** und **2**) haben ein stark ausgeprägtes Beziehungs-Ich (Kind-Ich), in dem allerdings auch die frühkindlichen Beziehungsstörungen eingelagert sind als Folge eines Mangels an emotionaler Zuwendung. Das führt zu Ambivalenzen im Beziehungsverhalten.
Bei der Persönlichkeitsbildung in der oralen Phase geht es um das Unterscheiden (Wahrnehmung, Denken, Ichabgrenzung und -entwicklung). Das sind Themen des Erkenntnis-Ichs. Dadurch hat die narzißtische und depressive Persönlichkeit (**Sachtyp**) ein stark ausgeprägtes Erkenntnis-Ich (Erwachsenen-Ich) mit eingelagerten narzißtischen, selbstunsicheren und dependenten Störungen. Sie resultieren aus einem Mangel an sinnenhaft-geistiger Zuwendung. Das kann zu Schwankungen im Selbstwertgefühl führen, einem Verwischen der Ich-Grenzen sowie zu Wahrnehmungs- und Denkstörungen.

Findet die Persönlichkeitsbildung in der analen Phase statt, so stehen die Themen Wollen und Handeln im Vordergrund. Für sie ist das Handlungs-Ich (Eltern-Ich) zuständig. Dadurch hat die phobische und zwanghafte Persönlichkeit **(Handlungstyp)** ein kräftig ausgebildetes Handlungs-Ich. Doch auch in ihm sind frühkindliche Störungen eingelagert, die bei diesem Persönlichkeitstyp aus einem Mangel an erlaubender Zuwendung resultieren. Das kann zu autoritären, zwanghaften und paranoiden Verhaltensweisen führen.

Eine Persönlichkeitsdiagnostik darf freilich nicht nur von diesen in der frühen Kindheit erworbenen Prägungen ausgehen (Persönlichkeitsbereich), sondern muß die Persönlichkeitsentwicklung mit berücksichtigen (Entwicklungsbereich). Auch sie ist persönlichkeitstypisch. Diese Persönlichkeitsentwicklung wird unterstützt durch ein unbewußtes Wertesystem. Es ist beim **Beziehungstyp** erkenntnisgeleitet, beim **Sachtyp** erfolgsgeleitet und beim **Handlungstyp** sympathiegeleitet. Der dritte Bereich (Zielbereich) ist interessant im Hinblick auf das Thema Fremd- oder Selbstbestimmung. Die Energieverteilung auf diese drei Bereiche unterscheidet die entwickelte von der unentwickelten Persönlichkeit. Die unentwickelte Persönlichkeit steckt viel Energie in den Persönlichkeitsbereich und wenig in den Entwicklungsbereich. Die entwickelte Persönlichkeit engagiert sich mehr in ihrem Entwicklungsbereich, so daß das Verhältnis des Persönlichkeitsbereichs zum Entwicklungsbereich ausgeglichener ist. Das hat positive Auswirkungen auf den Zielbereich. Seine Qualität wird entscheidend vom Entwicklungsbereich mitbestimmt: Ist das Handeln des **Beziehungstyps** durchdacht, das Beziehungsverhalten des **Sachtyps** fürsorglich oder das Denken des **Handlungstyps** menschlich?

Da die Persönlichkeitsstruktur sich in allen Lebensäußerungen zeigt, kann sie mit einiger Übung und Erfahrung an allen möglichen Merkmalen abgelesen werden, an der Haltung, dem Gang, dem Klang der Stimme und der Sprechweise, aber auch daran, wie sich jemand kleidet, wie er seine Wohnung einrichtet oder was sein Traumauto ist. Sehr aussagekräftig sind auch Verhaltensweisen in Streßsituationen und was sie oder er besonders wertschätzt und bei anderen anerkennt.

Etwas vereinfacht kann man sagen: Ist die Person sehr liebenswürdig, doch zuwenig im Denken, ist sie ein **Beziehungstyp**. Dann gilt es, die Schlüsselfähigkeiten des Erkenntnis-Ichs zu fördern. Ist sie sehr intelligent, doch zuwenig im Wollen, so ist sie ein **Sachtyp**. Dann steht an, die

Schlüsselfähigkeiten im Handlungs-Ich zu aktivieren. Ist sie sehr tüchtig, doch zuwenig im Gefühl, so hat man es mit einem **Handlungstyp** zu tun. Bei ihm kommt es darauf an, die Schlüsselfähigkeiten im Beziehungs-Ich zu entfalten.

d) Therapieplanung

In der Therapieplanung lassen sich drei Themen unterscheiden, die frühkindlichen Störungen im Persönlichkeitsbereich, die Entwicklungsdefizite im Entwicklungsbereich und Fehlhaltungen (Fremdbestimmung) im Zielbereich. Für die Therapieplanung ist das zugleich die Reihenfolge des Vorgehens, wobei sich der Schwerpunkt der therapeutischen Arbeit auf den Entwicklungsbereich verlagert.

1. *Die frühkindlichen Störungen.* Sie erfordern, wenn man sie direkt therapeutisch angehen möchte, ein tiefenpsychologisches Vorgehen. Möglichkeiten dazu sind zum Beispiel regressive Methoden, Traumarbeit oder die transaktionsanalytische Neuentscheidungs-Therapie. Man kann sich jedoch auch auf die anderen beiden Aspekte konzentrieren und die frühen Störungen ausheilen lassen.
Die frühkindlichen Störungen wirken sich beim **Beziehungstyp** im Beziehungsverhalten oder Beziehungs-Ich aus, beim **Sachtyp** im Bereich Erkennen oder im Erkenntnis-Ich und beim **Handlungstyp** im Bereich Handeln oder im Handlungs-Ich, und zwar so, daß die jeweilige Zuwendung nicht zugelassen oder wahrgenommen wird, die emotionale, sinnenhaft-geistige oder energetische. Im Persönlichkeitsbereich kommt es darauf an, daß die Klienten wiederentdecken, daß sie liebenswert, interessant oder o.k. sind.

2. *Die Entwicklungsdefizite.* Sie entstanden und werden weiter aufrechterhalten durch die unbewußte Fixierung auf die frühkindlichen Störungen. Diese defizitären Fähigkeiten gilt es gezielt zu aktivieren, zu fördern, zu üben und zu bestätigen. Die Entwicklungsarbeit, die unmittelbar der Persönlichkeitsentwicklung zugute kommt, wird unterstützt durch die unbewußten Wertesysteme. Die zu fördernden Bereiche oder Ichs sind beim **Beziehungstyp** das Erkennen und das Erkenntnis-Ich, beim **Sachtyp** das Handeln und das Handlungs-Ich und beim **Handlungstyp** das Beziehungsverhalten und das Beziehungs-Ich.

3. *Die Fremdbestimmungen.* Sie wirken sich so aus, daß man sich selbst fremdbestimmen läßt bzw. fremd bestimmt und auch dazu neigt, andere zu manipulieren. In der Transaktionsanalyse werden diese Mechanismen als Spiele beschrieben. Auch die Fremdbestimmung ist bereichstypisch. Der **Beziehungstyp** neigt dazu, sich im Bereich Handeln (Handlungs-Ich) fremdzubestimmen (so zu handeln, wie er denkt, daß es bei anderen gut ankommt, und mit seinen Macht- und Retterspielen andere im Handeln zu manipulieren). Der **Sachtyp** tendiert dazu, sich in seinem Beziehungsverhalten fremdzubestimmen (er reagiert auf Beziehungsangebote, statt zu agieren, und manipuliert andere durch seine Opfer- und Zuwendungsspiele), und der **Handlungstyp** läßt sich immer wieder dazu verleiten, so zu denken, wie er denkt, daß es sich für ihn gehört. Er bestimmt sich und andere fremd im Bereich Erkennen oder im Erkenntnis-Ich.

Bisher wurden in der Psychotherapie vor allem die frühkindlichen Störungen im Persönlichkeitsbereich und die Fehlhaltungen im Zielbereich behandelt. Dies wurde deshalb gemacht, weil sie auffällig sind. Die erstaunlichen Erfolge moderner Kurzzeittherapien dürften darauf zurückzuführen sein, daß sie die Fähigkeiten des Entwicklungsbereiches aktivieren. Denn sie gehen weniger von den Problemen als von den Lösungen (DE SHAZER) oder den Strukturen von Lösungen (BANDLER, GRINDER) aus. Und diese sind nicht zu realisieren ohne diese Fähigkeiten des Entwicklungsbereiches. Um ihre entscheidend wichtige Funktion zu unterstreichen, nenne ich sie Schlüsselfähigkeiten.

Umgekehrt kann man immer wieder feststellen, daß jemand sich dann in Schwierigkeiten bringt, wenn er die Schlüsselfähigkeiten seines Entwicklungsbereiches vernachlässigt. Die negativen Auswirkungen werden dann dramatisch sichtbar in seinem Persönlichkeits- und Zielbereich. Doch wenn man dort mit der Therapie ansetzt, versucht man Symptome zu heilen statt die Ursache. Das erklärt, warum bisher Therapien langwierig und oft wenig erfolgreich waren.

Wie sieht nun die konkrete Therapieplanung aus? Geht man von dem Prinzip Pacing und Leading (BANDLER/GRINDER) oder der Paßgenauigkeit (DE SHAZER) aus, so wird man im Persönlichkeitsbereich ansetzen – nicht um dort tiefenpsychologische Arbeit zu leisten, sondern um ihn zu stabilisieren. Man kann davon ausgehen, daß dort alte Wunden aufgerissen worden sind und erneut bluten. Und daß er zu seiner

alten Mangelwirtschaft zurückgekehrt ist, als **Beziehungstyp** mißtraut, daß er liebenswert ist, als **Sachtyp** nicht wahrnimmt, daß er interessant ist, und als **Handlungstyp** daran zweifelt, daß er o.k. ist.
Es kommt darauf an, daß er zu seinem ursprünglichen, man könnte sagen, paradiesischen Zustand zurückfindet und als **Beziehungstyp**

	Persönlichkeitsbereich	Entwicklungsbereich	Zielbereich
Störungen Schwächen Fehlhaltungen	*Frühkindliche Störungen* führen zur Bildung der Persönlichkeitsstruktur, Fixierung auf die Themen des Persönlichkeitsbereiches, Abwehr und Abwertung der entsprechenden Zuwendung (Mangelwirtschaft)	*Entwicklungsdefizite* entstehen durch die Fixierung auf den vorgehenden Bereich, die Fähigkeiten des Entwicklungsbereiches werden vernachlässigt und wenden sich gegen die eigene Person	*Fremdbestimmung* Neigungen, sich selbst und andere fremd zu bestimmen, zu manipulieren durch Retter- und Machtspiele, Opfer- und Zuwendungsspiele, Verfolger- und Identitätsspiele
Alternativen und Therapie	*Wiederentdecken der ursprünglichen Verfassung:* Ich bin liebenswert, ich bin interessant, ich bin o.k., *Zulassen* der emotionalen, sinnenhaft-geistigen und energetischen *Zuwendung (Aufheben der Mangelwirtschaft)*	*Aktivieren*, *Trainieren* und *Bestärken der Schlüsselfähigkeiten:* Ich bin klüger, tüchtiger, sympathischer, als ich glaube, *Realisieren* des unbewußten *Wertesystems* (Persönlichkeitsentwicklung)	*Selbstbestimmt* handeln, fühlen und denken: Ich bin frei und unabhängig in meinem Wollen, Fühlen und Denken, und ich lasse auch anderen diese Freiheit (Autonomie)

erfährt, daß er liebenswert, als **Sachtyp**, daß er interessant, und als **Handlungstyp**, daß er o.k. (in dem, was er tut) ist. Dann kann er auch die entsprechende Zuwendung wieder zulassen und annehmen. Diese Zuwendung wird durch das Therapieverhalten gegeben, aber auch im Umfeld des Klienten aufgespürt. Wichtig ist auch, daß er sich selbst gegenüber diese Haltung einnimmt, liebevoll mit sich umgeht, interessiert und erlaubend.

Der zweite Schritt besteht darin, die Antreiber aufzugeben. Sie fixieren den Klienten auf seinen Persönlichkeitsbereich und hindern ihn daran, in den Entwicklungsbereich zu gehen. Beim **Beziehungstyp** sind es die Antreiber »Sei stark« und »Mach's anderen recht!«[1] – sie halten ihn fest auf der Beziehungsebene. Der **Sachtyp** verläuft sich mit seinen Antreibern »Streng dich an!« und »Sei vorsichtig!« im Sinnieren und Grübeln. Und der **Handlungstyp** bleibt durch die Antreiber »Sei wie die anderen!« und »Sei perfekt!« an die Handlungsebene gekettet.

Sind die Antreiber abgeschwächt, so kann man die Schlüsselfähigkeiten im Entwicklungsbereich aktivieren und fördern. Beim **Beziehungstyp** sind dies die Fähigkeiten des Beziehungs-Ichs, also Wahrnehmen, Denken und Ich-Bewußtsein. Dazu gehören auch Eigenschaften wie Gelassenheit, Konzentrationsfähigkeit und innere Ruhe. Beim **Sachtyp** sind es die Fähigkeiten des Handlungs-Ichs, energetische Eigenschaften, wie das Wort »-kraft« deutlich macht, also Willenskraft, Entschlußkraft und Tatkraft, aber auch Schützen, Erlauben und Fürsorge. Beim **Handlungstyp** geht es um die Fähigkeiten des Beziehungs-Ichs, Gefühl und Mitgefühl, Erleben, Freude und Spaß, Humor, Sympathie und Liebe.

Sind der Persönlichkeitsbereich stabilisiert und die Schlüsselfähigkeiten im Entwicklungsbereich entfaltet, ist der Klient reif für das Thema Selbstbestimmung statt Fremdbestimmung. Für den **Beziehungstyp** sind dies Veränderungen in seiner Lebensgestaltung. Er wird nicht mehr in erster Linie das tun, was er zu fühlen oder zu spüren meint, daß andere von ihm erwarten, sondern was er selbst für sich als richtig erkannt hat. Besonders wird er aufhören, andere zu »retten« und zu manipulieren, sondern ihnen ihre Selbstverantwortung lassen.

Der **Sachtyp** wird sein Beziehungsverhalten ändern. Er wird geben, statt nur zu nehmen, sich nicht mehr »lieben lassen«, sondern selbst lie-

---

[1] Aber auch ihre Umkehrungen, siehe Kapitel 8a, Antreiber als Skriptfallen

	1. Stabilisieren	2. Öffnen	3. Aktivieren	4. Selbst bestimmen
Beziehungstyp	Ich bin lebendig, ich bin liebenswert, ich werde gemocht!	Ich muß nicht immer stark sein, es immer allen recht machen!	Ich bin klüger, entspannter, sinnenfroher, als ich glaube!	Ich darf mein Leben nach meinen Bedürfnissen gestalten!
Sachtyp	Ich bin wichtig, ich bin attraktiv, interessant!	Ich muß mich nicht immer anstrengen, nicht immer vorsichtig sein!	Ich bin tüchtiger, erfolgreicher, einflußreicher, als ich glaube!	Ich darf meine Beziehungen nach meinen Bedürfnissen gestalten!
Handlungstyp	Ich bin frei, ich bin kreativ, ich bin o.k.!	Ich muß nicht immer wie die anderen, nicht immer perfekt sein!	Ich bin sympathischer, spontaner, humorvoller, als ich glaube!	Ich darf mein Denken und meine Identität nach meinen Bedürfnissen gestalten!

Vier Schritte in der Therapie und Eigentherapie

ben. Wenn er Zuwendung haben will, so wird er darum bitten und nicht einfach abwarten. Und es wird ihm bewußt, daß andere seine Zuwendung brauchen, andere auf ihn angewiesen sind. Er wird aufhören, andere durch »Es-sich-schlechtgehen-Lassen« zu erpressen und sich selbst zu bemitleiden.

Der **Handlungstyp** wird anders denken, nicht mehr in übernommenen, herkömmlichen Geleisen, nicht mehr regelhaft und ordnend, sondern spontan, menschlich und kreativ. An die Stelle eines eingeengten, absichernden und verplanenden Denkens tritt ein befreiendes, erlebendes und entdeckendes. Er hört auf, andere zu »verfolgen«, statt dessen wird er sie anregen und bestätigen.

Woran zeigt sich die Gesundung? Die Klienten berichten zunehmend von positiven Erfahrungen und Erfolgen, und sie verlieren das Interesse an Therapie, andere Aktivitäten werden wichtiger für sie. Der **Beziehungstyp 1** (schizoide Charakterstruktur) wirkt weicher, entspannter, stimmiger und gefühlvoller. Er vertraut anderen, kann ruhig zuhören, nachfragen, andere Meinungen gelten lassen und die eigenen hinterfragen. Er kann mehr genießen und handelt kooperativ.

Der **Beziehungstyp 2** (hysterische Charakterstruktur) wirkt ruhiger, gelassener. Er mischt sich weniger ein und läßt andere gewähren. Er denkt selbständig, alternativ und konsequent. Er wirkt in sich ruhend, kann »nein« sagen und es auch genießen, allein zu sein. Er kann sich in ein Team integrieren und braucht nicht im Mittelpunkt zu stehen. Er macht einen schlichteren und natürlichen Eindruck.

Der **Sachtyp 1** (narzißtische Charakterstruktur) arbeitet zunehmend kollegial und konstruktiv mit anderen zusammen, lernt aus Mißerfolgen, statt gegen sich selbst zu wüten. Er wird anteilnehmender, herzlicher und liebevoller anderen gegenüber.

Der **Sachtyp 2** (depressive Charakterstruktur) wirkt kraftvoller, selbstbewußter. Er redet kürzer, klarer, sagt, was er will, verhält sich souverän und selbstverantwortlich. Er zeigt anderen gegenüber mehr Fürsorge, ist erfolgreicher im Beruf und in Beziehungen unabhängiger. Er verhält sich verantwortungsbewußter, realisiert seine emotionalen Bedürfnisse und kann Beziehungspartnern mehr Freiräume zugestehen.

Der **Handlungstyp 1** (phobische Charakterstruktur) wirkt gelöster, freier und eher still vergnügt. Er läßt andere machen, fühlt weder das Bedürfnis, sie bei Laune zu halten, noch, sie auf den rechten Weg zu bringen. Er erlaubt sich und anderen, ihre eigenen Lebernserfahrungen zu machen.

Der **Handlungstyp 2** (zwanghafte Charakterstruktur) wirkt freudiger, humorvoller, wohlwollender und beseelter. Er lacht offen, zeigt und spricht aus, was er fühlt. Er ist anderen gegenüber erlaubend und kameradschaftlich. Er nimmt seine Gefühle wahr, freut sich an seinem Leben, ist gesellig und aufgeschlossen. Sein Denken und Handeln ist von menschlicher Wärme geleitet. Er verhält sich den anderen und dem Leben gegenüber liebevoll.

Ich will noch einmal auf die enge Verwandtschaft der Binnenstrukturen **Typ 1** und **2** hinweisen, so daß das, was für **Typ 1** gesagt ist, in abgeschwächter Form auch für **Typ 2** gilt und umgekehrt. Die Heilung des Persönlichkeitsbereiches ist die eigentliche Aufgabe der Psychotherapie. Der Ansatzpunkt bei den Schlüsselfähigkeiten des Entwicklungsbereichs unterstützt jedoch darüber hinaus die Persönlichkeitsentwicklung und führt damit über das hinaus, was Psychotherapie bisher geleistet hat. Die Selbstverwirklichung und Lebensgestaltung im Zielbereich geht noch weiter und kann ein Beitrag sein zu einer neuen Menschheitskultur.

16. Literaturempfehlungen

a) zum Thema »Charakterkunde und Persönlichkeitstypen«:

FRIEDMANN, Dietmar: *Der andere*, Ehrenwirth
(ausführliche Beschreibung von vier Persönlichkeitstypen, typspezifisches Verhalten im Drama-Dreieck und in den Spielen)
FRIEDMANN, Dietmar: *Die Entdeckung der eigenen Persönlichkeit*, Ehrenwirth
(Bedingungen der Persönlichkeits- und weiterführenden Ich-Entwicklung, Hintergrundinformationen zum Diagnostikmodell)
KÖNIG, Karl: *Kleine psychoanalytische Charakterkunde*, Vandenhoeck
(neue, interessante Erkenntnisse zum Thema Charakterkunde; beschreibt mehr als Riemann die problematischen Seiten von sechs Charakterstrukturen, wobei die Verwandtschaft jeweils zweier Strukturtypen nur teilweise deutlich wird)
RIEMANN, Fritz: *Grundformen helfender Partnerschaft*, Pfeiffer
(charakterspezifische Behandlungen von Neurosen und Beziehungen zwischen Therapeut und Klient)

b) zum Thema »Dritte Generation in der Psychotherapie«:

BANDLER/GRINDER: *Neue Wege der Kurztherapie*, Junfermann
(sie geben hier einen ersten, lebendigen Einblick in NLP, ebenso empfehlenswert: *Metasprache und Psychotherapie*, *Reframing*, beide Junfermann, und *Therapie in Trance*, Klett-Cotta)
ROBBINS, Anthony: *Grenzenlose Energie: Das Power-Prinzip*, Rentrop
(ein eigenständiger Beitrag und eine gute Zusammenfassung von NLP, teuer)
SHAZER, Steve de: *Wege der erfolgreichen Kurztherapie*, Klett-Cotta
(in seinem konsequent lösungsorientiertem Vorgehen ein Wendepunkt in der Psychotherapie, unbedingt lesens- und praktizierenswert)
WEISS/HAERTEL-WEISS: *Familientherapie ohne Familie*, Piper
(die beste Einführung und ein Lehrbuch für systemische Therapie)

c) nicht nur für Führungskräfte:

BROWN, Steven: *13 Todsünden des Managers*, mvg-Verlag
(ein nützliches Rezeptbuch für den Beziehungstyp und die Förderung seiner Schlüsselfähigkeiten – und um ihn besser zu verstehen, ein Anti-Retter-Konzept)

PETERS/WATERMAN: *Auf der Suche nach Spitzenleistungen*, mvg-Verlag
(besonders geeignet für den Handlungstyp und die Entfaltung seiner Schlüsselfähigkeit – und um ihn besser zu verstehen, ein Anti-Verfolger-Konzept)

WILLIAMS, Arthur: *Das Prinzip Gewinnen*, mvg-Verlag
(ausgezeichnet geeignet für den Sachtyp und die Entwicklung seiner Schlüsselfähigkeiten – und um ihn besser zu verstehen, ein Anti-Opfer-Konzept)

Ratgeber für den Umgang mit sich und anderen

Dietmar Friedmann
Laß dir nichts vormachen!
Rasch erkennen – kompetent auftreten durch praktische Menschenkenntnis in Beruf, Alltag und Partnerschaft.
Ca. 224 Seiten. Geb. ca. DM 36,–.
ISBN 3-431-03200-1.

Dietmar Friedmann
Der andere
Sich verstehen und wertschätzen
136 Seiten mit 29 Abb. Pbck. DM 26,–.
ISBN 3-431-03122-6.

Dietmar Friedmann
Die Entdeckung der eigenen Persönlichkeit
Kompetenz und Lebensqualität.
136 Seiten. Pbck. DM 28,–.
ISBN 3-431-03147-1.

Dorothy Corkille Briggs
Selbstvertrauen wirkt Wunder
Wege zu neuem Lebensmut.
4. Auflage. 176 Seiten. Pbck. DM 24,–.
ISBN 3-431-02422-X.

Rolf Grigat
Lebendige Partnerschaft
Über die Beziehung zwischen Frau und Mann. 256 Seiten. Pbck. DM 28,–.
ISBN 3-431-03060-2.

David Lewis
Der Alpha-Plan
Holen Sie das Beste aus sich heraus.
208 Seiten. Pbck. DM 29,80.
ISBN 3-431-03199-4.

Noëlle Philippe
Visualisierung
Der kreative Weg zur Persönlichkeitsentfaltung.
160 Seiten. Pbck. DM 24,–.
ISBN 3-431-03079-3.

Rudolf Oberrauter
Die Honigfalle der Liebe
Das Janusgesicht des Seitensprungs.
336 Seiten. Geb. DM 39,80.
ISBN 3-431-03217-6.

Das Handbuch über die veruntreute Liebe. Eine gründliche Analyse von Ursachen und Folgen.

Eva Rachor-Waldeck
Mama, sag bravo!
Familientherapie.
240 Seiten. Pbck. DM 28,–.
ISBN 3-431-03152-8.

Die Familie als Quelle für Kraft und Lebensfreude.

Dr. John Rush
Depressionen überwinden
Rat und Hilfe bei Stimmungstiefs.
2. Auflage. 128 Seiten mit Illustrationen.
Pbck. DM 22,–.
ISBN 3-431-02688-5.

Asta Scheib
Der zweite Anlauf zum Glück
Risiko und Chance der Stief-Familie.
128 Seiten. Pbck. DM 24,–.
ISBN 3-431-02930-2.

Hannelore Schütz-Doinet
Lieben kann man lernen
Mit kleinen Schritten zum großen Glück in Partnerschaft und Sexualität.
Ein psychologischer Ratgeber.
152 Seiten. Pbck. DM 24,–.
ISBN 3-431-03044-0.

Dr. med. Woldemar Teichmann
Schwermut, Depressionen, Melancholie
120 Seiten. Pbck. DM 26,–.
ISBN 3-431-03248-6.

Depressionen sind heilbar.

Preisänderungen vorbehalten.

Ehrenwirth Verlag München

Immer gut beraten in vielen Lebenslagen

Helmut Bach
Auswege
Rat und Hilfe für Angehörige und Freunde von Suchtkranken.
88 Seiten. Pbck. DM 20,–.
ISBN 3-431-03076-9.

Rolf Harten
Sucht – Begierde – Leidenschaft
Annäherungen an ein Phänomen.
Mit dem Lexikon der 121 Süchte. 304 S. Geb. DM 39,80. ISBN 3-431-03202-8.
Ein Kompendium der Süchte und ein Plädoyer für den bewußteren Umgang mit ihnen.

Günter Hentrich
In der Stunde der Enttäuschung
Der schöpferische Umgang mit Niederlagen.
208 Seiten. Geb. DM 38,–.
ISBN 3-431-03249-4.

Aggy und Frank Burczyk
Kosmetiklexikon
Nutzen und Risiken kosmetischer Grund- und Inhaltsstoffe.
176 Seiten. Pbck. DM 22,–.
ISBN 3-431-03062-9.

Natürlich und sicher
Natürliche Familienplanung.
Ein Leitfaden.
Herausgegeben von der Arbeitsgruppe Natürliche Familienplanung bei der Kath. Bundesarbeitsgemeinschaft für Beratung e.V., Bonn.
7. Auflage, 128 Seiten mit zahlr. Abb. Pbck. DM 15,80. ISBN 3-431-02947-7.

dazu: **NFP Anleitung**
2. Auflage, 96 Seiten DIN A4, Ringheftung. DM 21,–. ISBN 3-431-03020-3.

Dr. med. Ursula Sottong/
Dipl.-Psych. Jean-Pierre Conrad/
Hubert Schulze-Hobeling (Hrsg.)
Der natürliche Weg
Liebe zwischen den Zeiten – Frauen und Männer im Spannungsfeld von Sexualität und Fruchtbarkeit.
108 Seiten. Pbck. DM 22,–.
ISBN 3-431-03126-9.
Erfahrungsberichte zur Methode der Natürlichen Familienplanung (NFP).

Hildegard Röthel
Die Pflege zu Hause
Ein Handbuch für die häusliche Krankenpflege.
4. Auflage. 160 Seiten. 63 Abb. Pbck. DM 22,–.
ISBN 3-431-02957-4.

Clauss Vanderborg
Das große Verbraucher-Lexikon
Zur richtigen Entscheidung in allen Fragen, die Ihr Geld kosten.
Tips und Ratschläge von A–Z.
Sonderausgabe. 128 Seiten. Geb. DM 16,80. ISBN 3-431-03080-7.
Ein zuverlässiger Berater für alle wichtigen Wirtschafts- und Lebensbereiche.

Clauss Vanderborg
Raus aus der Schuldenklemme
Ratschläge und Tips für alle, die mit ihrem Geld nicht zu Rande kommen.
Neuausgabe. Etwa 200 Seiten. Pbck. DM 16,80. ISBN 3-431-03293-1.

Wilhelm Weinbrenner
Das rechte Maß
Risikofaktor Alkohol. Das Handbuch für Gesunde und Gefährdete.
104 Seiten. Pbck. DM 20,–.
ISBN 3-431-03075-0.
Klare Maßstäbe für den Umgang mit Alkohol.

Preisänderungen vorbehalten.

Ehrenwirth Verlag München

Entspannung, der Schlüssel zu Vitalität und Gesundheit

Lutz Bernau
Heilgymnastik aus dem Reich der Mitte
Das Tao zum Heilen.
2. Auflage. 104 Seiten mit zahlreichen Abbildungen. Pbck. DM 22,–.
ISBN 3-431-02553-6.

Thérèse Bertherat
Der Tiger im Versteck
Der Weg zum körperlich-seelischen Gleichgewicht.
Aus dem Fanzösischen.
208 Seiten mit zahlreichen Fotos (in Zusammenarbeit mit Charles Degot) und Zeichnungen. Pbck. DM 28,–.
ISBN 3-431-03150-1.
Für alle, die nach leichten Übungen suchen, sich beweglich zu halten, verkümmerte Fähigkeiten zu entwickeln und nicht zuletzt chronische Rückenschmerzen loszuwerden.

Thérèse Bertherat / Carol Bernstein
Der entspannte Körper
Schlüssel zu Vitalität, Gesundheit und Selbstbestimmung.
3. Auflage. 120 Seiten. Pbck. DM 22,–.
ISBN 3-431-02420-3.
Ursache vieler Leiden ist häufig die verspannte rückwärtige Muskulatur. Die von der Autorin entwickelten Entspannungsübungen lösen Verkrampfungen und führen zu neuem Selbstbewußtsein und vorher nicht gekannter Vitalität.

L. J. Frankel / B. B. Richard
Bewegung stärkt die Lebensfreude
Für Vitalität im Alter.
2. Auflage. 200 Seiten mit zahlreichen Fotos. Pbck. DM 24,–.
ISBN 3-431-03127-7.

Erika Grube
Bewegungstherapie nach Franz Nowotny
224 Seiten mit zahlreichen Abbildungen. Pbck. DM 32,–.
ISBN 3-431-03143-9.
Heilen und bessern nur durch Bewegung.

Mariann Kjellrup
Bewußt mit dem Körper leben
Spannungsausgleich durch Eutonie.
6. Auflage. 96 Seiten mit 100 Zeichnungen und einem ärztlichen Beitrag. Pbck. DM 22,–.
ISBN 3-431-02145-X.
Eutonie bezeichnet »den Zustand größtmöglicher Ausgeglichenheit, den ein Mensch erreichen kann und in dem er mit sich und seiner Umwelt leben sollte«.

Hiltrud Lodes
Atme richtig
Der Schlüssel zu Gesundheit und Ausgeglichenheit.
4. Auflage. 140 Seiten mit zahlreichen Zeichnungen. Pbck. DM 22,–.
ISBN 3-431-02554-4.
Die erfahrene Sportpädagogin mit Heilpraktikerausbildung hilft anhand vieler illustrierter Übungsbeispiele, die gestörten oder vernachlässigten Atemfunktionen wieder zu beleben.

Paramhans Swami Maheshwaranda
Yoga für Gelenke
Der Übungsplan gegen Gelenkbeschwerden.
Etwa 120 Seiten mit zahlreichen Abbildungen. Pbck. ca. DM 28,–.
ISBN 3-431-03288-5.

Preisänderungen vorbehalten.

Ehrenwirth Verlag München

Gesundheit und guter Rat
schwarz auf weiß

Manfred Backhaus
Naturheilmittel gegen Umweltgifte
Umweltbedingte Krankheiten.
140 Seiten. Pbck. DM 28,–.
ISBN 3-431-03051-3.
Wirkungsvolle Gegenmaßnahmen auf natürliche Weise.

Manfred Backhaus
Naturheilmittel gegen Durchblutungsstörungen
128 Seiten. Pbck. DM 26,–.
ISBN 3-431-03194-3.
Alternative Möglichkeiten für die Bekämpfung von Gefäßerkrankungen.

Dr. med. Bernard A. Bäker
Migräne und Kopfschmerzen sind heilbar
4. Auflage. 120 Seiten. Pbck. DM 22,–.
ISBN 3-431-02032-1.
Erfolge aus einer 25jährigen Praxis in der Kopfschmerzbehandlung.

Dr. med. Bernard A. Bäker
Die verrückte Bandscheibe
Wirbelsäulenbeschwerden und ihre Behandlung.
4. Auflage. 112 Seiten mit Abbildungen. Pbck. DM 22,–. ISBN 3-431-02194-8.

Dr. med. Bernard A. Bäker
Alles über Gelenkerkrankungen
Arthritis – Arthrose – Gelenkrheuma.
3. Auflage. 144 Seiten. Pbck. DM 22,–.
ISBN 3-431-02552-8.

Lutz Bernau
Schmerzfrei ohne Tabletten
Das große Akupressurbuch. – Vorwort von Prof. Dr. med. Adolf-Ernst Meyer.
125. Tsd. 312 Seiten mit zahlr. Abb.
Pbck. DM 26,–. ISBN 3-431-02421-1.
Bestseller seit vielen Jahren.

Dr. Günter Ernst/Dr. Dieter Weinert/ Hans Finck
Dem Manne kann geholfen werden
Heilung bei Potenzstörungen.
ca. 160 Seiten. Pbck. ca. DM 26,–.
ISBN 3-431-03286-9.
Dieser ärztliche Ratgeber bietet allen Betroffenen umfassend Information und Hilfe von der Diagnose bis zu den Therapiemöglichkeiten. Alle Kapitel enthalten Fallbeispiele.

Heide-Marie Karin Geiss
Schuppenflechte/Psoriasis
104 Seiten. Pbck. DM 22,–.
ISBN 3-431-03124-2.
Alternative Heilungsmöglichkeiten für Millionen von Betroffenen.

Hans Finck
Freundliche Bakterien
Die unsichtbaren Helfer.
112 Seiten. Pbck. DM 20,–.
ISBN 3-431-03195-1.
Nicht alle Bakterien sind schädlich, sondern verschiedene tragen ganz erheblich zu unserer Gesundheit bei.

Preisänderungen vorbehalten.

Ehrenwirth Verlag München

Gesundheit und guter Rat schwarz auf weiß

Michael A. Grenzebach
Medizinische Haar-Analyse
Diagnose von Mineralienmangel.
2., veränderte Auflage. 152 Seiten mit 70 Abb. Pbck. DM 26,–.
ISBN 3-431-02735-0.
Die medizinische Haaranalyse, eine neuartige Diagnosemethode, kann Ärzten und Patienten den Ausweg aus dem Labyrinth der Ursachen für viele chronische Erkrankungen weisen.

Hans Höting
Die Moxatherapie
Wärmepunktur –
Eine klassische chinesische Heilmethode.
260 Seiten mit zahlreichen Abbildungen. Pbck. DM 34,–.
ISBN 3-431-03219-2.

Monika Husel / Gernot Knaus / Hans Finck (Hrsg.)
Natürlich Heilen – Umweltmedizin heute
Die erfolgreichsten Therapien der Welt.
ca. 160 Seiten. Pbck. ca. DM 26,–.
ISBN 3-431-03287-7.

Monika Husel / Astrid Stein / Gernot Knaus
Nie wieder krank
Neue Therapien gegen Allergien, Candida, chronische Müdigkeit.
128 Seiten. Pbck. DM 24,–.
ISBN 3-431-03198-6.
Die neuen Allergien, die sich hinter ganz anderen Symptomen verstecken.

Peter Köster
Spagyrik
Die Alternative: Heilung aus Pflanzen.
240 Seiten. Pbck. DM 28,–.
ISBN 3-431-03154-4.

Peter Köster
Die Biochemische Hausapotheke
96 Seiten. Pbck. DM 20,–.
ISBN 3-431-03061-0.
Das Buch erklärt Anwendung und Wirkung der 12 für den Körper wichtigen Mineralsalze und ihre biochemischen Funktionen im Haushalt des Menschen (nach Dr. Schüßler).

Michael Krüger
Neurodermitis
Ein Selbsthilfebuch.
136 Seiten mit Abbildungen. Pbck. DM 28,–. ISBN 3-431-03220-6.
Umfassende Aufklärung und Hilfe.

Kevin und Barbara Kunz
Durch die Füße heilen
Anleitungen zur Reflexzonen-Therapie.
4. Aufl. 156 Seiten mit 363 Zeichnungen. Pbck. DM 22,–. ISBN 3-431-02666-4.

Harold H. Markus / Hans Finck
Warum fühle ich mich ständig krank?
Das Schimmelpilzproblem, Pilze als Auslöser von Haut-, Darm- und Atemwegserkrankungen, neue Therapien gegen Neurodermitis, Colitis ulcerosa, Morbus Crohn
112 Seiten. Pbck. DM 22,–.
ISBN 3-431-03222-2.

Preisänderungen vorbehalten.

Ehrenwirth Verlag München

Gesundheit und guter Rat
schwarz auf weiß

Dr. med. Harold H. Markus/Hans Finck
Ich fühle mich krank und weiß nicht warum
Candida albicans – die maskierte Krankheit. Mit Hefepilz-Kontrolldiät.
6. Auflage. 96 Seiten. Pbck. DM 20,–.
ISBN 3-431-03077-7.

Roger Neuberg
Ich will ein Kind!
Rat und Hilfe bei Unfruchtbarkeit.
Aus dem Englischen.
Etwa 240 Seiten mit zahlreichen Abbildungen. Pbck. ca. DM 28,–.
ISBN 3-431-03285-0.

Dr. Reiner Matheis
Heuschnupfen
Psychosomatische Zusammenhänge und Behandlung.
2. Auflage. 128 Seiten mit Abbildungen.
Pbck. DM 24,–.
ISBN 3-431-02734-2.

Richard J. Millard
Vom Drang zur Pein
Blasenkontrolle als Selbsthilfe für sie und ihn.
Aus dem Englischen.
96 Seiten. Pbck. DM 22,–.
ISBN 3-431-03212-5.

Dr. med. Jugoslav Radisic
Krampfadern
Ursachen und Behandlung.
56 Seiten mit vielen Fotos und Zeichnungen. Pbck. DM 18,–.
ISBN 3-431-03144-7.
Ermutigung zu frühzeitiger Behandlung.

Ulrich Rückert
Die besten Hausmittel
Vorbeugen und heilen ohne Tabletten.
96 Seiten mit Abbildungen.
Pbck. DM 18,–.
ISBN 3-431-03047-5.
Diese Sammlung erprobter alter Hausmittel hilft, auf natürlichem Weg Beschwerden und Krankheiten vorzubeugen.

Dr. Ingeborg Schindler
Handbuch für den Alltag bei Neurodermitis und begleitenden Allergien
Aus der Praxis einer erfahrenen Ärztin und Allergologin.
120 Seiten mit zahlreichen zum Teil vierfarbigen Abbildungen. Pbck. DM 28,–. ISBN 3-431-03227-3.

Dr. med. Woldemar Teichmann
Leben nach dem Herzinfarkt
Risiken und Chancen.
2. Auflage. 106 Seiten. Pbck. DM 20,–.
ISBN 3-431-02585-4.

Ulrich W. Teleu/Michael A. Grenzebach
Wer heilt, hat recht!
Naturheilweisen – wie sie wirken, was sie können.
130 Seiten m. farb. Abb. Geb. DM 28,–.
ISBN 3-431-03048-3.

Norbert Wölfl
Ganzheitstherapie bei Allergien
128 Seiten. Pbck. DM 22,–.
ISBN 3-431-03078-5.

Preisänderungen vorbehalten.

Ehrenwirth Verlag München